上海师范大学校一般科研项目"农业转移人口城市流动偏好研究"
（项目编号：KF202449）

农业转移人口
城市流动偏好研究

NONGYE ZHUANYI RENKOU
CHENGSHI LIUDONG PIANHAO YANJIU

赵海涛　著

西南财经大学出版社

中国·成都

图书在版编目(CIP)数据

农业转移人口城市流动偏好研究/赵海涛著
成都:西南财经大学出版社,2024.10. ISBN 978-7-5504-6459-9
Ⅰ.C924.24

中国国家版本馆 CIP 数据核字第 20242PV893 号

农业转移人口城市流动偏好研究

赵海涛　著

策划编辑:李建蓉
责任编辑:王甜甜
责任校对:李建蓉
封面设计:墨创文化
责任印制:朱曼丽

出版发行	西南财经大学出版社(四川省成都市光华村街 55 号)
网　　址	http://cbs.swufe.edu.cn
电子邮件	bookcj@swufe.edu.cn
邮政编码	610074
电　　话	028-87353785
照　　排	四川胜翔数码印务设计有限公司
印　　刷	郫县犀浦印刷厂
成品尺寸	170 mm×240 mm
印　　张	13.75
字　　数	233 千字
版　　次	2024 年 10 月第 1 版
印　　次	2024 年 10 月第 1 次印刷
书　　号	ISBN 978-7-5504-6459-9
定　　价	78.00 元

前言

　　推动大中小城市的协调发展是我国城镇化建设的重要任务，人口流动作为农村劳动力资源在城市空间优化配置的一种形式，长期以来一直受到学术界的广泛关注。党的十九大报告提出，要以城市群为主体构建大中小城市和小城镇协调发展的城镇格局，加快农业转移人口市民化。党的二十大报告进一步明确，要以城市群、都市圈为依托构建大中小城市协调发展格局。然而，长久以来，农业转移人口的流动偏好与城市协调发展战略是不相适应的。例如，绝大多数农业转移人口流入经济较发达的东部大城市、特大城市和超大城市当中，引发人口超载、交通拥堵和环境污染等一系列问题；而中小城市产业发展滞后，农业转移人口的流入意愿不强。在城乡二元体制下，农业转移人口市民化进程迟缓，表现出职业不稳定、二次流动性强、回流频率高等特征。

　　本书对农业转移人口迁移模式特征进行了系统总结和梳理。基于移民经济学和经济增长理论，本书利用微观调查数据对农业转移人口的城市流动偏好进行了较为深入的研究。研究内容主要包括以下几个部分：第一，微观层面，基于成本—收益理论，利用修正的多元选择模型分析农业转移人口偏好大型城市的内在机制、影响因素和影响效应；第二，基于"用脚投票"理论，利用样本选择模型比较不同类型城市的收入、公共服务和就业机会等对农业转移人口二次流动的影响，揭示农业转移人口为何二次流动性较强；第三，基于生命周期理论，利用样本选择模型考察农业转移人口作出退出城市劳动力市场的决策的原因，即为何回流频率高。此外，结合当前农业转移人口家庭化迁移的趋势，本书从人力资本投资的视角，分析了农业转移人口城市流动偏好的影响效应。

从学术价值来看，利用迁移决策理论探究农业转移人口的流动规律是研究市民化的基础和出发点，也是分析城市经济增长的重要视角；从实践意义上看，通过经济学理论和实证分析技术研究农业转移人口的流动偏好，能够为促进相关城镇化、农业转移人口市民化和构建城镇协调发展的战略格局提供有价值的参考和政策建议。

2024年7月，国务院印发《深入实施以人为本的新型城镇化战略五年行动计划》，要求深入实施以人为本的新型城镇化战略，继续深化户籍制度改革。经过五年的努力，农业转移人口落户城市渠道进一步畅通，常住地提供基本公共服务制度进一步健全，协调推进潜力地区新型工业化城镇化明显加快，培育形成一批辐射带动力强的现代化都市圈，城市安全韧性短板得到有效补齐，常住人口城镇化率提升至接近70%，更好支撑了经济社会高质量发展。

本书可供经济学、管理学、社会学等学科的广大教师与科研人员阅读，本书为该领域的教学、科研活动提供资料，为研究如何引导人口合理流动，促进城市更高质量发展、更充分就业和实现人力资本的优化配置等提供学术支持。

赵海涛

2024 年 8 月

目录

第一章 导论

第一节 研究背景和意义

农业剩余劳动力城乡转移是经济和社会发展的客观规律。在城镇化背景下，中国农业转移人口已成为流动人口的主力，对于改革开放以来中国工业化发展和经济增长起到了重要作用。然而，根据历年《中国城市统计年鉴》的数据，绝大多数流动人口流入了经济较发达的东部超大城市，在城郊地区集聚。这不仅影响了中国城镇规模的发展和结构的平衡，也给超大城市的人口服务和管理工作带来了压力。在城乡二元体制下，农业转移人口市民化进程迟缓，并呈现职业不稳定、流动性强、"候鸟式"迁移、居住隔离、社会融入困难、居留意愿不强等特征。虽然目前农业转移人口市民化面临诸多问题，但继续促进农业转移人口市民化已经成为当前推进我国新型城镇化进程的核心任务。

2018年，中共中央、国务院印发的《乡村振兴战略规划（2018—2022年)》提出，加快农业转移人口市民化，鼓励各地进一步放宽落户条件，区分超大城市和特大城市主城区、郊区、新区等区域，分类制定落户政策，重点解决符合条件的普通劳动者落户问题。国家统计局的数据显示，2017年年末，全国总人口139 008万（不含港澳台地区），其中城镇常住人口81 347万，占总人口（常住人口城镇化率）的58.52%，户籍人口城镇化率为42.35%。常住人口城镇化率与户籍人口城镇化率有着约16%的差距，这意味着仍有2亿多的农业转移人口在城镇生活却没有城镇户口。基于2014年全国流动人口动态监测调查数据，从流入的城市类型来看，农业转移人口迁移至超大城市的概率为15.22%。2014年年末，北京、上海、广州、深圳、天津、重庆六个超大城市城镇常住总人口数为 6 385 万，占全国总人口的 5.68%，这表明北京、上海、广州、深圳、天津、重庆六个超大城市是农业转移人口迁移的重镇，在超大城市集聚已成为当前农业转移人口在城市空间分布的重要特征。

认识农业转移人口在城市空间流动的内在机制和影响因素是理解当前中小城市发展缓慢、超大城市人口集聚和市民化困境的基础。本书在新型城镇化背景下，基于劳动力迁移决策理论和微观调查数据对农业转移人口的城市空间流动偏好进行较深入的研究。本书的研究兼具学术价值和实践意义。从学术价值来看，利用迁移决策理论探究农业转移人口的流动规律是研究市民化的基础和出发点。当前中国城镇化进程中存在着农业转移人口"被动市民化""强制市民化"等违背经济规律的现象。虽然有大量文献对该现象进行了研究，但受理论和研究方法的局限，对这些问题的分析有待深入。从实践意义上看，本书通过经济学理论和实证分析技术研究农业转移人口超大城市流动偏好的机制和特征，能为相关城镇化和农业转移人口市民化政策的制定提供有价值的建议。

第二节　相关概念和研究内容

一、相关概念

本书研究的内容包含了一些常见且容易混淆的概念，有必要对书中的主要概念进行相应的解释。

二次跨区流动：亦称"二次流动"，即在城市从事非农劳动的农业转移人口，为了寻求更好的工作或者提高收入水平，变换务工城市的求职过程，也可以称为"变换工作城市流动"。

公共服务获取：指在城市务工的农业转移人口，获取与城市居民或劳动力相同的养老、医疗、子女入学等社会福利。其中，城市养老保障指职工养老保险或居民养老保险；城市医疗保障指城市职工医疗保险或城市居民医疗保险；随迁子女入学指随迁子女就读当地公办小学。

超大城市偏好：指农业转移人口在城市选择上，通常选择超大城市作为迁移的目的地。

二、研究内容

本书主要围绕农业转移人口的城市流动偏好,考察农业转移人口城市流动偏好的内在机理、二次流动、家庭迁移、公共服务获取和居留意愿。图1.1描述了本书的主要框架和研究内容,同时标注了各个内容之间的逻辑关系。

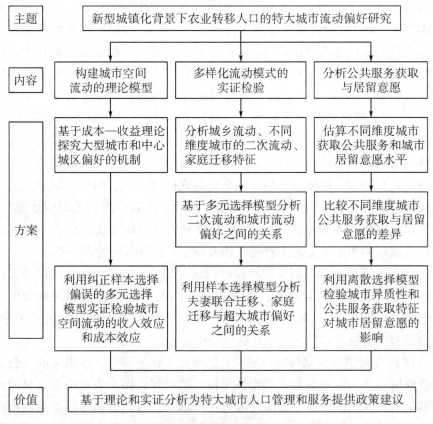

图1.1 本书的技术路线

具体的研究内容包含:

(1) 农业转移人口对超大城市流动偏好的决策机制:基于成本—收益理论的分析。这一部分,本书基于 Sjaastd(1962)、Bojas(1987)、Chiswick(2000)和 Clark 等(2007)关于移民理论的研究成果,建立可以刻画农业转移人口在城乡间以及不同类型城市间迁移收益和迁移成本的理论模型,从机制上考察农业转移人口的城市空间流动偏好。首先,结合现有研究，整理归类农业转移人口城乡迁移和城市空间流动的成本因素及收益因素；其次，建立农业转移人口城乡流动及城市空间区域选择偏好的理论模型，分析各类成本因素和收益因素的影响效应；最后，基于理论模型结论，综合成本效应和收入效应，计算农业转移人口偏好超大城市的净效用，揭示农业转移人口超大城市流动偏好的内在原因。

（2）农业转移人口城市空间流动的实证研究。这一部分，本书利用上海财经大学"千村调查"数据、全国流动人口卫生计生动态监测调查数据（CMDS），结合农业转移人口的迁移模式，基于城市异质性视角考察农业转移人口的多样化流动模式的影响因素和影响效应，检验农业转移人口偏好超大城市这一理论。首先，对影响农业转移人口在不同城市流动的个体因素（性别、年龄、教育等）、家庭特征（人口规模、子女数量、家庭支出等）、社会网络特征（亲属关系、同乡关系等）、迁移特征（迁移距离、跨省/市流动、迁移频次等）进行实证分析，检验影响农业转移人口城乡迁移的收入效应和成本效应；其次，基于农业转移人口二次流动这一主要迁移模式，考察二次流动与超大城市偏好之间的关系；最后，划分四类职业流动模式（主动职业流动、被动职业流动、家庭原因相关的职业流动、非家庭原因相关的职业流动），分析城市异质性对职业流动的影响，并估算超大城市的职业流动对于农业转移人口公共服务获取的影响效应。

（3）家庭化迁移与城市流动偏好。这一部分，本书利用全国流动人口卫生计生动态监测调查数据，考察农业转移人口家庭化迁移的典型模式（夫妻联合迁移、子女随迁、家庭随迁等）与超大城市偏好之间的关系，为理解农业转移人口的城市偏好提供经验参考。

（4）公共服务获取与城市居留意愿研究。这一部分，本书采取"公共服务获取"作为农业转移人口市民化特征的指标，揭示农业转移人口的城市偏好对市民化的影响。具体内容包括：第一，对比分析不同类型城市内的农业转移人口社会融合和居留意愿的特征和差异；第二，建立城市居留意愿模型，考察城市异质性对农业转移人口在城市居留意愿的影响。

（5）农业转移人口回流偏好研究。基于家庭效用视角，本书探讨农业转移人口回流的影响因素，阐述农业转移劳动力回流的人力资本特征和年龄特征。

第三节 研究方法和创新点

一、研究方法

本书使用的研究方法简述如下:

（一）成本—收益理论分析法

成本—收益分析是国内外研究流动人口问题的通用方法,其核心思想是比较流动前后的收入和成本的大小,以解释人口流动现象。农业转移人口的城乡迁移和城市间流动的成本—收益分析可以表示为:

$$M_i = \text{Prob}(u_i > 0)$$

其中, $u_i = w_x(s_i) - w_y(s_i) - z_i - c_1 - c_2(q) - \lambda(\delta - s_i)$。

通过上述设定,可以区分不同城市的收入和成本差异,从而可以从理论机制上解释为何农业转移人口偏爱大型城市。

（二）纠正样本选择偏误的多元选择模型

该方法的核心思想是,通过对无法观测样本与观测样本的随机性进行假设检验,利用最大似然估计纠正选择偏误。

进城务工样本是否随机的假设检验可以刻画为:

$$H_0: \lambda_1 = \lambda_2 = \lambda_3 = \lambda_4$$
$$H_1: \text{非} H_0$$

最大似然函数可以表示为:

$$\ln L(\alpha, \lambda) = \sum_{i=1}^{n} \left[\left(\sum_{j=1}^{4} y_{ij} \cdot \ln P_{jo} \right) + y_s \cdot \ln P_s \right]$$
$$= \sum_{i=1}^{n} \left[\left(\sum_{j=1}^{4} y_{ij} \cdot \ln P_{jo} \right) + y_s \cdot \ln(\lambda_j \cdot \ln P_{jo}) \right]$$

采用最大似然估计可以分析农业转移人口在四类城市的迁移选择,同时避免样本选择引起的偏误。

（三）Heckman 两阶段估计方法

该研究方法的核心思想是:第一,对自选决策进行估计;第二,在工资方程中引入样本自选可能带来影响的偏差项,以纠正偏误。

第一阶段,根据农业转移人口是否在城市流动,进行自选决策估计:

$$I_i^* = z'_i\alpha + \varepsilon_i$$

$$P(I_i \mid x) = \begin{cases} 1, & \text{if } I_i^* > 0 \\ 0, & \text{if } I_i^* \leqslant 0 \end{cases}$$

第二阶段，引入选择性偏差项，估计工资方程：

$$\log w_i = \beta X_i + \sum_{j=1}^{4} \delta_j occu\_change_j + \sum_{m=1}^{M} \theta_m city\_flow_m + \gamma \lambda_i + \varepsilon_i$$

$$\lambda_i = \begin{cases} \dfrac{\varphi(z'_i \alpha)}{\varPhi(z'_i \alpha)}, & \text{if } I = 1 \\[3mm] \dfrac{\varphi(z'_i \alpha)}{1 - \varPhi(z'_i \alpha)}, & \text{if } I = 0 \end{cases}$$

（四）嵌套 Logit 模型

该方法可以有效地估计次序选择模型，以纠正逐步回归可能引起的估计偏误。农业转移劳动力城乡流动的效用：

$$U_{jk} = Z'_j \alpha + X'_{jk} \beta + \varepsilon_{jk}, \quad j = 1, 2; \ k = 1, 2$$

其中，j 表示农业转移人口城乡迁移的两个层次，k 表示在两个流动层次内的具体选择。农业转移人口选择 (j, k) 的概率为：

$$p_{jk} = p_j \cdot p_{k|j} = \frac{\exp(Z'_j \alpha + \gamma_j I_j)}{\sum\limits_{m=1}^{J} \exp(Z'_j \alpha + \gamma_j I_j)} \cdot \frac{\exp(X'_{jk} \beta_j / \gamma_j)}{\sum\limits_{n=1}^{K} \exp(X'_{jk} \beta_j / \gamma_j)}$$

其中，$I_j = \ln \left\{ \sum\limits_{n=1}^{K} \exp(X'_{jk} \beta_j / \gamma_j) \right\}$ 为包容性值；γ_j 为相异参数，取值范围为

$[0, 1]$。对于任意 γ_j，$\sum\limits_{m=1}^{J} \sum\limits_{n=1}^{K} p_{jk} = 1$。

（五）Mincer 工资方程

$$\log wage = \alpha_0 + \alpha_1 Edu + \alpha_2 Exp + \alpha_3 Exp^2 + \cdots + u$$

基于该方程，通过引入选择性误差项，可以规避样本选择引起的估计偏差，对劳动者工资进行准确估计。

二、创新点

（一）理论视角

本书拟采用成本—收益理论探究农业转移人口在不同维度城市迁移的收入效应和成本效应，从而揭示农业转移人口偏爱超大城市的机制。这一研究是对经典的移民理论的补充和完善，有助于对中国农业转移人口在城市空间的流动特征做出科学的解释，也为新型城镇化、农业转移人口市民

化的政策制定提供理论参考。

（二）实证策略

本书的一个重要研究内容是基于微观调查数据，应用计量分析技术探究农业转移人口在城乡迁徙、不同维度城市选择、职业流动、循环迁移、社会融入和居留意愿等方面的特征及其影响因素，从而验证农业转移人口的超大城市流动偏好以及当前市民化进程发展缓慢的原因。

（三）应用价值

本书的研究从农业转移人口迁移和流动的视角，揭示农业转移人口在不同类型城市空间分布的深层次原因，从而为政府制定城市人口空间优化和经济发展政策提供有针对性的建议。

第四节　本书的结构

本书的结构安排如下：

第一章是导论，介绍了本书的研究背景和意义、相关概念和研究内容、研究方法和创新点，以及本书的结构。

第二章是国内外相关理论和实证研究的文献综述。具体涉及劳动力流动理论、人口迁移、户籍制度、城镇化等研究领域。

第三章从理论和实证两方面阐述和检验农业转移人口的超大城市偏好特征。第一，构建家庭劳动力城乡迁移模型，考察成本因素和收入因素对农业转移人口城乡迁移和城市选择的影响；第二，使用嵌套 Logit 模型来检验农业转移人口城市流动选择的理论机制。

第四章探究了农业转移人口的跨城市二次流动与超大城市之间的关系，进一步阐述农业转移人口在城市空间集聚的原因。

第五章应用人力资本投资理论，分析农业转移人口的跨城市职业流动与公共服务获取之间的关系。

第六章结合农业转移人口在超大城市集聚和夫妻共同外出流动这一典型模式，考察农业转移人口家庭联合迁移的空间依赖和原因。

第七章更具体地考察农业转移人口配偶随迁、子女随迁和家庭迁移等家庭化迁移模式，更深层次地分析家庭化迁移与农业转移人口超大城市偏好之间的关系。

第八章分析农业转移人口在城市的公共服务获取特征，并进一步考察公共服务获取对农业转移人口居留意愿的影响。

第九章研究家庭视角下农村劳动力务工与回流的偏好。通过理论分析和实证检验，充分解释了我国农村居民非农劳动供给的现象。

第十章分析了生命历程视角下农业转移人口的回流偏好，通过构建连续时间的农业转移人口非农劳动退出模型，阐释农业转移人口回流的动因。

第十一章是本书的研究结论与政策建议。

第二章　文献综述

为了更好地对农业转移人口超大城市偏好进行分析，本章对人口迁移和劳动力流动的相关理论研究和实证研究做了简单梳理。结合本书的研究内容和研究目的，本章依次对人口迁移、流动人口空间集聚、流动人口迁移模式、户籍制度对农业转移人口迁移的影响以及家庭化迁移等研究进行了梳理。

第一节　人口流动与迁移动因

城市空间是人口流动和集聚的主要载体。早在 20 世纪 50 年代，经济学家便开始关注跨国移民和区域移民问题，其认为劳动者会基于个体、家庭、经济和社会等因素做出向城市空间迁移的决策。Roy（1951）最早提出了劳动力"自选择模型"，认为劳动力个体根据自身能力和偏好选择适合自己的国家或地区。在此基础上，Tiebout（1956）、Lee（1966）等分别提出了"用脚投票"理论和"推拉理论"，进一步分析了劳动力在城市和国家空间内流动的影响因素。Bojas（1987）基于人力资本的差异，提出了劳动力迁移的"正选择"和"负选择"，认为高技能劳动力会选择回报率较高、收入差距较大的地区，而低技能劳动力会选择回报率较低、收入差距较小的地区。这一研究较好地解释了世界很多地区的移民现象，如美国移民（Ramos，1992；Chiquiar & Hason，2005）、德国移民（Parey，2005）。国际移民领域的研究后来基本上延续了 Roy 模型的研究范式，尽管存在些许争议（Chiswick，1999），Roy 模型仍然较好地解释了移民现象中存在的收入不平等对双边移民的影响，以及劳动生产效率对不同人力资本劳动力迁移的影响。

人口迁移理论以个体或家庭为研究对象的较多，着重考察人口、家庭、经济和社会等因素对人口迁移决策的影响，较少考虑人口迁移对城市空间结构的影响，而空间经济学较好地弥补了这一不足。从 Alonso（1964）提出的单中心模型开始，到 Mills（1967）提出的城市结构理论，再到 Krugman（1991）、Glaeser（1999）、Fujita（2007）等提出的劳动力人力资本与城市市场效益关系的理论，空间经济学较好地阐释了人口集聚与城市空间结构的关系，即人口集聚的选择和城市空间的分类之间的相互影响。关于人口在城市集聚的选择效应，Vneables（2011）提出劳动者基于城市劳动力市场质量，选择与自身相匹配的城市，这一选择对高技能劳动力更加重要。Combes（2012）将劳动者的选择进一步划分为正向选择和负向选择，即集聚密度较高的人口集聚和集聚密度较低的人口集聚，这与Syverson（2004）、Arimoto 等（2009）提出的企业区位选择理论是相互对应的。关于城市空间结构的分类效应，Eeckhout 等（2014）、Behrens 等（2011；2014）等发现规模较大的城市往往存在着更多高效的企业和高水平的劳动力，同时也存在效率较低的企业和较低水平的劳动力，相较于小城市，大城市劳动力的技能分布更加厚尾。Fujita 等（1999）从动态集聚的视角研究发现，异质性劳动力在城市的产业分工中集聚，当出现市场竞争并导致产业过度拥挤时，落后产业会被迫转移出城市。

中国特有的政治制度和经济发展情况决定了当前中国的二元经济结构，从历史的角度来看，改革开放之后，农村劳动力向城市劳动力市场的转移是中国重要的社会现象，大大促进了中国经济的发展和社会进步。中国农村劳动力的流动在当前乃至未来相当长的一段时期内仍然会对中国经济的持续增长起到至关重要的作用。从本质上看，流动人口的城乡迁移决策就是比较迁移成本和收益的大小。发展经济学的理论认为，获取更高的工资报酬是人口流动的最主要动因（Lewis，1954；Ranins & Fei，1961；Todaro，1969；Harris & Todaro，1970；Schroeder，1976；Bartel，1979；Borjas，1994；Hunt & Mueller，2004）。在中国的二元经济体制下，随着经济发展和市场化进程的不断加快，越来越多的学者开始关注中国流动人口的城乡迁移。总体来看，这方面的研究可以分为两类：一类是从城市层面讨论城乡收入差异对流动人口的拉动机制（Zhu，2002；赵忠，2004；丁守海，2011）；另一类是从家庭层面研究流动人口个体特征、家庭因素、社会网络特征等对城乡迁移的影响效应（赵耀辉，1997；Hare & Denise，1999；李实，2001；刘靖，2008；Knight et al.，2011）。

第一类文献，主要是在中国一直保持较大的城乡收入差距这一背景下进行讨论的。Zhu（2002）利用"移民和区域发展项目"调查数据，研究了中国的城乡收入差距对城乡移民的影响，其发现城乡收入差距对城乡移民的影响效应非常显著。赵忠（2004）发现中国的城乡收入差距很大，绝大多数农村劳动力的迁移均是从收入水平较低的中西部地区迁入收入水平较高的东部地区。丁守海（2011）基于家庭劳动供给理论研究了中国农村劳动力剩余条件下供给不足和工资上涨的问题，其认为农村劳动力的劳动供给决策是基于家庭做出的，劳动力供给的非农劳动时间不是无限的，随着劳动力市场工资水平的不断提高，农业生产劳动力外出务工的保留工资水平也不断提高，如果保留工资的上涨幅度超过了劳动力工资的上涨幅度，则即使工资上涨，农村劳动力也不会进行迁移。

第二类文献从各个角度讨论了流动人口城乡迁移的成本约束。从农村劳动者个体特征的角度来看，赵耀辉（1997）利用四川省的数据研究了教育对农村劳动力流动的影响，其发现受教育程度提高有利于农村劳动力向城市迁移，但对外出流动的影响很小，受教育水平较高的农村劳动力可能并不非常期望到城市中寻找工作；另外，男性、未婚和年纪较小等因素均有利于劳动者流动到城市中工作。Hare 和 Denise（1999）研究了中国农村劳动力迁徙的性别差异，发现在相同的条件下男性群体样本向城市流动的概率要比女性群体样本高30%；封进和张涛（2012）利用了中国健康与营养调查（China health and nutrition survey，CHNS）数据研究了中国农村劳动力的非农劳动参与决策问题，通过对劳动参与模型的分析发现男性样本较女性有更多的非农劳动参与，且年纪越小、受教育水平越高，越有利于农村劳动力流动到城市劳动力市场提供非农劳动供给；和丕禅和郭金丰（2004）利用江西省农村流动人口的微观调查数据，研究了农村居民的受教育年限、医疗保险对农村劳动力流动的影响，其发现受教育程度越高、外出流动时间越长越有利于劳动力迁移到城市，而是否享受社会保障对劳动力的流动没有显著影响。另外，还有大量的文献研究了农村劳动力受教育水平对劳动力迁移流动的影响（马忠东 等，2010；Knight et al.，2011；张世伟和郭凤鸣，2010）。魏众（2004）利用了 CHNS 微观数据研究了农村劳动力的健康状况对非农就业参与率的影响，研究发现健康对劳动力参与有显著的影响。然而在不同行业，健康状况对农村劳动力非农劳动参与的影响是不确定的。王一兵（2009）利用 CHNS 微观数据研究了农村劳动力的健康状况与预防性劳动力供给的关系，研究发现农村劳动力拥有医疗保险可以显著抑制预防性劳动力供给；而王秋实（2013）认为劳动力健康状况越好越有利于劳动力参与率的提高；刘晓昀等（2003）利用 CHNS 微观数据研究了中国农村劳动力非农就业问题，发现农村户籍劳动力已婚群体的非农劳动参与率要低于未婚群体，且婚姻状况对于男性和女性群体的影响是有差异的；约翰·奈特、邓曲恒、李实（2011）通过中国居民收入调查（Chinese household income project survey，CHIPS）数据研究了中国农村户籍劳动力的流动问题，得出已婚不利于农村劳动力的非农劳动供给；王子成、赵忠（2013）利用中国城乡劳动力流动调查（rural－urban migration in China，RUMiC）调查数据，研究劳动力流动和回流问题，已婚不利于农民工劳动力外出务工，但有利于农民工回流，同时对农民工的再迁移没有显著影响。从农村劳动力家庭的角度来看，李实（2001）利用 1996 年山西省农村样本的调查数据研究了农村妇女非农劳动就业的情况，研究发现在家庭中女性劳动力分担了绝大部分的农业劳动和家务劳动，与男性相比，女性外出务工的机会相对较少，在城市劳动力市场上农村女性劳动力的工资水平也要低于农村男性劳动力，劳动力市场对农村女性劳动力是存在歧视的；蔡昉、王美艳（2004）通过城市微观调查数据分析了家庭孩子数量对劳动力供给的影响，发现家庭中拥有 16 岁以下孩子不利于家庭劳动力流入到城市非农劳动部门，且孩子数量越多对非农劳动参与的阻碍效应越大；Knight 等（2011）利用 CHIPS 数据研究了农村劳动力的流动问题，研究发现已婚且有孩子的劳动力的非农劳动参与率要低于未婚群体或没有孩子的群体；刘婧（2008）利用 CHNS 微观数据研究了儿童健康、母亲对子女的照顾与非农劳动参与之间的关系，发现家庭女性劳动力参与非农劳动能够提高家庭收入水平，但母亲非农劳动时间与家庭孩子健康状况之间的关系是显著为负的，照料孩子阻碍了家庭中母亲这一劳动力的非农劳动参与。

第二节　城市规模与空间集聚

从流动方向来看，众多的跨国移民、区域移民均表现出向大城市集聚的特征。从微观视角来看，很多理论从工资报酬的视角对为什么大城市会集聚更多的迁移人口给予了解释。从整体来看，这些理论可以分为三类：第一类理论认为大城市具备经济集聚优势，劳动力在大城市务工可以获得经济集聚的好处（Duranton & Puga，2004；Puga，2010；Homes，2010），并且对于高技能劳动力而言，往大城市迁移，工资溢价会更大（De la Roca & Puga，2012；Baum-Snow & Pavan，2012）。第二类文献从职业搜寻和匹配的视角，阐述了人力资本水平更高的劳动力更倾向于选择在大城市务工（Combes et al.，2008；Morett，2012；Davis & Dingel，2014），由于对于不同能力的劳动力而言，在大城市生活的成本是一样的，因此高技能劳动力更容易在大城市生存下去。第三类理论从就业的视角认为劳动力在大城市务工可以有更多的就业机会，能够积累更有价值的工作经验，对于低技能劳动力而言，在大城市务工也是最优化决策（Glaeser，2000；Duranton & Puga，2001）。

随着我国经济快速发展和产业结构的不断升级，有越来越多的流动人口开始在各大城市群集聚。关于中国主要城市群人口集聚空间结构的研究主要包含以下两个方面：一是主要城市群人口格局的变化趋势；二是人口集聚的影响因素分析。从地理分布来看，东部沿海以长三角、珠三角、京津冀为主的城市群一直以来都是流动人口迁移的主要流入地（杨云彦，1992；王桂新，2003；刘望宝，2012）。从20世纪90年代开始，这三大城市群对流动人口的吸引力开始发生改变。如王桂新（2003）指出，珠三角城市群逐渐超过长三角城市群成为流动人口迁移的主要目的地；而王桂新（2012）的研究又发现了新的特征，人口迁移中心开始北移，长三角城市群又逐渐超越了珠三角城市群，成为21世纪流动人口迁移的主要聚集地。此外，流动人口在各大城市群集聚呈现"多极化"，如西北城市群逐渐取代东北城市群成为非沿海区域的流动人口迁移中心。丁金宏（2005）、俞路（2006）、黄洁和钟业喜（2014）、彭丽芹（2015）的研究也得出了相似的结论，流动人口在东部沿海城市集聚的特征正在发生转变，人口迁移流向也发生了改变，中西部一些发达城市群逐渐成为当前流动人口迁移的新聚集地。

国内有大量文献研究分析了流动人口向各大城市群迁移的动因，普遍认为不同城市间的经济差异是流动人口在大城市集聚的重要原因。蔡昉（1995）认为，中国早期实行的"重工业优先发展战略"是人口和产业格局分布不均衡的主要原因，改革开放之后，城市和农村的收入差距成为流动人口向城市群集聚的主要原因。李玲（1995）、张慧敏（2002）、刘生龙（2014）、刘晏玲（2014）的研究证实了收入差异、就业机会、经济环境、公共服务等因素是流动人口流动的主要动因。

从城市规模来看，由于中国城市在经济和社会发展方面的不均衡催生了流动人口在城市群内部空间分布的不均衡，主要表现为：一方面，少数大城市面临人口承载量的"天花板"，且大部分流动人口集中在城郊区域，城市基础设施和公共服务均面临极大挑战；另一方面，中小城市发展迟缓，对流动人口的吸引力不足。宏观层面，刘涛等（2014）、劳昕和沈体雁（2015）利用2000年和2010年的人口普查数据，研究了中国流动人口空间分布的演变机制，发现长三角、珠三角和京津冀等沿海开放城市是流动人口集聚的主要区域，流动人口向内陆地区超大城市集聚的特征明显；段成荣和杨舸（2009）利用全国人口普查和1%人口抽样调查数据，分析了流动人口的流入地分布趋势，发现流动人口逐渐向东部沿海地区集中，且越来越集中流向少数大城市，出现了极化现象；夏怡然等（2005）利用两次人口普查数据分析了流动人口集聚的特征，也得出了类似的结论，即流动人口向大城市集聚的趋势进一步加强，并且发现随着时间推移，以服务业为主的城市更容易吸引流动人口流入。陆铭（2016）认为流动人口向城市转移以及向大城市集聚是基于劳动力成本—收益权衡之后的理性选择，不仅有利于提高劳动者的收入，缩小城乡差距，而且有利于提高劳动力资源的生产效率，有利于产业升级。基于社会融合的视角，孙中伟（2015）利用流动人口动态监测数据，分析了农民工在不同类型城市的定居意愿，发现农民工显著偏好大城市和省内的省会城市，新型城镇化道路应该推行"大城市优先发展"的战略。

除了从宏观上描述流动人口向东部大城市集聚特征的研究之外，少数文献从成本收益的角度讨论了影响流动人口向大城市迁移的因素，如张耀军和岑俏（2014）利用人口普查数据，从宏观视角分析了流动人口向长三角、珠三角和京津冀集聚的特征，并利用回归分析发现第三产业发展和较高工资水平是吸引流动人口流入的重要因素；童玉芬和王莹莹（2015）利用 2013 年流动人口动态监测数据，基于个体成本收益的微观视角分析了流动人口选择北京、上海、广州的原因，发现收入差距是流动人口选择城市的主要动因，而大城市较高的生活成本并没有抑制其流入，另外，发展较为成熟的第三产业和较好的公共服务也是影响流动人口流动的重要因素。

第三节　流动人口在城市空间的迁移模式研究

20 世纪 60 年代，国外学者开始关注移民回流（Lee，1966；Murphy，1999；Yang，2006）和循环迁移（Massey，1987；Da Vanzo，1983；Dustmann，2003）。Massey（1987）最早研究了墨西哥与美国的跨国移民回流问题，研究发现迁移经验能够显著影响移民的循环迁移决策。Donato 等（1992）、Massey 和 Espinosa（1997）、Costant 和 Zimmermann（2003）、Bijwarard（2005）、Aydemir 和 Robinson（2006）、Thom（2010）等均研究了影响跨国移民回流和循环迁移决策的因素，他们普遍认为住房、性别、年龄、迁移经验、社会资本积累、移民政策等因素均会对移民的循环迁移决策产生影响。关于国内移民的循环迁移，Da Vanzo 等（1981）最早分析了美国国内移民的循环迁移问题，发现教育、就业、居留意愿等均会显著影响循环迁移决策；Newbold 和 Bell（2011）、Lee Sang Lim（2008；2010）同样研究了美国国内移民的影响因素，发现移民者职业层次等因素均会影响循环迁移的特征。

和国际移民、洲际移民不同，中国实行了户籍制度，流动人口不能获得与城市居民同等的养老、医疗、子女教育等社会保障，这形成了中国特有的循环迁移模式（李培林，1996；蔡禾和王进，2007）。从职业分布来看，流动人口在城市劳动力市场上，由于人力资本水平较低且遭受一定的歧视，往往聚集在工资水平低、工作环境差、职业不稳定的次级劳动力市场上（Meng et al.，2001；王美艳，2005；严善平，2006）。受户籍制度影响，农民工的流动模式表现出多样化特征，极少数流动人口在城市一开始就找到了适合自己的工作并长期工作下去，大多数流动人口为了谋求更高的收入和更满意的工作，会频繁的变换工作岗位，即进行职业流动（梁雄

军 等，2007；吕晓兰和姚先国，2013）；另外，还有一些流动人口由于长期在城市无法找到工作，或者对原有的工作和城市生活感到不满，会选择回流返乡（郭力 等，2011；石智雷和杨云彦，2012；王子成和赵忠，2013）。多样化和多层次的流动模式是流动人口高流动性的主要表现（Knight & Yueh，2004；白南生和李靖，2008）。

在市场机制下，劳动力的自由流动是资源合理配置、提高经济增长效率的有效途径。流动人口的迁移模式是户籍制度下农村劳动力在城市流动的重要形式（赵延东和王奋宇，2004），这对于增加流动人口收入，缩小城乡差距，提高农业生产效率和促进经济增长都具有十分重要的影响（白南生 等，2008）。从人力资本投资的角度，很多研究分析了职业流动的收入增长效应。Keith 和 Mcwilliams（1997）基于性别差异分析了男性与女性劳动者的职业流动对其收入增长的影响，结果发现职业流动的工资增长效应对不同性别劳动力的影响是有差异的，主动流动的男性劳动者，其工资增长要比女性高 35%，原因是女性劳动者更容易因为照顾家庭而离职，因此如果不考虑职业流动的原因，则有可能得出模糊和错误的结论。Yankow（2003）基于劳动者教育水平的异质性考察了职业流动的收入增长效应，发现对于受教育水平较低的劳动者，职业流动能够带来即时的收入增长，但对于受教育水平较高的劳动者，收入增长效应要在未来两年才能显现。国内很多研究也认为职业流动整体上能够提高农民工的收入水平（姚俊，2010；李长安，2010；马瑞 等，2012），但不同类型职业流动对收入的影响效应存在很大差异（吕晓兰和姚先国，2013）。通过借鉴国外关于公共服务供给的理论，国内开始逐渐关注城市公共服务供给对农民工流动和社会融入的积极作用。如侯慧丽（2016）主要考察社会保险对人口居留意愿的影响；付文林（2007）、吴伟平和刘乃全（2016）考察了公共服务供给结构对农民工迁移的影响；张耀军和岑俏（2014）、杨义武等（2017）基于人口特征差异考察了公共服务供给对不同迁移模式和不同规模城市中流动人口迁移的影响。

人力资本理论认为人力资本投资可以调节劳动者的收入（Becker，1962）。在城乡二元经济结构和劳动力市场分割的背景下，流动人口的流动投资不仅可以直接影响收入，还能通过增加工作机会、提高就业质量、获得公共服务或城市户籍、促进社会融合、提高社会地位等给个体带来间接收益（Benjamin et al.，2000）。在理论解释上，与公共服务获取紧密相关的是 Tiebout（1956）提出的"用脚投票"理论，该理论认为劳动力可以基于城市提供的公共服务支出和税费组合，通过迁移行为表达自身对公共服务的偏好。基于这一理论，有公共服务需求的流动人口可以通过跨城市的职业流动获得更高水平的公共服务。此外，人力资本投资理论和职业匹配理论针对人力资本积累和收入效应提出了不一样的解释。人力资本投资理论认为，一方面，职业流动不利于专业人力资本的积累，原因是专业人力资本在流入地的适用性受到限制，因而可能对迁移收入等收益造成冲击（Becker，1962；Parsons，1972）；另一方面，新岗位可以提高通用人力资本的效率，可以实现工资的快速增长，最终投资收益的大小取决于这两方面的综合影响（Sicherman & Galor，1990）。而职业匹配理论认为，职业转换是实现人职匹配的途径，劳动者只有通过一系列职业流动才能实现最优的生产效率，获得人力资本投资的最大收益，但职业转换的质量取决于个体是否获得完全的就业信息（Light，2005）。上述理论为本章分析职业流动与公共服务的关系提供了参考，然而不同理论揭示的影响机制均暗含较强的假设，尤其是我国劳动力市场与西方存在着较大差异，在劳动力分割情况下，流动人口的职业流动难以实现职业提升，且"候鸟式"循环迁移模式使得流动人口很难在城市长期居住，这均会影响流动人口的迁移投资和城市公共服务的获取（明娟和曾湘泉，2015；孙三百，2018；何炜，2020）。

从实证角度来看，在城镇化背景下，国内很多研究从权益获取、就业质量、社会融合和市民化的视角分析了流动人口职业流动的效果。梁雄军等（2007）通过调研数据分析发现，流动人口的职业流动（二次流动）是争取和维护自身权益的行动体现，而跨地区的职业流动是造成中国"民工荒"现象的一个重要原因。杨云彦和褚清华（2013）运用调研数据分析了流动人口的职业流动对其职业能力形成和社会融合的影响，发现职业流动提高了流动人口的就业能力，增加了流动人口职业上升的机会，提高了其收入水平和社会融入的程度。明娟和曾湘泉（2015）分析了工作转换对农民工就业质量的影响，发现工作转换不仅没能提高劳动者收入，而且增加了务工时间，也不利于劳动合同的签订。石智雷等（2016）通过将职业流动划分为水平流动和垂直流动考察了职业流动对城市融入的影响，其发现职业的水平流动的影响效应为负，而职业的垂直流动的影响效应为正。与本书研究主题相近的文献较少，Brand（2006）利用美国威斯康星时间序列数据，采用 DID 模型对比分析了被辞退工人再次就业与无职业变化工人在养老金和医疗保险方面的待遇差异，发现被辞退工人的职业流动致使其获得的社会保险水平更低。明娟和曾湘泉（2015）利用 RUMIC 数据，考察了农民工工作转换对养老保险缴纳的影响，同样发现农民工的职业流动不利于获取更高水平的养老保险。然而上述研究分别在研究对象和指标选择上有一定的局限，研究内容和结论需要进一步拓展和检验。

第四节　户籍制度对流动人口迁移的影响

赵忠（2004）认为户籍制度源于 1951 年的《城市户口管理暂行条例》，起初该制度并非用于控制人口流动，主要是为了维护社会治安。Wu（1994）和 Zhao（2000）认为 20 世纪 60 年代的三年困难时期和"大跃进"造成人口大量减少，各地物资变得匮乏，为了加强户口管理，控制人口流动，户籍制度进一步细化；林毅夫等（1994）认为虽然食物的匮乏可能是户籍制度产生的原因，但保证工业优先发展、农业辅助工业的经济政策以及二元经济结构才是户籍制度产生的最为根本的原因。1958 年 1 月 9 日，全国人民代表大会审议并通过了《中华人民共和国户口登记条例》，标志了中国户籍制度的正式确立。户籍制度规定了城市和农村是严格区分开的，农村户籍居民只能够享有与户籍地相关的权利和社会福利，即使流入城市长期生活也不能享有与城镇户籍居民相同的福利待遇，除非得到当地政府的批准，将原来的农村户口变为城市户口，而更换户籍需要经历繁琐的程序、花费相当高的经济成本和接受严格的审批要求，一般而言，长期生活在城市的农村户籍居民无法获取城市户口。

户籍制度的产生可以归因于中国优先发展重工业的经济战略。在改革开放之前，中国政府经济发展的方针政策是围绕重工业优先发展、发展工业和农业并重展开的。由于重工业属于资本密集型行业，相比农业对人力投入的需求要小得多，因此，为了有利于重工业的发展，限制农村劳动力进入城市当中，户籍制度便应运而生。Lipton（1977）和 Bates（1981）认为在发展中国家，城市阶层和农村阶层在政治权利上对比悬殊，往往容易出现歧视农村阶层的现象。在中国的户籍改革中，城市户籍居民享受了福利分房、医疗保险和就业、养老保险等福利待遇。何英华（2004）对当地户口居民和非当地户口居民的福利进行了比较：在社会保障方面，非当地户口居民不能享受当地的社会保障，而特殊就业单位的非当地户口居民可以享受部分的社会保障；在就业方面，非当地户口居民只能在一般的、临时的、非正式部门工作或自我雇佣；在工资待遇方面，非当地户口居民的工资报酬要低于相同工作的当地户口居民；在缴纳税费方面，当地居民只需要缴纳法定税费即可，而非当地户口居民除了缴纳法定税费外，还需要缴纳暂住费、赞助费等其他费用；在子女受教育方面，当地居民享有规定的受教育权利，而非当地户口居民则需要缴纳借读费、赞助费等才能入学；在政治权利方面，当地居民享有完全的政治权利，而非当地户口移民则基本不享有，无法参加社区的公共管理事务。相比农村户籍居民而言，城市户籍居民是制度的受益者，而农村劳动力向城市的转移流动无疑会对城镇居民造成一种压力，以法律形式呈现的户籍制度彻底打消了城市户籍居民的担忧，切实维护了城市户籍居民的利益。Downs（1957）认为各级地方政府寻求政治利益最大化，会首要保护当地居民的政治权利，城市外来流入劳动力不是当地政府首要关心的社会群体，因而不会积极主动的维护流动群体的权利和福利，因而地方政府会积极维护户籍政策，排斥外来流动农村劳动力，阻碍农村劳动力流入城市，最终会加剧中国城乡二元劳动力市场的形成（蔡昉 等，2001）。

赵忠（2004）认为在1978年以前，人民公社制度和户籍制度是控制城乡流动的最为重要的两个制度。人民公社制度要求公社成员必须依赖于公社的集体活动，公社对每一个成员的任务安排都有严格的要求，成员的日常生活和政治权利取决于其参与公社活动的情况，居民因迁移流动而离开公社是很困难的；户籍制度严格区分了农村户籍和城市户籍的权利和义务，农村户籍居民迁徙到城市是无法享受城市户籍的福利待遇的。按照赵忠（2004）的统计，中国1949—1985年的平均迁移率为0.24，远低于世界平均水平1.84。Zhao（2000）总结了1978年之前城乡迁移的三种途径，第一种是与家庭亲人团聚；第二种是城市单位的招工迁移；第三种是考进大学和参军迁移，这三种迁移对农村居民而言是十分困难的。此外，1978年之前，影响中国城乡迁移率的，除了人民公社制度和户籍制度之外，在1958—1962年特殊时期之后，曾在城市工作的两千多万农村居民被遣送回家，而且在1966—1976年"文化大革命"期间，大批城市户籍学生被送到农村接受贫下中农再教育，阻止了农村户籍劳动力的流动。在1978年之后，中国开始实施改革开放政策，在农村开始实行家庭联产承包责任制，在城市设立经济特区和发展非国有制经济，随着农业生产效率的提高，农村地区出现了大量剩余劳动力，城市由于经济发展的需要，对劳动力的需求越来越大，根据赵忠（2004）的统计，从数量上看，1989年农村移民数量为887.5万人，到了1998年农村移民数量变为2 666.6万人，数量增加了2倍多；从地域上看，从中部地区向东部地区迁移的流动人口数量是最多的，其次是从西部地区向东部地区迁移的流动人口数量。

当然，户籍制度并非一成不变的，随着经济的发展，农村流动劳动力对经济发展的促进作用凸显，社会化、民主化和城镇化进程的加快，各级地方政府也逐步对当地的户籍制度进行了调整。根据何英华（2004）对户籍制度的分解标准，户籍制度可以分解为两个层次，一个是当地地方政府制定的发放户口标准；另一个是当地地方政府对流动的非当地户口居民的移民政策。

Huang 和 Pieke（2003）将1979—1998年的户籍改革划分为四个阶段，1979—1983年为第一阶段，在这一阶段，政府依然严令禁止人口流动，户籍制度改革幅度最小；1984—1988年为第二个阶段，政府开始放宽人口迁移政策，准许农村户籍居民在自己解决口粮的情况下进入城市；1989—1991年为第三个阶段，在1989年春节前夕，中国各大交通枢纽开始告急，大量的移民对中国交通造成了巨大压力，中国首次出现大量农村流动人口，政府开始准备对农村居民的流动进行限制和管理；1992年之后是户籍改革的第四个阶段，为了经济发展的需要，政府开始放宽农村居民迁移的条件，在一定程度上鼓励农村劳动力流动，但从1995年开始，中国政府开始在各地方强制实行经济体制改革，对经营亏损了的国有企业和集体企业进行破产和解体处理，对未亏损企业进行改制，造成了中国城市大范围的失业问题，政府开始进一步对劳动力流动加强了控制。自1998年开始，户籍制度改革进一步推行，1998年6月23日国务院批准发布《关于解决当前户口管理工作中几个突出问题的意见》，明确规定了要以控制大城市规模、合理控制发展中小城市为原则，逐步改革和适时调整当前的户籍制度，有效地促进人口科学合理的流动、促进经济健康发展和社会不断进步。孙文凯等（2011）通过研究1988—2006年中国各省市户籍改革制度与中国劳动力流动之间的关系发现，户籍改革对农村户籍劳动力流动的影响极为有限，即使各级地方政府颁布政策要取消城市户籍与农村户籍在社会福利方面的巨大差异，现实生活中非当地户口的流动劳动力仍然无法享受与当地户口居民平等的待遇，户籍改革对农村劳动力流动和供给的影响是不明显的，这反映了中国户籍改革任务的艰巨，户籍改革需要一揽子与改革相关的配套政策；何英华（2004）通过建立户籍制度与迁移决策模型考察了个人户口取得因素对人口迁移决策的影响，结果发现受教育水平与户籍获取之间有紧密的关系，迁移者受教育水平越高，迁出或迁入城市户口的需求就越大；迁移者人力资本素质越高，年龄越小，政府准许迁入户口的可能性就越大。

第五节　城镇化背景下流动人口家庭化迁移的特征

受到户籍制度和其他公共政策的约束，长期以来，流动人口的流动一直以家庭中个别劳动力单独外出务工为主，家庭呈现"迁而不移"的特征（Zhu，2007；Fan，2011）。随着流动人口总量不断增加和城镇化进程的不断加快，流动人口在迁移模式和流动方向上呈现以下特征：第一，流动人口以已婚群体为主体，夫妻联合外出务工成为主要的流动模式（周皓，2004；盛亦男，2013；李强，2014；李代和张春泥，2016）。根据国家统计局发布的《2017年农民工监测调查报告》的数据，全部流动人口中，未婚的占19.8%，已婚的占77.8%，夫妻双方同时外出务工的比例逐年上升。第二，子女随迁的家庭在外出流动人口中占比越来越高，越来越多的流动人口选择举家迁移（Fan et al.，2011）。第三，流动人口向东部特大、超大城市集聚的态势不断增强（童玉芬和王莹莹，2015；侯慧丽，2016），引发了大型城市交通拥堵、环境污染等社会环境治理问题，而中小型城市对流动人口的吸引力不足，这与我国大中小城市协调发展的战略格局不相适应。

从家庭迁移的角度，流动人口外出务工决策是以家庭效用最优为目标的。在家庭随迁情况下，流动人口可以获得的效用主要分为三部分：第一部分是非农劳动收入；第二部分是父母的城市偏好，也就是父母对城市公共福利和生活便利程度的偏好；第三部分是从配偶和子女团聚、照料过程中获得的效用（王春超和张呈磊，2017）。流动人口的随迁模式是多样的，不同的迁移模式对应不同的家庭效用，具体而言：①关于配偶随迁，流动人口外出务工过程中的夫妻团聚能够填补长期分离造成的生理需求和情感需求缺口，提高流动人口外出务工的积极性，因而夫妻联合外出务工已成为当前农村居民非农劳动供给的主要模式。因此，对于配偶随迁的流动人口，他们更希望在城市获得更高的收入和更好的生活条件（熊景维和钟涨宝，2016；李代和张春泥，2016；Meng Lei et al.，2016）。②关于子女随迁，随着家庭孩子数量的下降和生活水平的提高，现在的流动人口越来越关心子女未来的发展，子女随迁对流动人口可能产生更多的影响。首先，由于子女在父母身边受到照顾和培养，随迁子女获得的效用会大于留守子女，同时父母通过与子女团聚也提高了家庭幸福感（王春超和张呈磊，2017；邓睿和冉光和，2018）；其次，子女随迁对流动人口提出了更高的公共服务需求，尤其体现在对未成年子女教育这一问题上；最后，子女随迁将提高流动人口的家庭消费水平，影响父母的就业。胡霞和丁浩（2016）研究了子女随迁对农民工家庭消费的影响，发现相较于子女未随迁的家庭，子女随迁的流动人口家庭总消费要高 16%～17%。李勇辉等（2018）分析了子女随迁对女性就业的影响，发现子女随迁对外出务工女性的工作参与率和工作时间均存在挤出效应，在一定程度上导致了"流而不工"和"迁而再守"的现象。对于子女随迁的流动人口，为了让子女享受更优质的教育资源，大都会采取"用脚投票"的方式，通过承担更多消费和工作挤出实现家庭效用的最大化，而收入最大化并非流动人口的最优选择（洪小良，2007；叶鹏飞，2011）。③家庭随迁这一模式结合了配偶随迁和子女随迁的特征，一方面，家庭随迁使得流动人口实现了家庭和务工地点的同步转移，满足了流动人口亲人团聚的需求，解决了家庭照料责任的承担问题，提高了流动人口在城市务工和居住的意愿；另一方面，家庭随迁为流动人口子女在城市就学提供了良好的家庭支持环境，增加了随迁子女的工作机会，提高了随迁子女的就业质量。在家庭效用最大化的目标下，家庭随迁的流动人口家庭以子女能获得优质的教育机会为主，通过"用脚投票"努力寻求与城市居民同等的待遇（熊景维和钟涨宝，2016）。

从流向上看，流动人口的家庭化迁移具有显著的空间依赖性，并呈现出特大或超大城市集聚的态势（张耀军和岑俏，2014；童玉芬和王莹莹，2015；王文刚 等，2017）。相对于其他中小型规模城市，特大或超大城市在就业机会、收入水平、生活成本和公共服务等方面存在明显的差异。侯慧丽（2016）将城市的公共服务细分为工业公民资格公共服务（如养老保险）和社会公民资格公共服务（如健康档案、子女教育机会等），分析了不同规模城市的公共服务供给对人口流动的影响，研究发现，城市规模越大，流动人口获得工业公民资格公共服务的概率越大，而获得社会公民资格公共服务的概率越小。此外，谢建社等（2011）、宋月萍和谢卓树（2017）分析了城市公共服务对农村儿童随迁的影响，也得出了类似的结论，发现城市公共资源数量和可及性对儿童随迁有重要的影响，而且一线城市政府对流动人口子女就读义务教育公立学校设置了诸多高门槛条件，流动人口随迁子女难以顺利入学。宋锦和李实（2014）、王春超和张呈磊（2017）分析流动人口子女随迁的影响因素，发现有子女随迁的流动人口会更多地考虑子女教育投入，相比之下，对自身消费、收入和就业却不那么重视，流动人口向大城市迁移和跨省迁移一般不伴随子女随迁，并且户籍门槛较高的大城市存在着子女随迁的就业替代，即子女随迁会影响流动人口的收入水平，但中户籍门槛和低户籍门槛的城市没有发现就业替代现象。

第六节　文献述评

第一，关于农业转移人口的城乡迁移决策，现有文献认为获取城市更高的非农收入是影响农业转移人口城乡迁移决策的重要因素，但没有具体讨论为何超大城市更受农业转移人口的偏爱。虽然很多文献从各个角度讨论了农业转移人口城乡迁移的成本约束，但仍未很好地解释城市异质性对农业转移人口迁移收益和迁移成本的具体影响。

第二，尽管国内学者开始关注农业转移人口的城—城迁移模式，但较少有研究从人力资本的角度来分析农业转移人口的跨城市二次流动在人力资本积累中的影响，以及跨城市二次流动与超大城市流动偏好之间的关系，而这些问题对认识我国的城镇化和农业转移人口市民化都是十分重要的。

第三，很多研究分析了农业转移人口职业流动在提高收入和促进市民化过程中的积极作用，但并未区分不同规模城市空间的职业流动，因而无法针对不同规模城市提出有针对性的促进农业转移人口市民化的政策建议。

第四，家人随迁和家庭迁移是当前农业转移人口城乡转移和人口流动的重要特征，我国已进入家庭化迁移的重要阶段，但结合农业转移人口在城市空间的集聚特征来考察子女随迁和家庭化迁移的研究还较少，因而难以从家庭视角来理解农业转移人口城市迁移模式的规律和趋势。

　　第五，现有很多研究分析了农业转移人口在大型城市集聚的趋势和特征，但并未深入讨论形成这一特征和趋势下的原因。本书将利用微观调研数据，比较农业转移人口在不同类型城市空间的迁移决策和定居意愿，探讨农业转移人口向超大城市集聚的深层次原因，进而为城市人口分布优化政策的制定提供有价值的参考。

　　本书结合人口迁移理论和人力资本投资理论，第一，考察了农业转移人口城乡迁移的超大城市偏好的理论机制，并应用微观数据库进行了实证检验；第二，基于人力资本理论，考察农业转移人口跨城市二次流动的空间依赖特征和规律，并验证农业转移人口的二次流动对人力资本积累的影响；第三，应用人力资本投资理论，系统检验农业转移人口的跨城市职业流动是否是人力资本投资行为，即在公共服务上是否存在"获得效应"；第四，以家庭的视角，考察了夫妻联合迁移和家庭化迁移与超大城市偏好之间的关系；第五，基于城市规模的差异，讨论了农业转移人口在公共服务获取上的异质性，并检验了这一特征对居留意愿的影响；第六，基于家庭效用和生命历程，探讨了农业转移人口的回流偏好特征。

第三章　农业转移人口大型城市流动偏好的决策机制

第一节　城市流动偏好的内涵及理论

自中国改革开放以来，随着经济发展和城镇化的不断推进，越来越多的流动人口从农村涌入发达的城市，投身中国市场经济建设的浪潮，对我国经济快速增长起到了至关重要的作用，农村剩余劳动力的城乡流动和区域间转移就业已经成为中国重要的经济和社会现象之一（蔡昉，2013；都阳 等，2014；钞小静和沈坤荣，2014；伍山林，2016）。农村劳动力的城乡流动就业不仅有利于提高农村居民的收入，缩小城乡收入差距，而且有助于劳动力资源在农业和非农业部门的合理配置，促进经济增长（胡永泰，1998；蔡昉和王德文，1999；Dekle & Vandenbroucke，2010；袁志刚和解栋栋，2011；樊士德和江克忠，2016）。步入新时代后，推动大中小城市的协调发展成为中国城镇化建设的重要任务。党的十九大报告提出，要以城市群为主体构建大中小城市和小城镇协调发展的城镇格局，加快农业转移人口市民化。然而当前农业转移人口的流动偏好与城市协调发展战略是不相适应的。根据历年《中国城市统计年鉴》的数据，绝大多数农业转移人口流入了经济较发达的东部大城市、特大城市和超大城市当中，并在城郊区域集聚，引发人口超载、交通拥堵和环境污染等一系列问题；而中小城市人口集聚不足且产业发展滞后，农业转移人口的流入意愿不强。大量研究分析了农业转移人口向大型城市集聚的特征（段成荣和杨舸，2009；张耀军和岑俏，2014；夏怡然 等，2015），但较少有研究从理论上解释农业转移人口偏好大型城市流动的动因，而且在实证研究方面也缺少对农业转移人口城市流动偏好的动因分析。

认识农业转移人口在城乡迁移中的城市偏好是理解当前大型城市人口集聚和市民化困境的基础。在城镇化背景下，中国农业转移人口已成为流动人口的主力，对改革开放以来的工业化发展和经济增长均起到了重要作用。受人力资本水平的约束，在城乡二元体制下，农业转移人口主要集聚在工资收入比较低、工作环境比较差、职业不稳定的次级劳动力市场，表现出流动性强、"候鸟式"迁移等特征（Knight & Yueh, 2004；梁雄军 等, 2007；白南生和李靖, 2008；约翰·奈特 等, 2011；杨菊华, 2015），这与西方发达国家的移民是存在巨大差异的。从人力资本的视角考察农业转移人口的流动偏好可以为促进中国农业转移人口稳定就业以及完善城市劳动力市场提供政策参考。

目前，国内外有大量研究分析了流动人口迁移动因以及向大型城市聚集的态势。围绕劳动力迁移影响机制，学者提出了二元经济结构理论（Lewis, 1954）、"用脚投票"理论（Tiebout, 1956）、决定因素理论（Lee, 1966）、预期收益理论（Harris & Todaro, 1970）、劳动力推拉模型（Kaivan, 2003）等，系统阐述了城乡收入差距、个体特征、家庭特征、城市特征等因素对劳动力迁移决策的影响。以上研究为分析中国农业转移人口在城市空间流动的特征提供了理论支撑。然而，受户籍制度影响，中国农村劳动力的城乡转移模式与国外发达国家的跨国移民和州际人口流动模式存在显著的差异。首先，农业转移人口和城市居民在养老、医疗、公共服务等方面存在制度隔离，农业转移人口被排除在当地社会福利惠及范围之外，农业转移人口在当地工作和生活的成本较高，这影响了农业转移人口在城市就业的积极性（蔡昉, 2010；约翰·奈特 等, 2011）；其次，在流动形式上，农业转移人口职业流动频繁，难以在同一城市工作较长时间，在城市务工缺乏认同感和归属感（梁雄军 等, 2007）；最后，农业转移人口举家迁移的比重很低，考虑到家庭照料和子女教育等现实问题，农业转移人口的流动模式表现出"循环流动"的典型特征，很多农业转移人口外出务工主要以暂时性获取较高的非农报酬为目的，并非为了长期融入当地社会（赵忠, 2004；王子成、赵忠, 2013）。在中国外来人口管理制度下，学者不仅研究了流动人口城乡转移的动因（赵忠, 2004；严善平, 2005；白南生和李靖, 2008；约翰·奈特 等, 2011），而且逐渐开始关注流动人口在城市空间的分布规律，研究发现农业转移人口在超大、特大城市集聚已经成为当前我国城市空间人口分布的重要特征（夏怡然 等，2005；张耀军和岑俏，2014；童玉芬和王莹莹，2015；侯慧丽，2016），但较少有研究从理论上讨论农业转移人口这一流动偏好的内在机理。

少数实证研究从微观视角考察了农业转移人口偏爱大型城市的原因，普遍认为相对于其他类型城市，超大城市的高收入、更多的就业机会和更好的公共服务已成为农业转移人口偏爱大型城市的重要原因。然而，在大型城市集聚的农业转移人口样本并非随机，由于大型城市偏好是农业转移人口受个体、家庭、社会和经济特征的影响做出的最优化选择，因此直接采用非随机样本进行回归分析容易产生样本选择问题（Heckman，1998；Lee & Marsh，2000）。

本章利用上海财经大学 2013 年"千村调查"数据，将农业转移人口的迁移决策划分为两个层次，第一层次是是否流入城市从事非农劳动，第二层次是是否流入大型城市获得最大化效应，采用嵌套 Logit 模型进行了实证检验，规避了样本选择带来的内生性问题。本章实证研究的结果与理论模型的结论是一致的，虽然成本因素和收入因素对城市选择的影响都是显著的，但相对于成本效应，收入因素的影响效应更大。数据测算的结果表明，相比迁入中小型城市，在大城市务工的净效用更大。具体来看，相比中小型城市，大型城市有更多的就业机会、更高的工资报酬和更大的收入差距，受人力资本水平的限制和循环迁移模式的影响，绝大多数具备一定人力资本的农业转移人口的最优决策是流入大型城市。

第二节　迁移机制：成本—收入模型

一、基准模型

基于 Harris-Todaro（1970）开创性提出的农村劳动力的城乡转移模型，并参考 Sjaastd（1962）、Bojas（1987）、Chiswick（1999）和 Clark 等（2007）关于移民理论的研究成果，本章以大型城市和中小型城市作为农业转移人口迁移的目的地选择，构建农业转移人口在城乡间、城市间迁移的理论模型，从机制上考察农业转移人口的城市空间流动偏好。

农业转移人口城市空间流动决策可以刻画为：

$$M_i = \text{Prob}(u_i > 0) \tag{3.1}$$

$$u_i = w_x(s_i) - w_y(s_i) - z_i - c_1 - c_2(q) - \lambda(\delta - s_i) \tag{3.2}$$

上式中，u_i 为迁移净收益，代表了迁移收入和迁移成本的差额；s_i 为个体 i 的人力资本水平，比如受教育程度、工作经验、职业技能等。

关于收入，w_x（$x = 1$，2 分别代表大型城市、中小型城市）为迁入城市的收入；w_y 为迁出城市或农村的收入（$y = 0$，1，2 分别代表农村、大型城市、中小型城市）。

关于成本，主要分为四类：

① z_i 代表与个体异质性相关的机会成本，例如与个体 i 社会网络相关的成本，如果个体 i 在迁入地拥有亲属关系或同乡，则 z_i 相应较低，反之，z_i 则较高。

② c_1 代表从属地 y 迁入属地 x 的固定成本，例如交通成本。

③ $c_2(q)$ 代表了属地 y 与属地 x 区域之间差异 q 的相关成本，q 包含户籍制度松紧、生活成本等。例如，$x = 1$ 代表大型城市户籍制度较紧、生活成本较高，$y = 0$ 为农村，则区域差异 q 较高，相应的 $c_2(q)$ 较高。

④ $\lambda(\delta - s_i)$ 代表个体 i 与属地 x 人才供给和需求匹配的成本。与之相应，δ 为属地 x 劳动力人力资本素质的门槛水平，λ 代表与迁入地专业人才需求政策相关的系数，例如迁入城市对高技术人才的需求有偏好，则 λ 相应较高。

引入随机假设，假设函数 w_x，w_y，z_i 和 s_i 均服从正态分布，且均值分别为 μ_x，μ_y，μ_z 和 μ_s，则农业转移人口从属地 y 迁入属地 x 的概率为：

$$M = 1 - \Phi\left[\frac{-\mu_x + \mu_y + \mu_z + c_1 + c_2(q) + \lambda(\delta - \mu_s)}{\sigma_u}\right] \tag{3.3}$$

其中，Φ 为标准正态分布函数，σ_u 为迁移收益的标准差，可以表示为：

$$\sigma_u = \sqrt{\sigma_x^2 + \sigma_y^2 + \sigma_z^2 + \lambda^2 - 2\sigma_x\sigma_y + 2\sigma_x\sigma_s - 2\sigma_y\sigma_s} \tag{3.4}$$

二、关于成本因素和收益因素的影响

$dM/d\mu_x > 0$，$dM/d\mu_y < 0$，$dM/d\mu_z < 0$，$dM/dc_1 < 0$，$dM/dc_2(q) < 0$。目标城市工资水平提高、迁出城市或农村的收入水平下降、个体异质性机会成本降低、固定成本降低、区域差异成本降低，均有助于提高农业转移人口的迁移概率。

这一结论意味着：第一，对于城乡迁移，城市的高工资会吸引农业转移人口离开农村；同时，城乡迁移意味着原有社会网络关系的丧失，因此会制约农业转移人口的城乡流动。另外，流动人口从农村流入城市，面临文化、价值观念和生活方式的巨大改变，这增加了农业转移人口在城市生活、子女教育和家庭养老等日常支出和照料责任，这种成本负担也不利于农业转移人口的城乡流动。第二，对比两类不同的城市，大型城市的工资收入水平往往较高，但同时生活成本较高，户籍约束也较强，因此，基于上述结论还无法直接得出农业转移人口流向大型城市的净效用。绝大多数农业转移人口是"循环流动"的，即农业转移人口外出务工主要是以获取较高的工资收入为目的，并非为了在城市长期定居，而且农业转移人口往往暂时性或"候鸟式"在生活成本相对较低的城郊区域居住。基于上述分析可以得出：

结论3.1：相较于长期稳定就业，循环迁移模式降低了农业转移人口在大城市就业的成本，相较于中小型城市，大型城市的高工资更易吸引农业转移人口流入。

三、关于劳动力市场匹配成本的影响

情形一：对于低技能的劳动者（$s_i < \delta$），$dM/d\lambda < 0$，$dM/d\delta < 0$，$dM/d\mu_s > 0$。目标城市如果存在较严格的劳动技能选择、劳动力素质门槛较高、劳动者的技能水平较低，则均不利于低技能农业转移人口的流动。

在城市劳动力市场，大型城市往往就业机会较多，第三产业比较成熟，对各类劳动者的需求都比较大，很多行业的技术门槛较低，因此能够吸纳大量低技能的农业转移劳动力。中小城市产业结构不健全且规模较小，人才需求比较单一，对低技能人才的吸引力相对较小。

情形二：对于高技能劳动者（$s_i > \delta$），$dM/d\lambda > 0$，$dM/d\delta < 0$，$dM/d\mu_s > 0$。目标城市如果存在较严格的劳动技能选择、劳动力素质门槛较低、劳动者技能水平较高，则均有利于高技能农业转移人口的流动。

在城市劳动力市场中，高技能的劳动者具备明显的人力资本优势，更容易满足高技术行业的入职门槛。目前，农业转移人口整体的人力资本水平较低，只有极少数农业转移人口能够进入技术型行业中，农业转移人口在城市的非农就业仍以非正规就业为主。

基于人力资本投资理论，移民的目的是获取比停留在当地更高的收益（Sjaastad，1962；Bojas et al.，1992）。因为大城市能够支付劳动力尤其是高技能劳动力更高的收益，为其提供更好的工作机会，所以往往更容易吸

引劳动力流入（Berry & Gleser，2005；Moretti，2012；Davis & Dingel，2014）。基于上述分析，得出：

结论3.2：相较于中小型城市，大型城市就业机会更多，更易吸引农业转移人口流入。

四、关于收入差距和收入分布的影响

假设：迁入城市专业人才需求政策相关的系数 λ 较小。

情形一：属地 x 的收入水平相较于属地 y 高，$\mu_x > \mu_y + \mu_z + c_1 + c_2(q) + \lambda(\delta - \mu_s)$。如果 $\sigma_x < \sigma_y - \lambda\sigma_s$，则 $dM/d\sigma_x > 0$，即迁入城市工资分布越离散，越有利于农业转移人口迁移。如果 $\sigma_y < \sigma_x + \lambda\sigma_s$，则 $dM/d\sigma_y > 0$，即迁出城市或农村的收入分布越离散，越有利于农业转移人口迁移。

情形二：属地 x 的收入水平相较于属地 y 低，$\mu_x < \mu_y + \mu_z + c_1 + c_2(q) + \lambda(\delta - \mu_s)$。如果 $\sigma_x > \sigma_y - \lambda\sigma_s$，则 $dM/d\sigma_x > 0$，即迁入城市工资分布越离散，越有利于农业转移人口迁移。如果 $\sigma_y > \sigma_x + \lambda\sigma_s$，则 $dM/d\sigma_y > 0$，即迁出城市或农村的收入分布越离散，越有利于农业转移人口迁移。

结合情形一和情形二的结论，可以将不同收入水平和收入分布情形下，农业转移人口的迁移决策刻画到图3.1中。用 w_x 代表迁入城市的收入，w_{y0}、w_{y1}、w_{y2} 分别代表三种不同的迁出城市或农村的收入情况。如果 y 代表农村或中小型城市，x 代表大型城市，由于农业转移人口在农村的务农收入一般低于在城市务工的非农收入，且中小型城市的收入水平一般低于大型城市，则 w_x 对应的均值水平要高于 w_y 对应的均值水平。

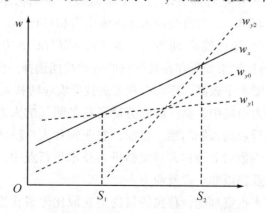

图3.1　农业转移人口的迁入地收入与迁出地收入

从图 3.1 可以看出，第一，如果迁出城市或农村的收入为图 3.1 中的 w_{y0}，即迁出城市或农村与迁入城市的收入分布相同，且对于具有不同人力资本水平的农业转移人口，迁入城市的收入均高于农村，则所有的农业转移人口都会进行迁移；第二，如果迁出城市或农村收入为图 3.1 中的 w_{y1}，即迁出地的收入更均等，则对于低技能的农业转移人口而言（$s < s_1$），最优决策是不迁移，对高技能农业转移人口而言（$s > s_1$），最优决策是迁移；第三，如果迁出城市或农村的收入为图 3.1 中的 w_{y2}，即迁入城市的收入更均等，则对于低技能的农业转移人口而言（$s < s_2$），最优决策是迁移，对高技能农业转移人口而言（$s > s_2$），最优决策是不迁移。

基于图 3.1 的结果，可以得出以下两个结论：

第一，关于城乡迁移。整体来看，由于农业转移人口在城市非农就业的工资收入要高于其在农村的务农收入，尤其是高技能的农村劳动力，因此农业转移人口在农村的收入分布不可能为图 3.1 中的 w_{y2}，基于 w_{y0} 和 w_{y1} 所示的农村收入的情况，大多数农业转移人口都会进入城市务工以获取较高的非农收入。

结论 3.3：除了人力资本素质最低的农村劳动力在农村务农外，人力资本素质越高的农村劳动力流入城市的概率越大。

第二，关于城市偏好。相对于中小型城市，大型城市的劳动力收入水平更高。另外，根据 2005 年中国人口普查数据，城市的规模越大，收入分配差距越大（陆铭，2016），因此大型城市和中小城市的收入情况可近似用 w_x 和 w_{y1} 来表示，由于现实中农业转移人口的人力资本水平 s 普遍较低，对于农业转移人口中人力资本水平最低的少数群体（$s < s_1$）而言，最优决策是留在农村或迁移至中小型城市，绝大多数农业转移人口的最优决策是迁移至大城市，以获取更高的非农收入。

结论 3.4：相比中小城市，大型城市的收入差距较大，绝大多数具有一定技能水平的农业转移人口可以获得更高的迁移收益，因而更易吸引农业转移人口流入。

第三节　数据与实证策略

一、数据

本章采用的数据是上海财经大学 2013 年度"千村调查"抽样数据，该数据以"农村劳动力城乡转移状况"为研究主题，采用不等概率抽样方法，在全国范围进行样本抽取，最终对全国 21 个省级行政区的 30 个县进行了定点抽样，共调查了 6 203 户农村家庭中 28 840 位家庭成员的基本情况、务工经历、健康和社会保障、子女教育、家庭收支及资产状况等。

参考侯慧丽（2016）对不同规模城市的划分标准，本章基于《国务院关于调整城市规模划分标准的通知》，将城市划分为大型城市（超大城市、特大城市）和中小型城市（大城市、中等城市、小城市）两类①。本章将劳动力的年龄限制为 16~60 岁，表 3.1 列出了家庭留守劳动力、在中小型城市务工的劳动力、在大型城市务工的劳动力的基本特征。

从个体特征来看，家庭留守劳动力已婚比例最高、男性比例最低，且平均年龄最大，而与家庭留守劳动力情况相反，大型城市迁移劳动力的已婚比例最低、中小型城市迁移劳动力的男性比例最高，且平均年龄最小；从人力资本特征来看，家庭留守劳动力的平均受教育年限最低，且健康状况最差，而中小型城市迁移劳动力平均受教育年限最高；从迁移的收益特征来看，在大型城市务工的劳动力月工资水平明显较高，为 3 542 元，超出在中小城市务工的劳动力 1 506 元，另外，不同类型城市务工劳动力在城市医疗保障和随迁子女就读方面的收益水平均很低，没有显著差异；从迁移成本特征来看，在大型城市务工的劳动力每月消费较高，但与在中小型城市务工的劳动力相比，差额仅为 122 元，另外，两类劳动力在家庭孩子数量、家中有 60 岁以上老人比例、土地被征用比例、亲友熟人介绍工作比例、外出务工和家人在一起比例、外出务工遭遇歧视比例方面均未表现出明显差异。从农业转移人口的来源地域特征来看，中西部是农业转移人

---

① 《国务院关于调整城市规模划分标准的通知》规定，城区常住人口 1 000 万以上的为超大城市（包含上海、北京、广州、深圳、天津、重庆）；城区常住人口 500 万~1 000 万的为特大城市（包含杭州、南京、武汉、成都、沈阳、西安、济南、昆明、哈尔滨、大连、青岛、苏州、宁波、无锡）。

口的主要来源地区，选择大型城市迁移和中小型城市迁移的人口数量占总农业转移人口的比重均超过66%，而且选择大型城市迁移的比例更高。

表3.1　农业转移人口样本特征统计

	变量	家庭留守	大型城市迁移	中小型城市迁移	城市差异Δ
个体特征	已婚（0/1）	0.835	0.728	0.749	−0.021
	男性（0/1）	0.407	0.627	0.680	−0.053
	年龄	42.94	34.34	32.53	1.81
人力资本特征	受教育年限	6.590	8.385	8.851	−0.466
	健康状况	2.096	1.766	1.830	−0.064
迁移收益特征	务工期间月工资/元	—	3 542	2 036	1 506
	城市医疗保障（0/1）		0.057 4	0.049 3	0.008 1
	随迁子女本地就读（0/1）		0.001 28	0.003 61	−0.002 33
迁移成本特征	务工期间每月消费/元	—	1 366	1 244	122
	家庭孩子数量	1.868	1.119	0.893	0.226
	有60岁以上老人（0/1）	0.525	0.407	0.476	−0.069
	土地被征用（0/1）	0.079 0	0.116	0.134	−0.018
	亲友熟人介绍工作（0/1）	—	0.386	0.378	0.008
	务工和配偶一起（0/1）	—	0.497	0.434	0.063
	务工和子女一起（0/1）	—	0.196	0.238	−0.042
	务工和老人一起（0/1）	—	0.052 7	0.065 3	−0.012 6
	务工遭受歧视（0/1）	—	0.177	0.166	0.011
地域特征	中西部	0.625	0.775	0.662	0.113

注：健康状况变量为被调查者的主观评价，用1、2、3、4分别代表健康状况非常好、好、一般和不好；城市医疗保障包括城镇职工基本医疗保险、城镇居民基本医疗保险；随迁子女本地就读指随迁子女在务工地公办学校就读；城市差异Δ为大型城市对应变量均值与中小型城市对应变量均值的差值。

　　表3.2列出了农业转移人口城乡迁移原因以及由不同原因迁移的农业转移人口的样本数量占比。从比例来看，老乡介绍工作和（以为）收入高、机会多是劳动力迁移的主要原因，占70%以上；相比中小型城市，在大型城市务工的劳动力由于老乡介绍工作和（以为）收入高、机会多而迁移的比例更高。

表 3.2　农业转移人口城乡迁移的原因及占比统计　　　　单位:%

流动原因	大型城市	中小型城市
1. 配偶团聚	2.22	3.05
2. 老乡介绍工作	45.24	41.33
3.（以为）收入高、机会多	40.71	30.59
4. 方便子女教育	1.29	2.31
5. 农业生产需要	0.29	1.08
6. 照顾老人需要	1.16	3.96
7. 解决户口	0.16	0.99
8. 生活费用低	1.03	2.75
9. 劳动、医疗、养老等社会保障好	0.16	0.64
10. 其他	7.75	13.3

　　表 3.3 统计了农业转移人口在外出务工期间遇到的困难以及面临不同困难的农业转移人口的样本数量占比。从数据来看，工资低、工作时间长、拖欠工资、不安全等是农业转移人口在大型城市和中小型城市务工面临的最主要困难，分别占总体的约 60% 和 73%；另外，生活费用高、子女教育问题对于农业转移人口外出务工也非常重要。对比两类城市的数据，相比中小型城市，在大型城市务工的劳动力面临第 1 类困难（工资低、工作时间长、拖欠工资、不安全等）的比例相对较低，而面临第 7 类困难（生活费用高）的比例相对较高。

表 3.3　农业转移人口外出务工期间遇到的困难及占比统计　　　　单位:%

流动原因	大型城市	中小型城市
1. 工资低、工作时间长、拖欠工资、不安全等	60.46	72.83
2. 子女教育问题	7.66	6.07
3. 户口问题	3.72	1.22
4. 老人需要照料	4.51	3.37
5. 不想失去土地	0.14	1.33
6. 没有医疗养老等社会保障	2.93	1.58
7. 生活费用高	16.7	7.86
8. 生活不习惯	3.57	2.27
9. 其他	0.31	3.47

表 3.4 列出了主要变量的描述性统计结果。首先，从均值来看，在农业转移人口当中，向大城市迁移的农村劳动力占到总体的 57.7%，这表明少数超大城市和特大城市（共 20 个）是农业转移人口迁移的主要目的地，这和以往研究的基本结论是一致的。其次，关于劳动力外出务工期间和亲人在一起的情况，如表 3.4 所示，农业转移人口与配偶共同外出务工比例接近一半；而与子女在一起的比例仅为两成，这反映出"留守儿童"现象在农业转移人口家庭中仍然是非常普遍的；与"留守儿童"现象相似，农业转移人口家庭中，随迁老人的比例约为 6%，这表明绝大多数老人都待在农村，成为"留守老人"。从表 3.4 的统计数据可以看出，虽然农业转移人口外出务工可以获取相对较高的收入，但如果不能实现就地市民化，将会造成"留守儿童""留守老人"等一系列社会现实问题，不利于社会稳定。由于需要承担家庭照料责任，这也促使农业转移人口更多、更频繁的回流和循环迁移，不利于劳动力资源在农业部门、工业部门和第三产业间进行合理配置，在人口老龄化和经济新常态背景下，不利于农村剩余劳动力的非农劳动供给，对长期的经济增长是不利的。最后，农业转移人口外出务工期间遭遇歧视的比例约为 17%，这表明农业转移人口这一特殊群体在城市工作和生活中仍然处于弱势，呈现边缘化特征，这无疑影响了农业转移人口的社会融入，阻碍了农业转移人口的市民化。

表 3.4　主要变量的描述性统计

变量	样本量	均值	标准差	最小值	最大值
大型城市迁移（0/1）	7 955	0.577	0.494	0	1
已婚（0/1）	18 737	0.769	0.421	0	1
男性（0/1）	18 742	0.517	0.500	0	1
年龄/岁	18 750	37.77	12.83	16	60
受教育年限/年	18 559	7.701	3.949	0	23
健康状况	18 734	1.910	0.904	1	4
月工资（ln）	8 161	7.938	0.633	1.386	12.96
城市医疗保障	8 349	0.050 8	0.205	0	1
随迁子女本地就读	7 552	0.002 67	0.051 6	0	1
月消费（ln）	7 524	6.906	0.759	1.017	11.51
家庭孩子数量/个	18 750	1.390	0.970	0	6
家中有 60 岁以上老人	18 750	0.455	0.498	0	1

表3.4(续)

变量	样本量	均值	标准差	最小值	最大值
土地被征用	18 190	0.119	0.324	0	1
亲友熟人介绍工作	7 642	0.380	0.485	0	1
外出务工和配偶一起	7 572	0.470	0.499	0	1
外出务工和子女一起	7 555	0.208	0.406	0	1
外出务工和老人一起	7 596	0.057 6	0.233	0	1
外出务工遭受歧视	7 356	0.171	0.383	0	1
中西部虚拟变量	18 750	0.664	0.472	0	1

为了更具体地考察农业转移人口在向城市转移过程中的迁移模式，即向城市转移过程中的家庭随迁情况，表3.5列出了不同随迁模式下农业转移人口向城市迁移的概率。

表 3.5　农业转移人口的迁移模式与城市选择概率统计　　　单位:%

随迁模式	大型城市	中小型城市
1. 无家人随迁	54.04	45.96
2. 配偶随迁	62.34	37.66
3. 子女随迁	59.17	40.83
4. 老人随迁	58.42	41.58

注:配偶随迁、子女随迁和老人随迁三种迁移模式分别指农业转移人口在迁移过程中有配偶在身边、有子女在身边和有老人在身边。

表3.5的统计结果显示:无家人随迁模式下，农业转移人口选择大型城市的概率最低，仅为54.04%;有家人随迁的情况下，农业转移人口选择大型城市流动的概率均高于无家人随迁模式的水平，尤其是配偶随迁模式下，农业转移人口选择大型城市流动的概率高达62.34%。这一统计特征表明，农业转移人口在务工过程中如果不能与配偶团聚或兼顾家庭照料，则往往需要花费更多的时间返乡，以获取家庭团聚的效用，而过高的返乡频次大大增加了农业转移人口迁移至大型城市的成本，限制了其向大型城市流动的概率，因而其会更多地选择就近的中小型城市务工。

二、实证策略

由于农业转移人口向城市流动是一种自选行为，即在样本中，进城务工的农村劳动力群体是非随机的，如果直接采用非随机样本进行回归分析就容易产生样本选择问题（Lee & Marsh，2000；王子成和赵忠，2013）。

本书参考梁雄军等（2007）、王子成和赵忠（2013）、刘建波（2004）对农村劳动力流动分层的做法，基于城市偏好的角度，将农业转移人口向城市的流动分为两个层次。第一，农业转移人口是否作出向城市迁移的决策，因此有家庭留守和城乡流动两个决策，这是农业转移人口城乡流动的第一层次；第二，对于已经决定向城市迁移的农业转移人口而言，面临是否选择向大型城市流动的决策，这是农业转移人口城乡流动的第二层次。

用以下函数表示农业转移劳动力城乡流动的效用：

$$U_{jk} = Z'_j\alpha + X'_{jk}\beta + \varepsilon_{jk}, \quad j = 1,2 \quad k = 1,2 \tag{3.5}$$

其中，j 表示农业转移人口城乡迁移的两个层次，k 表示在两个流动层次内的具体选择（是否迁移、是否偏好大型城市）；Z 代表影响第一层次的解释变量，包含婚姻状况、性别、年龄、受教育年限、健康状况、家庭孩子数量、家中是否有老人、土地是否被征用、是否为中西部区域；X 指除 Z 之外，影响第二层次选择的其他解释变量，包括务工期间工资水平、是否获得城市医疗保障、随迁子女是否在本地就读、务工期间月消费、是否由亲友熟人介绍工作、外出务工是否和配偶一起、外出务工是否和子女一起、外出务工是否和老人一起、外出务工是否遭受歧视；ε 为随机误差项，满足 Gumbel 的多元极值分布。基于上述效用函数，农业转移人口选择 (j, k) 的概率为：

$$p_{jk} = p_j \cdot p_{k|j} = \frac{\exp(Z'_j\alpha + \gamma_j I_j)}{\sum_{m=1}^{J} \exp(Z'_j\alpha + \gamma_j I_j)} \cdot \frac{\exp(X'_{jk}\beta_j/\gamma_j)}{\sum_{n=1}^{K} \exp(X'_{jk}\beta_j/\gamma_j)} \tag{3.6}$$

其中，$I_j = \ln\left\{\sum_{n=1}^{K} \exp(X'_{jk}\beta_j/\gamma_j)\right\}$，为包容性值；$\gamma_j$ 为相异参数，取值范围为 $[0, 1]$；对于任意 γ_j，$\sum_{m=1}^{J}\sum_{n=1}^{K} p_{jk} = 1$。

基于式（3.6），在 Z 保持不变情况下，X 会通过影响条件概率 $p_{k|j}$ 来影响 p_{jk}。比如，大型城市更高的工资收入可以提高农业转移人口选择超大城市的概率 $p_{k|j}$，进而使得 p_{jk} 上升；而大型城市较高的生活成本会抑制农业转移人口向大型城市迁移，即引起 $p_{k|j}$ 下降，进而使得 p_{jk} 降低。

第四节　实证结果

表 3.6 列出了农业转移人口城乡迁移的回归结果。由表 3.6 可知，农业转移人口的个体特征、人力资本特征、迁移成本特征、迁移收益特征以及地域特征对农业转移人口进城务工和向大城市迁移的影响均是显著的。

关于城乡迁移的第一层次：第一，未婚、男性、年龄较小的农业转移人口更倾向于外出务工。从系数来看，男性劳动力比女性劳动力外出务工的概率高 8.32%，未婚群体较已婚群体高 1.24%；而年龄对农业转移人口外出务工的影响是非线性的，随着年龄的增长，劳动者外出务工的可能性逐渐下降，但下降的速度在降低。第二，从受教育年限的影响效应来看，受教育年限每增加一年，农业转移人口外出务工的概率提高 0.92%，这一结果表明，人力资本素质高的农村劳动力更容易流入城市从事非农生产，即结论 3.3 得到验证。第三，家庭孩子数量越多、家庭有老人的农业转移人口更倾向于家庭留守，这表明家庭负担越重，农业转移人口越难以外出务工。第四，相较于东部省份，中西部地区的农业转移人口更容易外出务工。

关于城乡迁移的第二层次：第一，与进城务工决策相似的是，未婚的农业转移人口更倾向于向大城市迁移；而与进城务工决策不同的是，相较于男性，女性更倾向于选择大城市，对于这种情况，可能的解释是，相较于中小型城市，大型城市的第三产业比较发达，对女性劳动力的需求更大，女性劳动力也更容易找到与自身相匹配的岗位。第二，与进城务工决策相反的是，受教育水平越高的农业转移人口，越偏好中小型城市；并且年龄的影响效应呈现倒 U 形特征，对于这种情况，可能的解释是，随着年龄的增加，阅历的提升，农业转移人口更容易在大城市获取较高的工资收入，因而更倾向于流动到大城市，但这种增长趋势会随着家庭照料压力的增加、生活成本的提高而逐渐减弱。第三，与进城务工决策相同的是，家庭负担较重的农业转移人口更难以迁移至大型城市，对于这种情况，可能的解释是，少数大型城市往往离家较远，为了照顾孩子、老人和改善家庭生活，农业转移人口更愿意选择就近的中小型城市打工，一边挣钱，一边照顾家庭。第四，良好的社会关系网络会增加农业转移人口在大城市找到合适工作的概率，因而良好的社会关系网络有助于其向大型城市迁移。第五，进城务工期间与家人在一起将显著提高农业转移人口选择大型城市的积极性，具体来看，与配偶在一起，农业转移人口往大型城市迁移的概率将提高12%；与子女在一起，农业转移人口往大型城市迁移的概率将提高14.6%，与老人在一起，农业转移人口往大型城市迁移的概率将提高8%，这一结果表明，举家迁移不仅有利于减少"留守儿童""留守老人"等社会现象，提高农业转移人口的家庭福利，也有助于减轻农业转移人口的后顾之忧，提高其向大型城市迁移的积极性。第六，从迁移收益特征来看，更高的工资收入、更好的医疗保障、更好的子女入学机会将显著提高农业转移人口向大城市迁移的积极性，即大型城市更高的非农收益能显著提高农业转移人口选择大型城市的概率，因此，结论3.1得到验证。

表3.6　农业转移人口城乡迁移模型估计结果（AME）

变量类别	变量名称	第一层次:进城务工		第二层次:大型城市迁移	
		系数	标准差	系数	标准差
个体特征	已婚	−0.012 4**	0.004 68	−0.081 2***	0.025 2
	男性	0.083 2***	0.005 83	−0.039 0**	0.017 0
	年龄	−0.021 0***	0.000 912	0.012 4***	0.004 39
	年龄平方	0.000 311***	1.10e−05	−9.58e−05*	5.37e−05
人力资本特征	受教育年限	0.009 22***	0.000 841	−0.018 1***	0.002 51
迁移成本特征	家庭孩子数量（成本）	−0.015 7***	0.003 06	−0.048 9***	0.008 31
	家庭有老人（成本）	−0.042 8***	0.005 93	−0.033 3**	0.015 7
	土地被征用（推力）	0.050 9***	0.008 47	0.125***	0.025 0
	月消费对数（成本）	—	—	−0.084 5***	0.012 8
	亲友熟人介绍（拉力）	—	—	0.045 7***	0.016 2
	与配偶一起（拉力）	—	—	0.120***	0.019 9
	与子女一起（拉力）	—	—	0.146***	0.022 4
	与老人一起（拉力）	—	—	0.079 9**	0.033 2

表3.6(续)

变量类别	变量名称	第一层次:进城务工		第二层次:大型城市迁移	
		系数	标准差	系数	标准差
迁移收益特征（拉力因素）	月工资对数	—	—	0.104 ***	0.027 2
	城市医疗保障	—	—	0.139 ***	0.032 7
	随迁子女入学	—	—	0.043 1 **	0.019 6
地域特征	中西部	0.120 ***	0.005 97	-0.162 ***	0.016 7
Nagelkerke R^2		0.467		0.541	
LR 检验(p 值)		0.000 0			
样本量		7 348			

注: ***、**、* 分别表示估计值在1%、5%、10%的水平下显著；由于健康状况变量和遭受歧视变量的影响不显著，上表未列出这两个变量的估计结果；"年龄平方"行的估计系数和标准差数值较小，在显示上容易混淆，科学计数法 e-0n 表示 10 的-n 次方。

在理论模型框架下，基于表 3.1 的描述性统计结果和表 3.6 的回归结果，如果保持农业转移人口的个体特征（已婚、男性、年龄、年龄平方）、人力资本特征（受教育年限）、家庭特征（家庭孩子数量、家庭有老人、土地被征用）和地域特征（中西部）不变，从均值角度可以估算农业转移人口迁移至大型城市和中小型城市的收入因素差异和迁移成本因素差异（Δ）对其大型城市迁移概率的综合影响效应，计算结果如下:

$$E = \beta \cdot \Delta_\beta = 0.051\ 6 > 0$$

其中，β 为迁移成本特征（月消费对数、亲友熟人介绍、与配偶一起、与子女一起、与老人一起、务工遭受歧视）和迁移收益特征（月工资对数、城市医疗保障、随迁子女入学）的估计系数，Δ_β 为对应迁移成本特征和迁移收益特征的城市差异。估算结果表明，基于效用最大化原则，对比农业转移人口迁移至大型城市与中小型城市的收益差异和成本差异，发现农业转移人口迁移至大型城市获得的迁移收益大于迁移至大型城市的生活成本，这两类因素差异对迁移至大型城市概率的影响为正，这一净效应约为0.051 6。这一结果从迁移概率上证实了理论模型的结论，即对于大多数农业转移人口而言，他们更加偏好大型城市。

为了进一步检验城市就业机会和收入差异对农业转移人口迁移至超大城市概率的影响，本书的研究在式（3.6）中引入城市就业率（衡量就业机会）和城市收入差距变量。其中，城市就业率指标源于 2013 年《中国城市统计年鉴》和各省市统计年鉴，采用各城市第二产业和第三产业就业人数占当地 16~60 岁常住人口比例来表示；城市收入差异指标源于 2013 年上海财经大学"千村调查"数据，采用各城市流动人口的基尼系数（Gini）来表示。基尼系数的计算方法为：

$$Gini = 1 - \frac{2\sum_{i=1}^{n}\sum_{j=1}^{i}wage_j - \sum_{i=1}^{n}wage_i}{n\sum_{i=1}^{n}wage_i} \tag{3.7}$$

其中，n 为各城市的样本个数，$wage_i$ 为各城市调查样本按月工资收入由低到高排列后第 i 位样本的月工资收入。本章按照城市类型将城市就业率和基尼系数分别匹配到样本中，表 3.7 列出了两个指标的均值统计。

表 3.7　城市就业率和基尼系数均值统计

指标	全部样本	大型城市	中小型城市	城市差异 Δ
城市就业率	0.517	0.649	0.485	0.164
基尼系数	0.394	0.482	0.313	0.169

表 3.7 的统计结果显示，大型城市的就业率明显高于中小型城市的就业率，两者差异为 0.164；另外，在大型城市务工的外来人口的收入差异要显著大于中小型城市，这与相关研究（陆铭，2016）的结论是一致的。表 3.8 列出了城市就业机会和城市收入差距对农业转移人口向大型城市迁移的影响。

表 3.8　城市就业机会和城市收入差距影响的估计结果（AME）

变量类别	变量名称	第一层次：进城务工		第二层次：大型城市迁移	
		系数	标准差	系数	标准差
个体特征	已婚	−0.010 4**	0.003 85	−0.043 4***	0.012 8
	男性	0.134***	0.007 78	−0.039 2**	0.017 2
	年龄	−0.033 3***	0.002 56	0.017 7***	0.006 14
	年龄平方	0.000 554***	3.23e−05	−0.000 164**	8.10e−05
人力资本特征	受教育年限	0.008 66***	0.001 16	−0.019 2***	0.002 56

表3.8(续)

变量类别	变量名称	第一层次:进城务工		第二层次:大型城市迁移	
		系数	标准差	系数	标准差
迁移成本特征	家庭孩子数量	-0.026 2***	0.004 27	-0.049 9***	0.008 53
	家庭有老人	-0.049 7***	0.007 89	-0.036 0**	0.016 1
	土地被征用	0.079 0***	0.011 5	0.127***	0.025 4
	月消费对数	—	—	-0.083 7***	0.011 9
	亲友熟人介绍	—	—	0.040 4**	0.016 5
	与配偶一起	—	—	0.118***	0.020 3
	与子女一起	—	—	0.144***	0.022 7
	与老人一起	—	—	0.076 1**	0.033 8
迁移收益特征	月工资对数			0.115***	0.024 9
	城市医疗保障	—	—	0.141***	0.033 8
	随迁子女入学			0.043 9**	0.018 1
就业机会	城市就业率			0.184***	0.021 8
收入差距	基尼系数			0.090 1***	0.011 3
地域特征	中西部	0.139***	0.008 15	-0.161***	0.017 0
Nagelkerke R²		0.442		0.631	
LR 检验(p 值)		0.000 0			
样本量		7 215			

注: ***、**、* 分别表示估计值在1%、5%、10%的水平下显著;由于健康状况变量和遭受歧视变量的影响不显著,上表未列出这两个变量的估计结果。

表3.8 的估计结果显示,大型城市较高的就业率能够显著提高农业转移人口流入的概率(1%显著性水平),即结论3.2得到验证。基尼系数的增加同样会显著提高农业转移人口流入大型城市的概率,由于大型城市的收入分布更不均等,因而更易吸引农业转移人口流入,即结论3.4得到验证。另外,与表3.6 中的数据相比,表3.8 中其他解释变量的估计系数在符号和显著性上均没有改变,表明模型的估计是比较稳健的。

上述实证结果表明,农业转移人口的人力资本水平会对城乡迁移和大型城市迁移产生影响。为了更为具体地考察不同人力资本水平的农业转移人口在大型城市流动偏好上的差异,本章将农业转移人口分为高技能农业转移人口(受教育年限高于6年,初中及以上学历)和低技能农业转移人口（受教育年限不满 6 年，小学及以下学历），表 3.9 列出了这两类群体城乡迁移模型的估计结果。

表 3.9　人力资本异质性影响的估计结果（AME）

变量	低技能农业转移人口		高技能农业转移人口	
	进城务工	大型城市迁移	进城务工	大型城市迁移
已婚	−0.010 3	−0.026 6	−0.059 9***	−0.064 5***
	(0.022 6)	(0.054 6)	(0.016 5)	(0.019 8)
男性	0.124***	−0.058 5*	0.133***	−0.034 8*
	(0.012 9)	(0.033 2)	(0.009 88)	(0.020 4)
年龄	−0.001 88	0.007 52	−0.056 5***	0.029 6***
	(0.004 28)	(0.011 4)	(0.003 52)	(0.007 64)
年龄平方	0.000 147***	−0.000 157	0.000 873***	−0.000 327***
	(5.04e−05)	(0.000 142)	(4.65e−05)	(0.000 103)
家庭孩子数量	−0.016 7***	−0.062 6***	−0.026 7***	−0.045 1***
	(0.006 22)	(0.015 7)	(0.005 71)	(0.010 2)
家庭有老人	−0.089 4***	−0.012 5	−0.017 2*	−0.052 9***
	(0.012 4)	(0.031 0)	(0.010 0)	(0.018 9)
土地被征用	0.047 8**	−0.152***	0.091 8***	0.119***
	(0.018 6)	(0.050 8)	(0.014 5)	(0.029 5)
月消费对数	—	−0.091 9***	—	−0.069 9***
		(0.023 9)		(0.015 4)
亲友熟人介绍	—	0.006 59	—	0.050 7***
		(0.031 2)		(0.019 6)
与配偶一起	—	0.085 1**	—	0.135***
		(0.037 0)		(0.024 4)
与子女一起	—	0.158***	—	0.141***
		(0.041 2)		(0.027 2)
与老人一起	—	0.135**	—	0.060 2
		(0.065 1)		(0.039 7)
月工资对数	—	0.078 6**	—	0.060 4***
		(0.034 7)		(0.018 0)
城市医疗保障	—	−0.004 99	—	0.143***
		(0.169)		(0.035 3)
随迁子女入学	—	0.001 16	—	0.053 8***
		(0.001 09)		(0.013 3)
城市就业率	—	0.197***	—	0.042 2**
		(0.039 2)		(0.015 5)

表3.9(续)

变量	低技能农业转移人口		高技能农业转移人口	
	进城务工	大型城市迁移	进城务工	大型城市迁移
基尼系数	—	0.116*** (0.031 8)	—	0.034 9 (0.036 1)
中西部	0.158*** (0.012 8)	−0.131*** (0.035 4)	0.131*** (0.010 3)	−0.172*** (0.019 5)
Nagelkerke R^2	0.253	0.381	0.282	0.419
LR 检验（p 值）	0.000 0		0.000 0	
样本量	3 597		3 313	

注：***、**、* 分别表示估计值在1%、5%、10%的水平下显著；由于健康状况变量和遭受歧视变量的影响不显著，上表未列出这两个变量的估计结果。

从表3.9的估计结果可以看出，各因素对低技能农业转移人口和高技能农业转移人口的大型城市流动偏好的影响是有差异的。第一，关于个体特征的影响，婚姻情况和年龄对低技能农业转移人口进城务工以及向大型城市迁移的影响均不显著，但对高技能农业转移人口的影响是显著的。第二，关于迁移成本特征的影响，月消费对数对农业转移人口迁移大型城市的影响显著为负，从数值来看，低技能农业转移人口对月消费更敏感（估计系数绝对值较大）。第三，关于迁移收益特征的影响，大型城市的高收入能吸引农业转移人口流入，但相对于高技能农业转移人口而言，低技能农业转移人口对收入更敏感（估计系数绝对值较大）；此外，城市医疗保障和随迁子女入学对低技能农业转移人口流入大型城市的影响均不显著，可能的解释是，低技能农业转移人口更难以在大型城市获得社会保障和子女入学等公共服务。第四，大型城市较多的就业机会能够吸引农业转移人口流入，但其对低技能农业转移人口的影响效应更大，而且城市收入差距对高技能农业转移人口的影响是不显著的。以上结果表明，相较于高技能的农业转移人口，低技能农业转移人口更偏好特大、超大城市。

为了进一步检验不同年龄段和不同人力资本特征的农业转移人口对于迁移收益特征、迁移成本特征的异质性反应，本章在模型中引入了变量交叉项来刻画农业转移人口偏好大型城市流动的个体异质性。表3.10分别列出了不同类别的个体特征对于大城市迁移影响的回归结果。

表 3.10 农业转移人口大型城市迁移拓展模型估计结果（AME）

模型一		模型二		模型三	
年龄×月工资对数	0.017 9*** (0.004 85)	年龄×家庭孩子数量	-0.003 81*** (0.000 376)	受教育年限×月工资对数	-0.004 84*** (0.001 65)
年龄平方×月工资对数	-0.001 80*** (0.000 543)	年龄平方×家庭孩子数量	-0.000 604** (0.000 308)	受教育年限×城市医疗保障	-0.000 241** (0.000 100)
年龄×城市医疗保障	-0.008 55*** (0.001 94)	年龄×家庭有老人	-0.000 894** 0.000 390	受教育年限×子女教育	-0.000 438** (0.000 187)
年龄平方×医疗保障	0.003 49*** (0.000 246)	年龄平方×家庭有老人	-0.000 281** (0.000 104)	受教育年限×家庭孩子数量	-0.000 302** (0.000 123)
年龄×子女教育	-0.001 03** (0.004 75)	年龄×月消费对数	-4.50e-05 (4.66e-05)	受教育年限×家庭有老人	-0.001 17*** (0.000 431)
年龄平方×子女教育	0.000 190*** (2.26 e-05)	年龄平方×月消费对数	-4.83 e-06 (3.96 e-06)	受教育年限×月消费对数	-0.003 89 (0.003 22)
N-R^2	0.508	N-R^2	0.312	N-R^2	0.427
LR 检验(p 值)	0.000 0	LR 检验(p 值)	0.000 0	LR 检验(p 值)	0.000 0
样本量	7 103	样本量	6 824	样本量	6 444

注：***、**、* 分别表示估计值在1%、5%、10%的水平下显著。

如表 3.10 所示，从模型一的结果来看，第一，月工资对数与年龄的交叉项系数显著为正，而月工资对数与年龄平方项的交叉项系数显著为负，这说明年龄较低时，农业转移人口比较关注大型城市较高的工资水平，但随着年龄的增长，大型城市较高的工资水平对于农业转移人口迁移的激励作用逐渐变小；第二，城市医疗保障与年龄的交叉项系数显著为负，而城市医疗保障与年龄平方项的交叉项系数显著为正，子女教育的情况也相似，这说明年龄较低时，农业转移人口不太在意在大型城市的医疗保障和子女教育问题，但随着年龄的增长，农业转移人口越来越重视在大型城市的医疗保障和子女教育机会。模型一的结果显示，尽管较高的工资水平、享有城市医疗保障和子女教育机会能激励农业转移人口向大型城市迁移，但这种激励对于不同年龄阶段农业转移人口的影响是不一样的。

模型二的结果显示，家庭孩子数量、家庭有老人与年龄的交叉项系数显著为负，同时家庭孩子数量、家庭有老人与年龄平方项的交叉项系数也显著为负，说明随着年龄的增长，农业转移人口越来越在意家庭照料责任，流入大型城市的可能性在降低，并且降低的速度逐渐加快。另外，月消费对数与年龄的交叉项系数、与年龄平方项的交叉项系数均不显著，表明不同年龄段农业转移人口对月消费情况的反应没有表现出明显差异。

从模型三的结果可以看出，城市迁移收益特征与受教育年限的交叉项系数显著为负，表明相较于受教育水平较高的农业转移人口，受教育水平较低的农业转移人口更倾向于流入工资水平高的大型城市；家庭孩子数量、家庭有老人与受教育年限的交叉项系数显著为负，表明随着受教育水平的提高，农业转移人口更加重视家庭照料责任，因而难以迁移至大型城市。

第五节　本章小结

本章通过引入一个农业转移人口不同目的地选择的城乡迁移模型，分析了农业转移人口偏好大型城市的成本收益机制，并利用 2013 年上海财经大学的"千村调查"数据检验了影响农业转移人口城乡迁移的成本效应和收入效应，得出以下结论：①理论模型得出，相较于中小型城市，大型城市的就业机会更多且工资水平明显更高，对于具备一定技能的农业转移人口而言，流入大型城市的效用水平更高。另外，大型城市的收入分布更不均等，对于极少数人力资本水平较低的农业转移人口而言，最优决策是家庭留守，绝大多数的农业转移人口的最优决策是流入大型城市。②实证研究发现，相较于男性，女性农业转移人口倾向于迁移至大型城市；随着年龄的增长，农业转移人口偏好大型城市流动的趋势呈现出倒 U 形特征。③关于迁移成本特征的分析发现，家庭负担较重的农业转移人口更难以迁移至大型城市，而良好的社会关系网络能够显著促进农业转移人口向大城市迁移。另外，农业转移人口进城务工期间与家人团聚将显著提高其迁移至大型城市的概率，与配偶团聚、与子女团聚的效应更强。④关于迁移收益的分析发现，大型城市更高的收入、更好的医疗保障和更多的随迁子女入学机会能够显著提高农业转移人口流入大型城市的概率，但这一收入效应在不同年龄段的农业转移人口中呈现出的特点存在差异。⑤不同人力资本水平的农业转移人口的城市偏好是有差异的，由于农业转移人口在大型城市更难以兼顾家庭照料和亲人团聚，因而相较于人力资本水平较高的农业转移人口，大多数人力资本水平较低的农业转移人口更偏好大型城市。

基于上述研究结果，可以发现，在新型城镇化背景下，农业转移人口的城市偏好和城乡迁移决策是基于自身的成本—收益分析做出的理性选择。从人力资本空间分布的角度来看，少数具备较高人力资本水平的农业转移人口更偏好中小型城市，这是在户籍制度下农业转移人口人力资本空间错配的一种呈现，不利于充分发挥农业转移人口的人力资本效率。从这一意义上看，基于当前我国中小型城市发展缓慢的现状和大型城市在公共服务配置与社会治理方面的压力，我国的城镇化政策应该注重降低农业转移人口迁入城市的经济成本和制度成本，减轻农村劳动者的家庭照料负担，为劳动者提供有竞争力的工资待遇、社会保障和职工福利，提高农业转移人口迁移的积极性。因此，我们只有围绕制度改革，进一步降低超大城市对农业转移人口的落户限制，给予外来务工人口更多的补贴和福利，增加与人口流入数量相适应的公共服务供给，才能从根本上逐步实现城镇化，加快农业转移人口市民化的进程。

第四章　农业转移人口跨城市二次流动研究

第一节　跨城市二次流动模式

推动大中小城市协调发展是我国城镇化建设的重要任务，党的十九大报告提出，要以城市群为主体构建大中小城市和小城镇协调发展的城镇格局，加快农业转移人口市民化。但当前农业转移人口的流动偏好与城市协调发展战略是不相适应的，主要表现有：第一，农业转移人口持续向东部大城市、特大和超大城市集聚，表现出"特大和超大城市偏好"（侯慧丽，2016）；而中小城市人口集聚不足且产业发展滞后，农业转移人口的流入意愿不强。第二，在城乡二元体制下，农业转移人口市民化进程迟缓，表现出极高的二次流动性（Knight & Yueh，2004；梁雄军 等，2007；张春泥，2011；常进雄和赵海涛，2015）。2013 年上海财经大学"千村调查"数据显示，有 66.1%的农民工在外出务工期间转换过工作城市，即进行跨城市二次流动（上海财经大学"千村调查"课题组，2014），城—城流动模式是当前我国人口迁移的主要特征（段成荣 等，2019）。

认识农业转移人口的特大、超大城市偏好以及跨城市二次流动特征是理解当前市民化困境、中小城市和小城镇发展缓慢的基础。从迁移动因来看，一方面，由于经济集聚效应，大城市的企业往往给劳动者提供更优厚的工资（Duranton & Puga，2003；Puga，2010），国内很多研究也发现，大城市的高工资是吸引流动人口迁移的重要原因（张耀军和岑俏，2014；童玉芬和王莹莹，2015）；也有研究发现大城市较好的公共服务能够提高流动人口的稳定性（侯慧丽，2016；刘乃全 等，2017）。然而，以流动人口为主体的农业转移人口尽管表现出在大型城市集聚的态势，但呈现出很高的二次流动性，缺乏稳定性。那么，特大、超大城市的高工资和公共服务对农业转移人口迁移的影响到底有多大？对跨城市二次流动的影响是什么？不同类型城市的工资、就业机会、公共服务对农业转移人口迁移的影响有何差异？研究这些问题将有助于大家更好地认识当前农业转移人口在城市空间集聚的特征和趋势，进而为相关城镇化政策的制定提供有价值的参考。另一方面，根据人力资本投资理论，劳动者向大城市集聚是人力资本积累的结果（Glaeser, 1999；Duranton & Puag, 2001），人力资本水平较高的劳动力在大城市更易获得与自身能力相匹配的工作（Combes et al., 2008）。西方的人力资本投资理论是建立在充分竞争的劳动力市场这一基础上的，在存在二元劳动力市场的中国，农业转移人口向特大、超大城市集聚是否也和经典的人力资本理论一致，有待进一步的检验。

为了更好地阐释农业转移人口的特大、超大城市偏好和跨城市二次流动的特征，结合现有研究成果，本章利用 2013 年上海财经大学"千村调查"数据，重点分析了农业转移人口在不同类型城市二次流动的迁移动因，并利用多元选择概率模型（Mlogit）估计了不同城市的工资、就业机会、公共服务等对农业转移人口迁入和迁出不同城市的影响效应。与现有文献相比，本章的主要贡献在于：第一，基于城市规模差异的视角，本章讨论了农业转移人口对迁移目的地的选择，分析了农业转移人口向特大、超大城市和其他类型城市迁移的动因，估计了不同城市工资收入、就业机会和城市公共服务的影响效应，阐述了农业转移人口的特大、超大城市偏好；第二，对比分析了农业转移人口一次流动模式和跨城市二次流动模式，进而检验了农业转移人口在城市劳动力市场的人力资本积累特征。

第二节　数据来源和计量模型设定

一、数据来源

本章采用的数据是 2013 年上海财经大学"千村调查"大型抽样调查数据。该数据以"三农"问题为研究对象，以"农村劳动力城乡转移状况"为调研主题，采用不等概率定点调查和学生返乡调查相结合的方法，对全国范围内的广大农村地区进行样本抽取，最终对全国 21 个省级行政区的 30 个县定点抽样，共调查了 6 203 户农村家庭中 28 840 位家庭成员的基本情况、务工经历、健康和社会保障、子女教育、家庭基本情况、家庭收支及资产状况等内容。结合本章的研究内容，本章将劳动力的年龄限制在 16~60 岁。

本章将农村劳动力城市迁移模式划分为四类：未外出务工（家庭留守或本乡镇从事非农就业）、只在一个城市务工（即一次流动）、至少在两个城市务工（即跨城市二次流动）及回流返乡。数据显示，未外出务工群体占比最高，为 47.7%，其余为有外出务工经历的群体，其中回流返乡群体占比为 17.2%；在农业转移人口群体[①]中，跨城市二次流动群体占比接近六成，表明大多数农业转移人口都有过在多个城市务工的经历（上海财经大学"千村调查"课题组，2014）。

为了考察不同流动模式下农业转移人口的特征差异，表 4.1 列出了农业转移人口的个体特征、家庭特征、务工特征和地域特征的统计均值。从数值来看，第一，关于个体特征，一次流动的农业转移人口已婚比例较低、男性比例较高、年龄较低、受教育年限较长、健康状况较好、拥有新农保和医疗保险的比例均较高，表明相较于二次流动的农业转移人口，进行一次流动的农业转移人口人力资本水平较高。第二，关于家庭特征，进行一次流动的农业转移人口家庭孩子数量较少、有老人的比例较低、家庭总支出较低且土地被征用的概率较低，这些特征表明，相较于二次流动群体，进行一次流动的农业转移人口家庭照料负担较小。第三，关于务工特征，进行一次流动的农业转移人口外出期间与家人在一起（与配偶一起、与子女一起、与老人一起）的比例均较高，且遭受歧视的概率较低。第四，农业转移人口来源地的数据表明，中西部农业转移人口进行一次流动的比例要低于二次流动的比例，中西部农业转移人口较强的二次流动性是当前我国流动人口在城市空间流动的主要特征。

基于流动城市数量的差异，表 4.1 还分别列出了流动两个城市和三个及以上城市[②]农业转移人口的相关特征。数据表明，相较于流动两个城市的群体，流动三个或四个城市的农业转移人口人力资本水平较低（受教育水平较低和健康状况较差）、已婚比例和女性比例较高；另外，流动三个或四个城市的农业转移人口家庭孩子数量较多、外出期间和家人一起的比

---

① 包含一次流动模式和跨城市二次流动模式，占比 35.1%。

② 调查问卷追溯至农业转移人口流动到第四个城市的情况，由于流入到第四个城市的样本数量较少，本章在表 4.2 中将流动三个城市和四个城市的农业转移人口归为一类。

例较低、来自中西部城市的比例更高。

表4.1　农村劳动力流动模式和特征均值统计

变　量		一次流动	二次流动		
			全部样本	流动两个城市	流动三个以上城市
占比(0-1)		0.145	0.206	0.141	0.065
个体特征	已婚(0/1)	0.714	0.776	0.763	0.794
	男性(0/1)	0.650	0.527	0.549	0.478
	年龄	33.16	35.15	35.11	37.21
	受教育年限	8.668	7.729	8.288	6.879
	健康状况	1.737	2.010	1.958	2.029
	新农保虚拟变量(0/1)	0.576	0.550	0.557	0.548
	医疗保险虚拟变量(0/1)	0.981	0.967	0.959	0.971
家庭特征	家庭孩子数量	0.975	1.206	1.065	1.468
	土地被征用(0/1)	0.089 8	0.142	0.132	0.156
	家中有60岁以上老人	0.443	0.476	0.488	0.459
	家庭总支出/元	25 525	27 714	28 321	27 551
务工特征	外出务工和配偶一起(0/1)	0.485	0.344	0.380	0.284
	外出务工和子女一起(0/1)	0.234	0.126	0.146	0.092 5
	外出务工和老人一起(0/1)	0.057	0.051	0.064	0.041
	外出务工遭受歧视(0/1)	0.160	0.230	0.248	0.220
地域特征	东部(0/1)	0.325	0.180	0.182	0.159
	中部(0/1)	0.403	0.449	0.459	0.439
	西部(0/1)	0.272	0.371	0.359	0.402

　　注：二次流动指自2000年以来，有过外出务工经历的农村劳动力，在外出务工期间曾经转换过工作城市；健康状况变量为被调查者的主观评价，用1、2、3、4分别代表健康状况非常好、好、一般和不好。

　　基于调查问卷中关于"迁入城市原因"的调查，本章将迁入城市的原因分为社会网络关系、收益和成本、家庭效用和其他原因四类。表4.2分别列出了农业转移人口迁入第一个、第二个和第三个城市的原因占比①。

────────────

　　① 由于流入第四个城市的样本仅105个，为了和后面的回归分析相统一，此处和下文未列出流入第四个城市的统计。

表 4.2 显示，第一，"老乡介绍工作"是农业转移人口选择迁入城市的最主要原因，该原因使农业转移人口流入城市的占比均超过 40%，同乡关系成为当前农业转移人口最重要的迁移动因；第二，从城市收益和成本的角度来看，获取更高的收入和更好的就业机会是农业转移人口迁移的主要原因，其中，迁入第一个城市的占比达到 40.15%；迁入第二个城市和第三个城市的占比均高于 30%。除了收入和就业机会外，获取城市社会保障和解决户口这两个迁移收益占比均不足 0.5%，表明当前农业转移人口迁入城市的首要目的仍然是获得较高的收入和更好的就业机会，获取社会保障和城市户口等还不足以成为一个主要原因。另外，较低的生活费用对农业转移人口迁移的影响也很小，这也表明城市的生活成本高低不是影响农业转移人口迁移的主要因素，而收入和就业机会对农业转移人口来说是最重要的。第三，由于家庭效用提高而迁移的比例约占 6%，而且由于家庭效用提高（主要是配偶团聚、和照顾老人需要）而进行二次流动的比例大于一次流动，这表明农业转移人口的二次流动是在一定程度上兼顾了家庭效用而作出的选择。

表 4.2　农业转移人口迁入城市的原因统计

迁入原因		迁入第一个城市 （N=1 291）	迁入第二个城市 （N=911）	迁入第三个城市 （N=312）
社会关系 网络	老乡介绍工作	42.39%	41.77%	46.03%
收益和 成本	收入高、待遇好、 机会多	40.15%	38.52%	34.87%
	劳动、医疗、养老 等社会保障好	0.42%	0.20%	0.29%
	解决户口	0.14%	0.20%	0.00%
	生活费用低	1.04%	1.09%	0.98%
家庭 效用	配偶团聚	2.50%	3.17%	2.94%
	方便子女教育	1.32%	1.88%	2.25%
	农业生产需要	0.69%	1.02%	0.88%
	照顾老人需要	1.04%	1.98%	2.46%
其他		10.31%	10.01%	9.29%

为了进一步检验"收入高、待遇好、机会多"对农业转移人口迁入城市的影响，表4.3列出了农业转移人口在不同迁入城市的就业情况①。第一，从收入来看，一次流动的农业转移人口的月工资最高，为2 972元，高于二次流动群体，并且随着迁移城市的增多，农业转移人口的月工资水平是逐渐下降的，但整体差异较小。第二，从职业分布来看，农业转移人口主要以"生产运输设备操作人员"和"商业服务人员"为主，三类群体中两者占比都超过60%。具体来看，一次流动的农业转移人口为"机关、企事业单位负责人""专业技术人员"或"办事人员"的比例均超过二次流动的农业转移人口，且随着迁移城市增多，三类职业占比是逐渐下降的。第三，从单位所有制分布来看，农业转移人口主要以私营企业务工为主，其次为个体家庭企业务工。

表4.3　农业转移人口迁入城市的就业特征统计

工作情况		迁入第一个城市(N=1 291)	迁入第二个城市(N=911)	迁入第三个城市(N=312)
收入	月工资/元	2 972	2 856	2 823
职业/%	机关、企事业单位负责人	0.740	0	0
	专业技术人员	17.67	17.39	13.95
	办事人员	9.120	7.570	2.330
	商业服务人员	19.26	20	11.63
	农林牧渔水利人员	1.600	1.740	0
	生产运输设备操作人员	42.94	44.35	55.81
	军人	1.470	0	4.650
	其他人员	7.200	8.960	11.63

① 问卷中没有直接调查农业转移人口在每一个城市务工的月工资、职业和单位所有制，但调查了最近一次外出务工的情况，我们从样本中识别了最近一次外出务工为第一个城市、第二个城市、第三个城市、第四个城市的样本，得出表4.3的统计。

表4.3(续)

工作情况		迁入第一个城市(N=1 291)	迁入第二个城市(N=911)	迁入第三个城市(N=312)
单位所有制/%	党政机关	0.990	1.080	0
	国家集体事业单位	4.790	2.880	0
	国有企业	5.300	4.500	3.090
	集体企业	1.980	1.980	2.060
	外商独资企业	0.950	1.260	0.520
	中外合资企业	2.070	2.340	1.550
	私营企业	67.22	71.89	77.32
	个体家庭企业	15.63	13.51	15.46
	其他企业	1.060	0.540	0

在特大、超大城市集聚是当前我国农业转移人口在城市空间分布的显著特征（刘涛 等，2014；劳昕和沈体雁，2015；童玉芬和王莹莹，2015），表现出了农业转移人口的"特大和超大城市偏好"（侯慧丽，2016）。为了考察农业转移人口迁往特大、超大城市与迁往其他城市的动因差异，表4.4分别列出了农业转移人口迁入第一个城市、第二个城市和第三个城市的原因统计。

表4.4　农业转移人口迁入城市的原因统计　　　　单位:%

迁入原因		迁入第一个城市		迁入第二个城市		迁入第三个城市	
		特大、超大城市(N=192)	其他城市(N=1 099)	特大、超大城市(N=115)	其他城市(N=797)	特大、超大城市(N=53)	其他城市(N=259)
社会网络关系	老乡介绍工作	38.80	42.98	30.93	43.30	40.48	47.03
收益和成本	收入高、待遇好、机会多	41.74	38.27	53.18	36.46	40.00	34.54
	劳动、医疗、养老等社会保障好	0.00	0.49	0.00	0.23	0.00	0.32
	解决户口	0.00	0.89	0.00	0.23	0.00	0.00
	生活费用低	0.00	1.23	0.79	1.13	0.00	0.65

表4.4(续)

迁入原因		迁入第一个城市		迁入第二个城市		迁入第三个城市	
		特大、超大城市(N=192)	其他城市(N=1 099)	特大、超大城市(N=115)	其他城市(N=797)	特大、超大城市(N=53)	其他城市(N=259)
家庭效用	配偶团聚	2.48	2.67	2.38	3.28	0.00	3.25
	方便子女教育	0.00	1.55	1.59	1.92	0.00	2.27
	农业生产需要	0.68	2.33	0.00	1.23	0.00	0.97
	照顾老人需要	0.13	1.66	0.00	2.26	0.00	2.63
其他		16.17	7.93	11.13	9.98	19.52	8.33

首先，整体来看，相较于其他城市迁移，迁入特大、超大城市的农业转移人口由老乡介绍工作所占的比例较低，这表明农业转移人口更容易抱团流入其他城市；其次，由于收入高、待遇好、机会多而迁移的农业转移人口所占的比例更高，表明超大城市具有更好的收入待遇和就业机会，而由于城市社会保障、解决户口、生活费用低等原因迁入特大、超大城市的农业转移人口所占比例基本为0；最后，为了提高家庭效用而迁移至特大、超大城市的概率明显低于其他城市，表明在超大城市务工的农业转移人口更难以实现夫妻团聚、家人照料和兼顾农业生产。

与迁入原因相对应，问卷还调查了农业转移人口迁出城市的原因。表4.5分别列出了农业转移人口迁出第一个城市、第二个城市、第三个城市的原因及其占比。

表 4.5　农业转移人口迁出城市原因统计　　　　　单位:%

迁出原因		迁出第一个城市(N=1 068)	迁出第二个城市(N=697)	迁出第三个城市(N=247)
收益和成本	收入低、待遇差	27.42	25.30	24.27
	找到更好的工作	16.49	14.28	13.63
	自己创业	1.54	0.88	0.76
	失去了工作	10.24	14.46	15.71
	生活费用太高	2.35	3.03	1.13
	没有养老和医疗保障	0.49	0.00	0.76

表4.5(续)

迁出原因		迁出第一个城市 （N=1 068）	迁出第二个城市 （N=697）	迁出第三个城市 （N=247）
家庭效用	结婚生育或配偶团聚	4.63	5.44	5.89
	子女教育	2.43	1.39	1.89
	农业生产需要	2.44	2.79	3.80
	照顾家人	5.77	5.32	5.67
城市归属	没有归属感	2.43	1.90	1.51
其他		23.77	25.21	25.00

表4.5的数据显示，第一，收入低、待遇差是农业转移人口迁出城市最重要的原因，占比最高，并且随着迁移城市数量的增加，农业转移人口基于该原因而流出的比例是逐渐降低的。这一流出原因是和流入原因相对应的，表明农业转移人口流入城市的首要目的是获取较高的收入和较好的待遇，如果不能实现这一目标，农业转移人口会主动流出城市。第二，找到了更好的工作或者失去了工作是农业转移人口流出城市的重要原因，而且找到更好的工作这一主动流出和失去了工作这一被动流出所占比例相当，表明在农业转移人口群体当中，还存在普遍的被动离职现象。第三，结婚生育或配偶团聚、照顾家人也是农业转移人口流出城市的另外两个主要原因，两者占比之和在10%左右，而家庭效用相关的原因占比约为15%，这也和农业转移人口流入城市的原因相对应，表明家庭团聚和家庭照料是农业转移人口迁移的重要因素之一。此外，自己创业、生活费用高、没有社会保障、没有归属感等原因所占比例均较低，表明农业转移人口外出务工并非以获得城市社会保障、获得归属感和融入城市为主要目的。

基于城市的异质性，表4.6分别列出了农业转移人口迁出特大、超大城市和其他城市的原因统计。整体来看，相较于其他城市，由于收入低或待遇差、找到更好的工作、失去了工作而流出特大、超大城市的农业转移人口占比较低，这表明特大、超大城市能提供较高的收入和较好的工作待遇。由于家庭效用的提高而流出特大、超大城市的比例高于其他城市，表明在特大、超大城市务工的农业转移人口更难以获得结婚生育或配偶团聚等家庭效用。由于生活费用太高、没有归属感而流出超大城市的比例较高，表明在特大、超大城市的农业转移人口面临较高的生活成本和较大的社会融入难度。

表 4.6　农业转移人口迁出城市的原因统计　　　　　　单位:%

迁出入原因		迁出第一个城市		迁出第二个城市		迁出第三个城市	
		特大、超大城市(N=142)	其他城市(N=926)	特大、超大城市(N=85)	其他城市(N=612)	特大、超大城市(N=44)	其他城市(N=203)
收益和成本	收入低或待遇差	27.14	29.08	23.48	25.58	20.68	24.68
	找到更好的工作	16.08	18.16	10.22	14.87	12.68	20.76
	自己创业	0.58	1.69	1.02	0.87	0.00	0.85
	失去了工作	8.14	10.57	10.41	19.72	10.89	18.94
	生活费用太高	3.49	2.17	5.09	2.74	2.00	1.08
	没有养老和医疗保障	0.00	0.57	0.00	0.00	1.45	0.42
家庭效用	结婚生育或配偶团聚	5.65	3.62	7.14	5.20	6.45	4.70
	子女教育	3.33	2.15	2.94	1.30	2.45	1.69
	农业生产需要	3.16	1.64	3.04	2.49	4.45	3.23
	照顾家人	6.81	4.16	6.08	4.50	6.89	5.51
城市归属	没有归属感	2.74	1.54	4.08	1.58	2.89	0.85
其他		22.86	24.66	26.50	21.15	29.16	17.29

　　表 4.7 列出了核心变量的描述性统计。由表 4.7 的数据可以看出，在外出务工期间，农业转移人口和配偶在一起的比例为 47%，表明夫妻联合外出是当前农业转移人口城乡转移的主要特征，但农业转移人口和子女在一起的比例仅为 20.8%，和老人在一起的比例约为 5.8%。由于农业转移人口的城乡转移呈现出"迁而不移"的典型特征，即很难实现举家迁移，很多农业转移人口外出务工不得不面对与老人和孩子长期分隔两地的困难处境，由此造成了诸如"留守老人""留守儿童"等诸多社会问题，这与我国当前实施的"新型城镇化"战略是不相适应的。

表 4.7　核心变量的描述性统计

变量	样本量	均值	标准差	最小值	最大值
已婚	18 737	0.769	0.421	0	1
男性	18 742	0.517	0.500	0	1
年龄	18 750	37.77	12.83	16	60
受教育年限	18 559	7.701	3.949	0	23

表4.7(续)

变量	样本量	均值	标准差	最小值	最大值
健康状况	18 734	1.910	0.904	1	4
新农保	18 750	0.528	0.499	0	1
医疗保险	17 515	0.967	0.179	0	1
家庭孩子数量	18 750	0.900	0.970	0	6
土地被征用	18 190	0.119	0.324	0	1
家中有 60 岁以上老人	18 750	0.455	0.498	0	1
家庭总支出	17 557	29 804	40 864	0	1 137 000
外出务工和配偶一起	6 572	0.470	0.499	0	1
外出务工和子女一起	6 555	0.208	0.406	0	1
外出务工和老人一起	6 596	0.057 6	0.233	0	1
外出务工遭受歧视	6 356	0.179	0.383	0	1
东部	18 750	0.336	0.472	0	1
中部	18 750	0.398	0.489	0	1
西部	18 750	0.267	0.442	0	1

二、计量模型

本章以农业转移人口先后迁移的三个城市为目的地，基于特大、超大城市与其他城市的差异，将农村劳动力的流动模式分为以下七类：

$$M_{1B} = f_{1B}(X) + e_{1B}, \quad 如果 M_{1B} = M_{max}$$
$$M_{1S} = f_{1S}(X) + e_{1S}, \quad 如果 M_{1S} = M_{max}$$
$$M_{2B} = f_{2B}(X) + e_{2B}, \quad 如果 M_{2B} = M_{max}$$
$$M_{2S} = f_{2S}(X) + e_{2S}, \quad 如果 M_{2S} = M_{max} \qquad (4.1)$$
$$M_{3B} = f_{3B}(X) + e_{3B} \quad 如果 M_{3B} = M_{max}$$
$$M_{3S} = f_{3S}(X) + e_{3S}, \quad 如果 M_{10S} = M_{max}$$
$$M_{00} = f_{00}(X) + e_{00}, \quad 如果 M_{00} = M_{max}$$

其中，$M_{max} = \max\{M_{1B}, M_{1S}, M_{2B}, M_{2S}, M_{3B}, M_{3S}, M_{00}\}$；$B$，$S$ 分别代表特大、超大城市和其他城市。一次流动包含 M_{1B} 和 M_{1S} 两类：M_{1B} 代表农业转移人口只迁入一个城市且为特大、超大城市；M_{1S} 代表农业转移人口只迁入一个城市且为其他城市。二次流动包含 M_{2B}，M_{2S}，M_{3B} 和 M_{3S} 四类：M_{2B} 代表农业转移人口只迁入两个城市且最后迁入特大、超大城市；M_{2S} 代表农业转移人口只迁入两个城市且最后迁入其他城市；M_{3B} 代表农业转移人口只迁入三个城市且最后迁入特大、超大城市；M_{3S} 代表农业转移人口只迁入三个城市且最后迁入其他城市；M_{00} 代表农村劳动力未外出务工（家庭留守或本乡镇从事非农就业）。

对于模型（4.1），可以采用 Mlogit 模型进行估计，具体形式如下：

$$M_{iC} = \alpha_{iC} X_{iC} + \varepsilon_{iC}, \quad i = 1,2,3; \quad C = B,S$$
$$M_{00} = e_{00}$$

（4.2）

其中，X 代表影响农业转移人口外出务工的变量，包括个体特征（婚姻、年龄、受教育年限、健康状况、社会保障）、家庭特征（家庭孩子数量、土地被征用、家庭有老人、家庭总支出等）、迁入原因（与配偶团聚、老乡介绍工作、收入高、待遇好、机会多、方便孩子教育、照顾老人需要）和地域特征等；e 服从极值分布。

对应农业转移人口迁入城市模式，如果将 $M_{iC}(i=1,2,3; \quad C=B,S)$ 定义为对应的迁出城市模式，同样可以采用 Mlogit 模型对农业转移人口的迁出模式进行实证分析。

第三节　估计结果

一、迁入不同城市的影响因素估计

表4.8 列出了以未外出务工人口为参照，农业转移人口分别迁入第一个城市（一次流动）、迁入第二个城市和第三个城市（二次流动）的估计结果。估计结果显示：①相较于一次流动模式，是否结婚对农业转移人口迁入城市的影响是不显著的（5%的显著性水平）；而对于二次流动模式，已婚农业群体显著倾向于流入其他城市。汪健华（2017）认为向大城市流动的农业转移人口往往面临较大的行政跨度，已婚家庭子女的教育、社保等均面临更大困难，因此在大城市务工的农业转移人口更难以与家人共同生活、居住，即更难以兼顾亲人团聚和家庭照料。②不论是一次流动还是二次流动，相较于女性，男性农业转移人口更倾向于选择其他城市务工，这和童玉芬、王莹莹（2015）的研究结论是一致的，即超大城市的第三产

业更发达，为女性农业转移人口提供了更多的就业机会。③受教育程度越高，农业转移人口越倾向于一次流动，且从系数上看，受教育程度对农业转移人口流入其他类型城市的影响效应远大于流入特大、超大城市；另外，受教育程度越高的农业转移人口，选择跨城市二次流动模式的概率越低。④健康状况越差的农业转移人口更倾向于二次流动，且倾向于流入特大、超大城市。如果把受教育程度和健康状况作为衡量农业转移人口人力资本素质的指标，结果表明人力资本素质越高的农业转移人口越倾向于到其他城市务工，且更倾向于一次流动模式。⑤家庭孩子数量越多，农业转移人口越容易迁入特大、超大城市。Lei Meng（2014）研究发现，随着家庭孩子数量增加，照料孩子的经济负担效应会大于时间投入效应，由于特大、超大城市具有更高的非农收入和更好的就业机会，因而会提高农业转移人口迁入的概率。⑥不论是一次流动还是二次流动，老乡介绍工作对农业转移人口迁入城市概率的影响均是显著的，表明了社会关系网络对农业转移人口流动的重要影响。⑦收入高、待遇好、机会多均能提高农业转移人口迁入各种类型城市的概率，但相较于迁入其他城市，迁入特大、超大城市的影响效应更大且显著性更强。⑧相较于特大、超大城市，与配偶团聚对农业转移人口迁入其他城市的影响更显著，表现出中小型城市在提高家庭效用方面的优势。此外，方便孩子教育、照顾老人需要对农业转移人口迁移的影响均不显著。⑨不论是一次流动还是二次流动，外出务工期间遭遇歧视均不利于劳动力流入。

表 4.8　迁入不同类型城市模型估计结果

类型	迁入第一个城市		迁入第二个城市		迁入第三个城市	
	特大、超大城市	其他城市	特大、超大城市	其他城市	特大、超大城市	其他城市
已婚	0.155 (0.214)	0.384* (0.217)	0.691* (0.411)	0.684*** (0.180)	0.855 (0.691)	0.649*** (0.234)
男性	−0.310 (0.211)	0.331*** (0.018 5)	−0.434 (0.271)	0.473*** (0.012 8)	−1.047*** (0.162)	1.134*** (0.208)
年龄	0.025 6 (0.017 7)	0.002 45 (0.006 99)	−0.020 8 (0.013 2)	0.004 14 (0.006 05)	−0.012 0** (0.004 99)	0.015 0*** (0.003 59)
受教育年限	0.031 8*** (0.008 98)	0.071 9*** (0.012 1)	−0.140*** (0.043 3)	−0.004 58 (0.006 93)	−0.012 0** (0.004 99)	−0.011 9 (0.009 96)
健康状况	0.211 (0.171)	0.078 5 (0.105)	0.144*** (0.008 58)	0.007 04 (0.004 51)	0.261*** (0.066 3)	−0.151 (0.386)

表4.8(续)

类型	迁入第一个城市		迁入第二个城市		迁入第三个城市	
	特大、超大城市	其他城市	特大、超大城市	其他城市	特大、超大城市	其他城市
新农保	0.656*	0.257*	0.430***	0.107***	0.108	-0.086 6
	(0.349)	(0.153)	(0.152)	(0.007 70)	(0.440)	(0.122)
医疗保险	-0.140	-0.714***	-0.756	-0.132***	14.11***	-0.058 3
	(0.305)	(0.197)	(0.556)	(0.017 6)	(1.095)	(0.097 1)
家庭孩子数量	0.692***	0.026 8*	0.278**	-0.020 7	0.091 9***	0.009 48
	(0.120)	(0.014 2)	(0.114)	(0.038 7)	(0.028 7)	(0.168)
土地被征用	-0.313	0.047 6	0.068 3	0.171*	0.472**	0.296
	(0.228)	(0.169)	(0.234)	(0.103)	(0.189)	(0.366)
家里有老人	-0.334**	0.205	-0.045 7	-0.137*	-0.127	-0.131
	(0.163)	(0.127)	(0.166)	(0.081 6)	(0.295)	(0.139)
家庭总支出	2.93e-06**	-2.45e-06	1.03e-06***	1.53e-06***	-6.33e-06	2.02e-06***
	(1.35e-06)	(4.12e-06)	(3.51e-07)	(4.58e-07)	(4.17e-06)	(5.77e-07)
老乡介绍工作	16.54**	16.33**	16.88**	17.49**	18.52***	17.88***
	(6.881)	(6.746)	(6.842)	(6.781)	(6.925)	(6.776)
收入高、待遇好、机会多	22.18***	9.085**	23.27***	5.174**	22.28***	3.021*
	(5.551)	(3.811)	(5.419)	(2.433)	(5.632)	(1.672)
与配偶团聚	35.59	33.62***	34.79	35.20***	36.05	36.05***
	(29.42)	(10.01)	(29.81)	(7.691)	(27.22)	(8.595)
方便孩子教育	0.675	2.247	2.506	2.863	2.539	2.242
	(36.69)	(36.49)	(36.66)	(36.72)	(36.43)	(36.64)
照顾老人需要	22.46*	20.55	23.37*	23.29*	23.32*	23.61*
	(13.26)	(13.23)	(13.25)	(13.22)	(13.17)	(13.09)
外出务工遭受歧视	-3.321***	-2.871***	-3.534***	-3.442***	-3.157***	-3.141***
	(1.041)	(0.973)	(1.012)	(0.947)	(1.069)	(1.017)
中部	0.174	0.144	0.674	0.859***	0.348	0.996**
	(0.595)	(0.436)	(0.586)	(0.311)	(0.619)	(0.421)
西部	1.689*	0.000 625	0.595	1.064***	0.466	1.324***
	(0.988)	(0.207)	(0.661)	(0.323)	(0.614)	(0.389)
常数项	-7.681***	-3.931***	-5.862***	-4.155***	-20.35***	-6.301***
	(0.701)	(0.504)	(0.910)	(0.491)	(1.168)	(0.699)
样本量	5 740	5 740	5 740	5 740	5 740	5 740

注：（）中数值代表聚类到城市层面的稳健标准差；***、**、*分别表示估计值在1%、5%、10%的水平下显著；健康状况变量为被调查者的主观评价，用1、2、3、4分别代表健康状况非常好、好、一般和不好；"家庭总支出"行的估计系数和标准差数值较小，在显示上容易混淆，科学计数法 e-0n 表示10的-n次方，下同。

二、迁出不同城市的影响因素估计

与迁入模式相对应，表4.9列出了相较于一次流动而言，农业转移人口迁出城市模型（即二次流动模式）的估计结果。估计系数显示：①男性农业转移人口更易迁出特大、超大城市，表明二次流动的农业转移人口，相对而言，女性更倾向于到特大、超大城市务工。②受教育年限越长，越不利于农业转移人口流出其他城市，表明人力资本素质越高的农业转移人口更倾向于在其他城市找到稳定的就业岗位。由表4.9的结果可以看出，不同人力资本的农业转移人口的城市选择和西方经典的人力资本投资理论不一致。Combes等（2008）、Morett（2012）、Davis和Dingel（2014）认为，人力资本水平越高的劳动力基于人力资本积累、劳动力市场匹配以及城市规模经济的影响，更容易进入大城市工作。但在中国劳动力市场分割、竞争不充分、和劳动力流动成本较高的情况下，人力资本素质较高的农村劳动力更倾向于选择其他城市。③健康状况不好的农业转移人口也较易迁出其他城市，这一特征表明，健康状况越不好的农业转移人口更易于进行二次流动且容易在特大、超大城市找到相对稳定工作，这与大城市在就业机会和就业待遇方面的优势紧密相关。④家庭孩子数量越多的农业转移人口更难以迁出特大、超大城市，这一特征和表4.8的结论一致，即随着孩子照料负担的增加，农业转移人口需要选择在特大、超大城市务工以获取较高的收入，来缓解经济压力。⑤家庭有老人更难以迁出其他城市，表明相较于特大、超大城市，其他城市可以更好地兼顾老人照料。⑥收入低、待遇差均能显著提高农业转移人口迁出城市的概率，从显著性和系数大小来看，相较于迁出特大、超大城市，收入低、待遇差对迁出其他城市的影响效应更大且显著性更强，这一结论和表4.8的估计系数一致，表现出了农业转移人口的特大、超大城市偏好。⑦不论是特大、超大城市还是其他城市，失去了工作或找到更好的工作均有利于农业转移人口迁出该城市（第一个城市和第二个城市）。⑧结婚生育或配偶团聚、照顾家人均能够显著提高农业转移人口迁出特大、超大城市的概率，这一特征与表4.8的估计结果一致，即农业转移人口迁移至中小城市更易于提高其家庭效用。⑨外出务工期间遭遇歧视容易使农业转移人口迁出特大、超大城市。

表 4.9　迁出不同类型城市模型估计结果

类型	迁出第一个城市		迁出第二个城市		迁出第三个城市	
	特大、超大城市	其他城市	特大、超大城市	其他城市	特大、超大城市	其他城市
已婚	0.163	0.419**	−0.009 36	0.309*	−0.224	0.040 0
	(0.394)	(0.176)	(0.394)	(0.177)	(0.624)	(0.249)
男性	0.412***	0.434	0.912***	0.243	1.267***	0.568
	(0.133)	(0.312)	(0.151)	(0.321)	(0.246)	(0.519)
年龄	−0.007 42	0.002 93	−0.015 8	0.009 87	0.024 8	0.048 4***
	(0.018 0)	(0.007 43)	(0.021 7)	(0.007 48)	(0.026 2)	(0.009 80)
受教育年限	0.058 3	−0.162***	0.009 91	−0.121***	0.105	−0.108*
	(0.042 8)	(0.018 1)	(0.018 4)	(0.045 0)	(0.064 7)	(0.061 9)
健康状况	0.159	0.139*	−0.130	0.174**	0.082 4	0.409*
	(0.179)	(0.076 2)	(0.221)	(0.074 3)	(0.099 2)	(0.240)
新农保	0.052 6	0.355***	0.114	0.200	0.260	−0.148
	(0.287)	(0.123)	(0.304)	(0.124)	(0.449)	(0.170)
医疗保险	−0.717	−0.479*	14.20	−0.373	14.08	0.700
	(0.539)	(0.272)	(905.7)	(0.283)	(1, 230)	(0.600)
家庭孩子数量	−0.146***	0.026 1	−0.315**	0.012 5	0.042 3	−0.088 3
	(0.042 9)	(0.060 0)	(0.137)	(0.063 0)	(0.219)	(0.091 0)
土地被征用	0.467	−0.140	−0.307	0.353**	0.959*	0.593***
	(0.394)	(0.207)	(0.533)	(0.171)	(0.522)	(0.220)
家里有老人	−0.516*	−0.238**	−0.591*	−0.372***	−0.147	−0.538***
	(0.280)	(0.117)	(0.310)	(0.119)	(0.425)	(0.165)
家庭总支出	1.70e−06	1.26e−06	3.45e−07	2.62e−06**	−5.13e−06	2.81e−06**
	(2.76e−06)	(1.44e−06)	(4.12e−06)	(1.09e−06)	(1.04e−05)	(1.29e−06)
收入低待遇差	1.332**	5.311***	1.247**	6.071***	3.966**	7.531***
	(0.603)	(1.720)	(0.535)	(1.949)	(1.817)	(1.662)
找到更好的工作	2.137**	2.135**	2.122**	2.158**	0.255	0.106
	(0.931)	(0.940)	(0.927)	(0.948)	(0.974)	(0.959)
失去了工作	2.488***	2.493***	2.671***	2.559***	0.646	0.697
	(0.766)	(0.752)	(0.549)	(0.712)	(1.024)	(0.838)
结婚生育或配偶团聚	2.623**	2.207	2.919**	2.066	2.204**	2.106
	(1.301)	(1.961)	(1.217)	(1.862)	(1.038)	(1.527)
子女教育	0.209	0.244	0.221	0.256	0.210	0.207
	(0.215)	(0.223)	(0.317)	(0.308)	(0.245)	(0.231)
照顾家人	2.520**	2.041*	3.019**	2.103*	2.277**	2.174*
	(1.183)	(1.177)	(1.466)	(1.166)	(1.046)	(1.188)
外出务工遭受歧视	0.381**	−0.120	0.389***	0.603*	0.159	0.219
	(0.183)	(0.161)	(0.140)	(0.354)	(0.523)	(0.199)

表4.9(续)

类型	迁出第一个城市		迁出第二个城市		迁出第三个城市	
	特大、超大城市	其他城市	特大、超大城市	其他城市	特大、超大城市	其他城市
中部	0.268 (0.346)	0.457*** (0.150)	0.612 (0.407)	1.082*** (0.184)	0.070 0 (0.596)	1.094*** (0.262)
西部	−0.158 (0.404)	0.299* (0.166)	0.807* (0.422)	1.163*** (0.190)	0.363 (0.603)	1.480*** (0.262)
常数项	−3.555*** (0.929)	−3.011*** (0.429)	−19.71 (903.6)	−4.362*** (0.459)	−20.35 (1.218)	−7.141*** (0.800)
样本量	4 226	4 226	4 226	4 226	4 226	4 226

注:( )中数值代表聚类到城市层面的稳健标准差;***、**、* 分别表示估计值在1%、5%、10%的水平下显著;健康状况变量为被调查者的主观评价,用1、2、3、4分别代表健康状况非常好、好、一般和不好。

三、不同城市间的迁移因素估计

为了直接分析农业转移人口在不同类型城市之间的二次流动模式,表4.10分别给出了基于相同类型城市之间的二次流动模式,从第一个城市到第二个城市、从第二个城市到第三个城市过程中不同类型城市之间二次流动模型的估计结果。

表 4.10　不同类型城市间迁移模型估计结果

类型	第一个城市到第二个城市		第二个城市到第三个城市	
	其他城市—特大、超大城市	特大、超大城市—其他城市	其他城市—特大、超大城市	特大、超大城市—其他城市
已婚	0.109 (0.371)	0.630** (0.267)	−0.921 (0.593)	0.332** (0.157)
男性	−0.145 (0.297)	0.321** (0.145)	−0.837 (0.764)	0.263** (0.123)
年龄	−0.022 1 (0.017 3)	0.019 4** (0.008 36)	−0.002 74 (0.026 6)	0.041 4** (0.016 5)
受教育年限	−0.036 4 (0.043 2)	0.114*** (0.031 7)	−0.035 1 (0.079 4)	0.089 2** (0.040 0)
健康状况	−0.013 2 (0.170)	−0.031 6 (0.120)	0.220 (0.250)	0.067 5 (0.160)
老乡介绍工作	0.151** (0.076 6)	0.457** (0.191)	0.432* (0.231)	0.876*** (0.245)

表4.10(续)

类型	第一个城市到第二个城市		第二个城市到第三个城市	
	其他城市—特大、超大城市	特大、超大城市—其他城市	其他城市—特大、超大城市	特大、超大城市—其他城市
收入高、待遇好、机会多	1.037 ** (0.480)	0.471 (1.274)	1.295 * (0.717)	0.147 (0.603)
与配偶团聚	−0.317 (0.626)	0.792 *** (0.245)	−0.047 5 (1.068)	0.264 ** (0.120)
方便孩子教育	0.276 (0.391)	−0.128 (0.302)	0.129 (0.574)	−0.382 (0.396)
照顾老人需要	0.676 * (0.410)	0.638 ** (0.305)	0.496 (0.754)	0.735 ** (0.369)
收入低待遇差	0.562 ** (0.263)	−0.110 (0.189)	0.459 ** (0.198)	−0.374 (0.356)
找到更好的工作	0.688 ** (0.313)	−0.188 (0.230)	1.117 ** (0.449)	−0.501 * (0.295)
失去了工作	1.342 *** (0.296)	−0.414 (0.298)	0.633 ** (0.281)	−0.474 (0.289)
结婚生育或配偶团聚	−0.434 ** (0.182)	0.351 ** (0.152)	−0.179 (0.778)	0.444 ** (0.217)
子女教育	1.043 ** (0.532)	−0.052 9 (0.551)	−1.275 (6.876)	−0.308 (0.586)
照顾家人	−0.605 (0.550)	0.264 ** (0.129)	−0.041 3 (0.773)	0.645 ** (0.264)
外出务工遭受歧视	0.076 8 (0.316)	−0.156 (0.235)	−0.218 (0.529)	−0.119 (0.279)
中部	−0.399 (0.348)	−0.081 7 (0.282)	−0.116 (0.628)	−0.595 * (0.323)
西部	−0.126 (0.351)	0.312 (0.281)	−0.277 (0.676)	−0.579 * (0.336)
常数项	−3.857 *** (1.085)	−3.248 *** (0.750)	−3.726 ** (1.850)	−0.734 (0.956)
样本量	1 135	1 135	811	811

注：（）中数值代表聚类到城市层面的稳健标准差；***、**、*分别表示估计值在1%、5%、10%的水平下显著；健康状况变量为被调查者的主观评价，用1、2、3、4分别代表健康状况非常好、好、一般和不好。

由于不同类型城市间的迁移是从前一个城市迁出，并且从后一个不同类型的城市迁入，因此表4.10中分别控制了迁出城市变量和迁入城市变量。估计结果显示：第一，关于个体特征，已婚、男性或者年龄越大的农业转移人口更容易从特大、超大城市迁移至其他城市；另外，农业转移人口的受教育水平越高，也越容易从特大、超大城市迁移至其他城市。第二，关于迁入城市的原因，与配偶团聚是农业转移人口从特大、超大城市流入其他城市的重要原因；老乡介绍工作能促进农业转移人口进行不同类型城市间的二次流动，但从数值来看，其对于从特大、超大城市转移至其他城市的影响效应更大；收入高、待遇好、机会多能够显著提高农业转移人口从其他城市进入特大、超大城市务工的概率，且从数值看，收入和就业机会的影响效应是最大的。第三，关于迁出城市的原因，收入低、待遇差、找到了更好的工作、失去了工作均能显著提高农业转移人口从其他城市迁入特大、超大城市的概率，进一步表明了特大、超大城市在收入、就业机会方面具备优势。另外，结婚生育或配偶团聚、照顾家人能够显著提高农业转移人口从特大、超大城市进入其他城市的概率，而这一结果表明了其他城市在提高农业转移人口家庭效用方面的优势，农业转移人口的二次流动在一定程度上兼顾了家庭效用。

为了进一步检验不同年龄段和不同人力资本特征的农业转移人口在不同类型城市间迁移的异质性表现，本章在模型中引入了变量交互项来刻画农业转移人口跨城市二次流动的个体异质性。表 4.11 和表 4.12 分别给出了不同文化程度和不同年龄农业转移人口对于不同类型城市间迁移影响的回归结果。

表 4.11　不同文化程度农业转移人口跨城市二次流动模型估计结果

类型	第一个城市到第二个城市		第二个城市到第三个城市	
	其他城市—特大、超大城市	特大、超大城市—其他城市	其他城市—特大、超大城市	特大、超大城市—其他城市
老乡介绍工作×受教育年限	−0.021 5 (0.027 0)	0.041 6** (0.020 9)	0.131* (0.070 9)	0.091 1*** (0.024 4)
收入好、机会多×受教育年限	0.055 9 (0.036 5)	0.043 5** (0.021 4)	−0.170** (0.085 2)	0.146*** (0.036 7)
与配偶团聚×受教育年限	−0.010 6 (0.063 3)	−0.118* (0.070 6)	−0.008 55 (0.127)	−0.011 2 (0.054 8)
照顾老人需要×受教育年限	0.055 7* (0.029 0)	0.043 0* (0.023 0)	0.054 0 (0.054 5)	0.037 7 (0.027 6)
收入低待遇差×受教育年限	0.054 9** (0.025 5)	−0.014 5 (0.020 9)	−0.014 6 (0.051 4)	−0.034 7 (0.024 7)

表4.11(续)

类型	第一个城市到第二个城市		第二个城市到第三个城市	
	其他城市—特大、超大城市	特大、超大城市—其他城市	其他城市—特大、超大城市	特大、超大城市—其他城市
找到更好的工作×受教育年限	0.059 1**	−0.031 6	0.094 2*	−0.040 6
	(0.029 3)	(0.025 2)	(0.049 6)	(0.028 9)
失去了工作×受教育年限	0.122***	−0.052 8	−0.014 2	0.052 2*
	(0.032 1)	(0.036 1)	(0.073 9)	(0.030 9)
结婚生育或配偶团聚×受教育年限	0.060 2	0.040 2	−0.044 6	−0.001 97
	(0.042 8)	(0.034 3)	(0.116)	(0.039 2)
照顾家人×受教育年限	0.024 8	−0.039 7	−0.037 9	−0.021 2
	(0.046 4)	(0.040 7)	(0.090 2)	(0.044 4)
常数项	−3.558***	−2.202***	−3.087***	−2.658***
	(0.323)	(0.220)	(0.461)	(0.293)
样本量	1 236	1 236	878	878

注：（ ）中数值代表聚类到城市层面的稳健标准差；***、**、* 分别表示估计值在1%、5%、10%的水平下显著；表中并未列出其他变量的估计结果。

表4.12 不同年龄农业转移人口跨城市二次流动模型估计结果

类型	第一个城市到第二个城市		第二个城市到第三个城市	
	其他城市—特大、超大城市	特大、超大城市—其他城市	其他城市—特大、超大城市	特大、超大城市—其他城市
老乡介绍工作×年龄	−0.009 74	0.037 7***	0.018 1	0.023 9***
	(0.007 34)	(0.005 27)	(0.014 8)	(0.006 72)
收入好机会多×年龄	−0.014 5	0.005 37	−0.035 0	−0.014 4
	(0.011 9)	(0.008 00)	(0.022 2)	(0.010 2)
与配偶团聚×年龄	−0.019 4	0.034 0**	−0.010 00	0.041 0**
	(0.020 6)	(0.016 2)	(0.026 2)	(0.017 4)
照顾老人需要×年龄	−0.002 38	0.015 2**	−0.003 00	0.021 6**
	(0.011 2)	(0.007 25)	(0.020 9)	(0.009 62)
收入低、待遇差×年龄	0.014 6**	−0.002 66	0.002 39	−0.009 58
	(0.007 21)	(0.005 45)	(0.011 7)	(0.007 08)
找到更好的工作×年龄	0.019 5**	−0.001 07	0.026 9**	−0.007 69
	(0.008 39)	(0.006 08)	(0.011 4)	(0.008 24)
失去了工作×年龄	0.028 0***	−0.010 6	0.009 81	0.015 9**
	(0.007 88)	(0.007 58)	(0.013 7)	(0.007 70)
结婚生育或配偶团聚×年龄	0.013 2	0.083 2***	0.014 4	0.029 3**
	(0.013 4)	(0.010 3)	(0.020 0)	(0.012 6)

表4.12(续)

类型	第一个城市到第二个城市		第二个城市到第三个城市	
	其他城市—特大、超大城市	特大、超大城市—其他城市	其他城市—特大、超大城市	特大、超大城市—其他城市
照顾家人×年龄	−0.006 16 (0.012 6)	0.018 4 ** (0.008 74)	−0.008 01 (0.019 1)	0.022 6 * (0.012 2)
常数项	−2.408 *** (0.369)	−2.042 *** (0.266)	−3.091 *** (0.637)	−0.899 *** (0.321)
样本量	1 245	1 245	885	885

注：（ ）中数值代表聚类到城市层面的稳健标准差；***、**、* 分别表示估计值在1%、5%、10%的水平下显著；表中并未列出其他变量的估计结果。

表4.11的结果显示，教育异质性的影响主要体现在跨城市二次迁移的工作机会和工作待遇上。具体来看，由于老乡介绍工作、迁入城市收入高、待遇好、机会多，受教育水平越高的农业转移人口更倾向于从特大、超大城市迁移至其他类型城市；相反的，由于收入待遇差、找到了更好工作或失去了工作，受教育水平越高的农业转移人口，越容易从其他城市迁移至特大、超大城市（仅第一个城市迁移到第二次城市情况下显著），以寻求更好的工作机会和工作待遇。此外，对于城市间迁移的配偶团聚、家人照料等需求，不同文化程度的农业转移人口之间并未有显著差异。上述结果表明，在跨城市二次流动中，人力资本水平越高，在获得满意就业机会和就业待遇的基础上，农业转移转移人口越偏好其他城市；而在工作待遇或就业机会较差的情况下，农业转移人口会选择就业条件更好的特大、超大城市。

表4.12的结果显示，不论迁入城市或迁出城市，年龄越大的农业转移人口更偏好其他城市，以获得结婚生育、配偶团聚或家庭照料的好处。具体从迁入原因看，年龄越大，农业转移人口越关心配偶团聚和照顾家人，因而倾向于迁入其他城市；类似的，从迁出原因看，年龄越大的农业转移人口更倾向于从特大、超大城市迁出以便于满足结婚生育或配偶团聚、照顾家人的需求。

从迁移机制上看，表4.8至表4.12的估计结果表明，由于特大、超大城市在就业机会或工作待遇、公共服务供给和家庭照料方面的供给具有异质性，在户籍约束下，不同特征的农业转移人口在城市迁移中表现出与国外移民不同的流动偏好：第一，特大、超大城市在就业机会和工资待遇上具备明显优势，由于大多数农业转移人口以获取最高收入作为外出务工的主要目的，因而特大、超大城市出现农业转移人口集聚的现象；第二，随着城镇化建设不断深入，农业转移人口的公共服务意识开始转变，家人团聚、子女教育、家庭照料需求逐渐增强，在获得一定收入和就业机会的前提下，越来越多的农业转移人口逐渐倾向于选择离家较近的其他城市务工，尤其是对于具备较高人力资本素质、已婚和年长的农业转移人口，迁移至其他类型城市而非特大、超大城市逐渐成为首选。上述结果表明农业转移人口的城市偏好随着中国经济增长、户籍制度改革和城镇化建设而不断发展变化。

第四节　本章小结

基于 2013 年上海财经大学"千村调查"数据，本章利用 Mlogit 模型检验了农业转移人口向特大、超大城市集聚的偏好，并且以城市迁移的视角对比分析了农业转移人口一次流动、二次流动的特征，检验了农业转移人口的人力资本特征与城市选择和流动模式之间的关系。本章得出的主要结论有：第一，关于城市偏好，更高的收入和更好的就业机会是农业转移人口向特大、超大城市集聚的最重要原因。相对而言，虽然其他中小型城市在配偶团聚、结婚生育和家庭照料等方面更具备吸引力，但由于农业转移人口目前以获得较高的收入和工作机会为首要目的，因而从整体上表现出向特大、超大城市集聚的特征，表现出特大、超大城市偏好。第二，关于跨城市二次流动，整体来看，将近六成农业转移人口有跨城市二次流动经历，相较于一次流动，二次流动的农业转移人口收入水平较低，职业层次较低，就业单位条件较差；从流动因素上看，获得更高的收入和更好的就业机会、提高家庭效用是二次流动的两个重要原因。第三，我国关于人力资本差异对城市选择的影响，和西方经典的人力资本理论不一样，受教育程度较高的农业转移人口更偏好离家较近的中小型城市，且更倾向于一次流动，这一特征是在劳动力市场分割、市场竞争不充分和农业转移人口流动成本较高的经济条件下形成的，由于不同人力资本水平的农业转移人口不能在更大范围的市场中实现自由流动，因而难以实现高水平的人职匹配，表明农业转移人口在城市劳动力市场上人力资本积累的效率是比较低的。

在户籍约束下，在大型城市务工的农业转移人口在城市难以实现举家迁移和市民化，这在很大程度上影响了农业转移人口的城市选择，特大、超大城市在收入和就业机会上的优势吸引了一大批农业转移人口流入，但由于不能很好地兼顾亲人团聚和家庭照料，很多农业转移人口不得不选择跨城市进行二次流动，以平衡收入和家庭效用之间的关系。当前，尽管很多中小城市逐步放开了户籍管制，实施了城镇和农村无差别的户籍改革制度，但由于在收入、就业机会和公共服务等方面的不足，很多农业转移人口不愿意放弃农村土地转换为城市居民。本章的研究表明，农业转移人口不是不愿意在当地中小型城市落户和就业，而是无法在当地获得满意的就业岗位和收入，因而不得已迁移至特大、超大城市，谋求暂时性的非农收入。因此，如果政府为当地的农村居民提供更多的就业机会和更好的工作岗位，这不仅能够吸引当地农村居民到附近城市安居落户，实现农业转移人口的市民化，而且能够为城市提供稳定的劳动力资源，促进中小型城市经济的可持续发展。

从人力资本积累的角度来看，一方面，由于人力资本素质较高的农业转移人口优先选择在附近的城市就业，更多的农业转移人口选择远离家乡，到大城市去寻找就业机会，虽然在一定程度上有利于人力资本水平较低的群体积累工作经验，但受到自身条件的限制，大多数农业转移人口会被迫进行二次流动。本章的研究表明，跨城市二次流动在很大程度上是农业转移人口被动的选择，而非人力资本投资，这是一种劳动力资源的错配，对我国长期的经济增长是不利的。另一方面，迫于家庭照料、关心子女教育和亲人团聚的需要，很多农业转移人口尤其是具备较高人力资本素质的劳动力无法在更大范围的城市空间进行人力资本投资，这代表了人力资本的浪费，是农业转移人口无法同时兼顾工作和家庭效用的无奈选择。当前，我国城镇化建设仍然存在布局不合理、大中小城市发展不协调的问题，如何破解农业转移人口在城市工作和生活的家庭照料难题将会影响未来城镇化建设的水平和质量。因此，进一步清除影响农村劳动力城—乡和城—城流动的障碍，为他们提供更多的就业选择和公共服务，有效促进农业转移人口在城市举家迁移、长期居住和市民化，不仅有利于农业转移人口在城市空间的合理分布，实现大中小城市的协同发展，也有利于提高我国劳动力资源的质量，促进经济社会的全面发展。

第五章　农业转移人口跨城市职业流动与公共服务获取

第一节　跨城市职业流动对公共服务获取的影响机制

根据《中国流动人口发展报告2018》的统计数据，截至2017年年末，中国流动人口总量为2.44亿。如此大规模的流动人口涌入城市，对城市的公共服务提出了越来越高的需求。然而，中国目前公共服务供给的总体水平偏低（蔡秀云 等，2012），且公共服务供给较少考虑当地的流动人口（杨昕，2008；韩福国，2016），尤其是处在制度之外的农业转移人口，难以获得与其非农就业贡献对等的公共服务，面临职业和生活上的各种困难，这均增加了农业转移人口社会融入的难度，使该群体日益呈现出被边缘化的特征（Wong et al.，2007；陈云松和张翼，2015）。很多研究发现，在户籍制度制约和劳动力市场分割的情况下，农业转移人口表现出了极高的职业流动性（Knight et al.，2004；白南生和李靖，2008）。虽然职业流动在一定程度上有利于优化劳动力资源的配置，但过高的职业流动性不仅不利于保障城市保有稳定的劳动力队伍，有碍于城市的可持续发展（常进雄和赵海涛，2015），而且在新型城镇化背景下，频繁流动使农业转移人口难以获得城市认同感和归属感，其很难融入城市生活中去，给农业转移人口的市民化进程带来了巨大阻力（任远和邬民乐，2006）。

经典的人力资本投资理论认为，迁移投资作为人力资本投资的一种类型，可能会影响到劳动者收入、就业机会、就业质量以及包含社会保障在内的公共服务获得（Schultz，1961；Becker，1962；Parson，1972；Jovanovic，1979；Gustman & Steinmeier，1993）。从迁移者迁移收益的角度，国内外很多文献分析了职业转换对收入和就业机会的影响（Sicherman & Galor，1990；Keith & Mcwilliams，1997；符平 等，2012；姚俊，2010；吕晓兰和姚先国，2013）；少数文献探讨了职业流动对养老保险、医疗保险等公共服务获取的影响（Light，2005；明娟和曾湘泉，2015）。在当前中国城镇化和农业转移人口市民化的背景下，农业转移人口公共服务意识已逐渐发生转变，有越来越多的农业转移人口开始基于城市的公共服务供给选择就业城市（童玉芬和王莹莹，2015；夏怡然和陆铭，2015；侯慧丽，2016）。因此，和获得更高的收入相似，获得更多更好的公共服务已逐渐成为农业转移人口城乡迁移和职业流动的重要目的。在这一背景下，如果忽视职业流动的公共服务获取等间接收益，将可能低估人力资本投资的收益（黄斌和徐彩群，2013）。

从具体的职业流动的动因来看，大多数学者均认同获取更高的工资或收入是农业转移人口职业流动的最主要原因（李强，1999；姚俊，2010；吕晓兰和姚先国，2013）；也有学者认为农业转移人口是为了争取和维护自身权益的需要（梁雄军 等，2007）。除了获取更好的收入和维护自身权益外，获取更好的公共服务是农业转移人口职业流动的一个十分重要的原因，而很多研究忽视了这一问题。Oates（1969）最早通过分析城市公共服务与房地产价值之间的关系，得出公共服务好、税率低的地区容易吸引人口流入，进而引起该地房价的上升，该结论验证了"用脚投票"理论；后来，很多学者通过研究不同国家和地区公共服务与劳动力流动之间的关系，证实了公共服务的积极作用（Quigley，1985；Bayoh et al.，2006；Dahlberg et al.，2012）。国内也逐渐开始关注公共服务供给的积极作用。从宏观上看，付文林（2007）、张耀军和岑俏（2014）、吴伟平和刘乃全（2016）、杨晓军（2017）、杨义武等（2017）分别考察了公共服务供给水平或质量对人口流动或人口规模的影响，结果发现政府公共服务水平或质量的提高会引起当地户籍人口或人口规模的增加；从微观上看，童玉芬和王莹莹（2015）以流动个体的成本收益分析为切入点，讨论了流动人口偏好超大城市的原因，研究发现流入地的公共服务是吸引流动人口流入的一个重要原因；此外，夏怡然和陆铭（2015）、侯慧丽（2016）的研究也认为除了获得更高的工资和就业机会外，更好的城市公共服务也有利于促进劳动力流动。

以上研究使我们对农业转移人口职业流动的公共服务动因有了初步认

识，但职业流动和城市公共服务的关系还有待于进一步讨论，原因主要有以下三个方面：第一，在城乡二元分割背景下，帮助农业转移人口获取更高的收入和更好的公共服务是促进农业转移人口社会融入、市民化和城乡和谐发展的关键。现有研究大多从劳动力流动的原因这一视角考察公共服务的积极作用，较少有研究在人力资本投资的框架内从流动的结果即人力资本投资收益这一角度去综合分析劳动力流动与公共服务之间的关系，即职业流动有利于获得城市公共服务吗？现有很多学者从流动结果的角度分析职业流动对工资提升的影响（姚俊，2010；吕晓兰和姚先国，2013），他们得出了职业流动的收入效应，但均未进一步深入考察职业流动对城市公共服务是否有"获得效应"。第二，从职业流动类型来看，现有关于农业转移人口职业流动模式的研究并未很好地区分是同城市的职业变动还是城市之间的职业流动，缺乏对农业转移人口在不同城市之间职业流动模式的深入分析，而国内少数学者指出跨城市职业流动和城市内职业流动是有差异的（梁雄军 等，2007）。第三，从农业转移人口的城市空间分布来看，根据《中国城市统计年鉴》历年的数据可知，绝大多数农业转移人口流入了经济较发达的东部大城市，并且在超大城市集聚的趋势不断增强，表现出特大、超大城市偏好（童玉芬和王莹莹，2015；侯慧丽，2016）。从迁移动机来看，超大城市里较多的就业机会和更高的收入是农业转移人口偏好大城市的主要原因（童玉芬和王莹莹，2015）；有些研究提出，超大城市较高的公共服务支出也是吸引农业转移转移人口流入的重要原因（侯慧丽，2016）。那么，相较于其他类型城市而言，超大城市是否为农业转移人口提供了更好的公共服务呢？

鉴于上述分析，本章基于人力资本投资理论，利用 2013 年上海财经大学"千村调查"数据，针对农业转移人口在不同城市之间的职业流动对公共服务获取的影响进行实证研究，分析跨城市职业流动（下文简称"职业流动"）与公共服务享有之间的关系，并结合农业转移人口在城市的空间分布考察在超大城市职业流动的公共服务获取效应，进而在新型城镇化背景下为促进农业转移人口稳定就业和政府公共服务供给相关的政策制定提供参考。

第二节　人力资本投资理论视角下的公共服务获取

在市场机制下，劳动力的自由流动是合理配置资源、提高经济增长效率的有效途径。农业转移人口的职业流动是户籍制度下农村劳动力在城市流动的重要形式（赵延东和王奋宇，2004），大量研究从理论和实证上探讨了职业流动与人力资本投资回报之间的关系。

从理论来看，人力资本理论认为，人力资本投资可以调节劳动者的收入（Becker，1962）。在城乡二元经济结构和劳动力市场分割的背景下，农业转移人口的流动投资不仅可以直接影响收入，还能通过增加工作机会、提高就业质量、获得公共服务或城市户籍、促进社会融合、提高社会地位等给个体带来间接收益（Benjamin et al.，2000）。在理论解释上与公共服务获取紧密相关的是 Tiebout（1956）提出的"用脚投票"理论，该理论认为劳动力可以基于城市提供的公共服务支出和税费组合，通过迁移行为表达自身对公共服务的偏好。基于这一理论，有公共服务需求的农业转移人口可以通过跨城市的职业流动获得更高水平的公共服务。此外，人力资本投资理论和职业匹配理论针对人力资本积累和收入效应提出不一样的解释。人力资本投资理论认为，一方面，职业流动不利于专业人力资本的积累，原因是专业人力资本在流入地的适用性受到限制，因而可能对迁移收入等收益造成冲击（Becker，1962；Parsons，1972）；另一方面，新岗位可以提高通用人力资本的效率，可以实现工资的快速增长，最终投资收益的大小取决于这两方面的综合影响（Sicherman & Galor，1990）。而职业匹配理论认为，职业转换是实现人职匹配的途径，劳动者只有通过一系列职业流动后才能实现最优的生产效率，获得人力资本投资的最大收益，但职业转换的质量取决于是否获得完全的就业信息（Light，2005）。上述理论为本章分析职业流动与公共服务的关系提供了参考，然而不同理论揭示的影响机制均暗含较强的假设，尤其是我国劳动力市场与西方存在着较大差异，在劳动力分割情况下，农业转移人口的职业流动难以实现职业提升，且"候鸟式"循环迁移模式难以使得农业转移人口在城市长期居住，这均会影响农业转移人口的迁移投资对获取城市公共服务的结果（明娟和曾湘泉，2015；孙三百，2018；何炜，2020）。

从实证研究来看，很多学者基于人力资本投资的理论，得出职业流动可以提高劳动者的工资收入、待遇和职业能力。Keith 和 Mcwilliams（1997）基于性别差异分析了男性与女性劳动者的职业流动对其收入增长的影响，结果发现职业流动的工资增长效应对不同性别劳动力的影响是有差异的，主动流动的男性劳动者的工资增长要比女性高 35%，原因是女性劳动者更容易因家庭原因而离职，因此如果不考虑职业流动的原因，则有可能得出模糊和错误的结论。Yankow（2003）基于劳动者教育水平的异质性考察了职业流动的收入增长效应，得出对于受教育水平较低的劳动者，职业流动能够带来及时的收入增长，但对于受教育水平较高的劳动者，收入增长效应在未来两年后才能显示。国内很多研究也得出了相似的结论，认为职业流动整体上能够提高农业转移人口的收入水平（姚俊，2010；马瑞 等，2012），但不同类型职业流动对收入的影响效应存在很大差异（吕晓兰、姚先国，2013）。除了收入效应之外，在城镇化背景下，国内很多研究从权益获取、就业质量、社会融合和市民化的视角分析了农业转移人口职业流动的效果。梁雄军等（2007）通过调研数据分析发现，农业转移人口的职业流动（二次流动）是争取和维护自身权益的行动体现，而跨地区的职业流动是造成中国"民工荒"现象的一个重要原因。杨云彦和褚清华（2013）运用调研数据分析了农业转移人口的职业流动对其职业能力形成和社会融合的影响，得出职业流动提高了农业转移人口的就业能力，增加了农业转移人口职业晋升的机会，提高了其收入水平，加深了其社会融入的程度。明娟和曾湘泉（2015）分析了工作转换对农民工就业质量的影响，其发现工作转换不仅没能提高劳动者收入，而且增加了务工时间，也不利于劳动合同的签订。石智雷等（2016）通过将职业流动划分为水平流动和垂直流动考察了职业流动对城市融入的影响，其发现职业的水平流动影响效应为负，而职业的垂直流动影响效应为正。Brand（2006）利用美国威斯康星时间序列数据，采用 DID 模型对比分析了被辞退再次就业工人与无职业变化工人在养老金和医疗保险方面的待遇差异，发现被辞退工人的职业流动使其只能获得更低水平的社会保险。明娟和曾湘泉（2015）利用 RUMIC 数据，考察了农民工工作转换对养老保险缴纳的影响，同样发现农民工的职业流动不利于获取更高水平的养老保险。上述研究分别在研究对象和指标选择上有一定的局限，研究内容和结论需要进一步拓展和检验。

伴随着我国新型城镇化战略的实施，农业转移人口在城市空间的分布逐渐成为学者关心的热点问题。随着改革的不断深入，沿海开放城市已经成为流动人口集聚的主要目的地，流动人口向内陆地区特大、超大城市集聚的特征明显；流动人口逐渐向东部沿海地区集中，且越来越集中流向少数大城市，表现出极化现象（童玉芬和王莹莹，2015；侯慧丽，2016）；虽然很多研究揭示了流动人口的空间集聚特征，丰富了我们对这一领域的认识，但现有研究往往侧重描述流动人口向大城市集聚的特征，缺少对流动人口迁移模式的深入分析，尤其是跨城市职业流动模式。中国的农业转移人口是流动性很高的群体，跨城市职业流动已经成为大多数农业转移人口在城市务工的真实写照（白南生和李靖，2008；常进雄和赵海涛，2015），国内少数学者讨论了农业转移人口的二次流动特征（梁雄军 等，2003；赵海涛和刘乃全，2018），发现未变换城市的务工（即一次流动）模式和二次流动模式是存在差异的，其认为户籍歧视、较低的技能水平和被动离职等原因导致了农业转移人口的二次流动，这是他们争取和维护自身权益、努力寻找就业机会的无奈之举。

第三节　数据和计量模型

一、数据来源

本章采用的数据是 2013 年度上海财经大学"千村调查"抽样数据，该数据以"农村劳动力城乡转移状况"为研究主题，采用了不等概率抽样方法，针对全国范围进行样本抽取，最终对全国 21 个省级行政区的 30 个县进行了定点抽样，共调查了 6 203 户农村家庭中 28 840 位家庭成员的基本情况、务工经历、健康和社会保障、子女教育、家庭收支及资产状况等内容。

二、变量描述

（一）因变量

公共服务获取是职业流动投资的结果，侯慧丽（2016）将流动人口获取城市公共服务类型划分为工业公民资格公共服务和社会公民资格公共服务，采用了职工养老保险和居民健康档案分别作为代理变量，其认为子女受教育权利可以更好地代表社会公民资格的变量。借鉴这一做法，基于抽样数据的可得性，本章选择了城市养老保障服务、城市医疗保障服务和随迁子女入学三个变量来代表城市公共服务。其中，城市养老保障指职工养老保险或居民养老保险；城市医疗保障指城市职工医疗保险或城市居民医疗保险；随迁子女入学指随迁子女入读当地公办小学。每个公共服务变量均为0/1型虚拟变量。

（二）解释变量

本章研究的职业转换模式为跨城市职业流动，指自2000年以来，有过外出务工经历的农村劳动力，在外出务工期间曾经转换过工作地。由于农业转移人口进行职业流动的原因和形式是多样的（符平 等，2012；吕晓兰和姚先国，2013），本章基于数据中劳动力迁移原因的调研，将跨城市职业流动模式细分为工作原因流动、被解雇或裁员、家庭原因流动、经济和心理压力流动四种类型；并基于职业流动后工资水平是否提高，划分为向上的职业流动和向下的职业流动两种类型。每一类职业流动变量均为0/1型虚拟变量。

（三）控制变量

控制变量包含人力资本变量和其他个体、家庭、流动特征以及地域变量。人力资本理论认为，教育和健康是个体劳动者的两个最重要的人力资本（Schultz，1961；Becker，1962），本章选取农业转移人口的受教育年限和健康状况（用数字1~4代表健康状况由好到不好）来代表农业转移人口的人力资本水平。其他个体特征变量包括婚姻状况（0/1型变量代表是否已婚）、性别（0/1型变量代表是否为男性）、年龄；家庭特征变量包含家庭孩子数量、家庭是否有60岁以上老人（0/1型变量）；流动特征变量包含务工期间月工资、务工期间月消费、亲友熟人介绍工作（0/1型变量）、务工期间遭遇歧视（0/1型变量）等；地域变量指务工地是否为中西部地区（0/1型变量）。

三、计量模型

根据流动原因可以将职业流动类型划分为四类，对于农业转移人口而言，受各种因素的影响，其将面临是否进行职业流动以及进行何种类型职业流动的选择。由于进行不同类型职业流动的农业转移人口的流动动因是存在差异的，因此农业转移人口进行职业流动不是随机的，即个体特征、人力资本特征、流动特征等因素均会对农业转移人口的职业流动产生影响，可能产生不同职业流动样本选择的内生性问题。此外，职业流动与公共服务获取可能存在互为因果关系，即城市公共服务可能会影响农业转移人口选择不同的职业流动类型，产生内生性问题。为了避免样本选择和互为因果关系可能产生的估计偏误，参考 Pak 等（2004）关于职业获取模型的设定方法，本章首先采用 Mlogit 模型来分析相关变量对农业转移人口选择四类职业流动类型的影响：

$$p_{ij} = \text{prob}(y_i = \text{Occu\_mobility}) = \frac{\exp(Z_i\alpha_j)}{\sum\limits_{j=1}^{N}(Z_i\alpha_j)}, \ i = 1,\cdots,N; j = 0,1,2,3,4$$

(5.1)

其中，N 代表样本总量；j 的取值分别代表一次流动和四类职业流动类型；p_{ij} 为个体 i 选择职业流动类型 j 的概率；Z 为一组解释变量，包括个体特征（婚姻、性别、年龄、家庭孩子数量、家庭是否有老人）、人力资本特征（受教育程度、健康状况）、流动特征（来到第一个城市是否为获得劳动、医疗等公共服务或子女教育①、务工期间是否有家人随迁②）和地域特征变量；α_j 是待估计系数。在模型（5.1）中，选取一次流动作为对照组，来估计相对于一次流动而言，解释变量对农业转移人口选择四种类型职业流动模式的影响。对于模型（5.1）采用最大似然估计方法（MLE）进行估计。

为了从模型上考察农业转移人口的职业流动模式对城市公共服务获取的影响，基于模型（5.1），设定农业转移人口的公共服务获取模型：

$$\text{public\_service}_{ij} = \alpha_0 + \alpha_1\text{Occu\_mobility}_{ij} + \sum_{b=1}^{t}\theta_b X_{ib} + \mu_j K_{ij} + \lambda_j + \varepsilon_{ij}$$

(5.2)

其中，public_service 为城市公共服务虚拟变量，Occu_mobility 代表职业流动；X 包含个体特征、人力资本特征在内的解释变量；K_j 代表区域虚拟变量；ε 为残差项。参考 White（1980）的模型设定方法，计算 $\widehat{\lambda_{ij}} = -\varphi[\Psi(Z_i\widehat{\alpha_i})]/\widehat{P_{ij}}$ 为选择性偏差项，其中，$\Psi(Z_i\widehat{\alpha_i}) = \Phi^{-1}(\widehat{P_{ij}})$；$\varphi(.)$ 为

---

① 本章以选择首份工作（即来的第一个城市）是否为获得城市公共服务（0/1 型变量）作为自变量，首先考察其对职业流动的影响，进而估计职业流动的公共服务获取效应，较好地避免了两个变量间互为因果关系导致的内生性问题。

② 指务工期间是否有配偶、子女或老人随迁，为 0/1 型虚拟变量。

标准正态密度函数; $\Phi(.)$ 是标准正态分布函数; $\widehat{P_{ij}}$ 为模型（5.1）中农业转移人口 i 选择职业流动类型 j 的概率预测值。对于模型（5.2）采用线性概率模型（LPM）进行估计。

第四节　实证结果与分析

一、核心变量的统计分析

结合梁雄军等（2007）、白南生和李靖（2008）、王子成和赵忠（2013）关于农业转移人口流动性研究的相关做法，本章将农村劳动力分为家庭留守、一次流动（未进行城市间职业转换）、跨城市职业流动、回流四种类型，表5.1列出了农村劳动力四类流动所占的比重。从均值来看，家庭留守比例最高，为41%；而一次流动比例最低，为11.4%；所有正在外出务工的农村劳动力占比为40.7%，其中跨城市职业流动群体占所有农业转移人口的比重约为72%，这一比例与 Knight 等（2004）的研究结论是一致的，该比例表明绝大多数外出务工农村劳动力都有过跨城市职业流动的经历，体现了农业转移人口群体的高流动性。

表 5.1　农村劳动力流动类型分类统计

类型	样本量	均值	标准差	最小值	最大值
家庭留守	16 621	0.410 0	0.354 0	0	1
一次流动	18 750	0.114 0	0.410 0	0	1
跨城市职业流动	17 976	0.293 0	0.378 0	0	1
回流	17 930	0.183 0	0.304 0	0	1

注：职业流动指自 2000 年以来，有过外出务工经历的农村劳动力，在外出务工期间曾经转换过工作。

参考 Keith 和 Mcwilliams（1997）、吕晓兰和姚先国（2013）关于职业流动类型划分的方法，本章将农业转移人口的跨城市职业流动类型划分为：工作原因流动（指对当前工作不满主动离职或者找到了更好的工作）、被解雇或裁员、家庭原因流动（指因为结婚生育或与配偶团聚、关心子女需要、农业生产需要、照顾家人而离职）、经济和心理压力流动（指因为生活费用太高、没有社会保障、没有归属感而离职）四种类型。表 5.2 列出了四种职业流动类型在总体中各自所占的比例情况。

表 5.2　农业转移人口职业流动类型及比例

类型	全体		男性		女性		性别差异
	均值	标准差	均值	标准差	均值	标准差	t 检验值
工作原因流动	13.40%	（0.341）	20.60%	（0.404）	5.40%	（0.226）	14.6***
被解雇或裁员	4.17%	（0.200）	6.76%	（0.251）	1.29%	（0.113）	9.48***
家庭原因流动	9.17%	（0.221）	6.92%	（0.254）	13.20%	（0.177）	5.96***
经济或心理压力流动	73.26%	（0.393）	65.72%	（0.452）	80.11%	（0.280）	16.4***
样本量	4 584		2 413		2 168		—

注：*** 表示男性和女性群体差异在1%的显著性水平下统计显著。

　　从表 5.2 中数据来看，由于经济和心理压力导致的职业流动是农业转移人口职业流动的主要形式。在户籍约束下，由于农业转移人口无法享受与当地居民平等的养老、医疗、子女教育、购房等社会公共福利，这大大增加了农业转移人口在城市生活和就业的经济成本（梁雄军 等，2007；常进雄和赵海涛，2015）。由于农业转移人口的人力资本素质普遍较低，就业往往集中在非正规就业领域，工资低、工作条件差、社会融入难等经济和心理压力也影响着农业转移人口的就业积极性（王美艳，2005；杨菊华，2015），所有这些原因都会导致农业转移人口被迫进行职业流动。除经济或心理压力导致的职业流动外，工作原因导致的职业流动和家庭原因导致的职业流动比重依次较高，而被解雇或裁员导致的职业流动比重最低。对比男性和女性农业转移人口职业流动情况，可以看出，除了经济和心理压力的职业流动最为普遍外，男性农业转移人口更容易由于工作原因主动进行职业流动，而女性更容易受家庭的影响进行职业流动，而且受到经济和心理压力影响而进行流动的可能性更大。以上结果表明，农业转移人口职业流动以被动式流动为主，主动谋求更好职业机会的流动所占的比例较低。

　　基于调研数据，本章以城市医疗保障服务、养老保障服务和随迁子女入学服务作为农业转移人口可以获取的城市公共服务类型。表 5.3 列出了不同职业流动类型农业转移人口所获取的三类城市公共服务的情况。

表 5.3   不同类型职业流动农业转移人口获取城市公共服务的比例

类型	医疗保险		养老保险		随迁子女入学	
	均值	标准差	均值	标准差	均值	标准差
工作原因流动	27.46%	(0.178)	17.01%	(0.094 3)	20.16%	(0.012 0)
被解雇或裁员	15.88%	(0.139)	14.58%	(0.102)	7.56%	(0.014 7)
家庭原因流动	18.55%	(0.150)	12.31%	(0.087 2)	9.03%	(0.048 1)
经济或心理压力流动	26.65%	(0.181)	11.99%	(0.085 8)	8.30%	(0.032 5)

注：①医疗保障服务指获得城镇职工医疗保险或城镇居民基本医疗保险；②养老保障服务指获得城镇职工基本养老保险或城镇居民社会养老保险；③随迁子女入学指随迁子女就地入读公办小学。

表 5.3 结果显示，三种类型公共服务中，农业转移人口获得医疗保险的比例最高，而随迁子女入学的比例最低。对职业流动类型进行分类，由于工作原因主动流动的农业转移人口获得城市公共服务的比例均最高，尤其体现在随迁子女入学上，其比例为 20.16%，远高于其他职业流动类型的农业转移人口；由于被解雇或裁员而被动进行职业流动的农业转移人口在获取城市医疗保险和随迁子女入学方面的比例均最低。以上统计数据表明，不同的职业流动类型与城市公共服务获取水平之间存在紧密的相关性。

表 5.4 列出了四类职业流动类型农业转移人口相关的个体特征、人力资本特征和流动特征。从个体特征来看，由于工作原因流动的农业转移人口，已婚、年龄所占比例均较低，而男性所占比例最高，这表明了在城市劳动力市场上，对当前工作不满主动离职或者找到了更好的工作的农业转移人口往往是年纪轻、体能素质较好的男性。从人力资本特征来看，由于工作原因流动的农业转移人口受教育水平最高、健康状况最好，即人力资本水平最具优势；而受教育水平低、健康状况较差的农业转移人口更容易被解雇或裁员。从流动特征来看，由于工作原因流动的农业转移人口工资收入水平最高，由于家庭原因流动的农业转移人口收入最低；从消费情况来看，四类职业流动群体每月消费差异较小；另外，由于工作原因流动的农业转移人口拥有较好的社会关系网络，即亲友熟人介绍工作的占比更高，由于经济和心理压力流动的农业转移人口社会关系网络最差。从遭遇歧视的情况来看，由于工作原因流动、经济和心理压力流动的农业转移人口遭遇歧视的占比较高，而由于被解雇或裁员、家庭原因流动的农业转移

人口遭遇歧视的占比较低。

表 5.4　不同类型职业流动农业转移人口样本特征统计

样本特征	工作原因流动	被解雇或裁员	家庭原因流动	经济和心理压力流动
个体特征				
已婚（0/1）	0.772 0	0.803 0	0.898 0	0.768 0
男性（0/1）	0.803 0	0.845 0	0.711 0	0.504 0
年龄	34.170 0	37.310	36.130	37.920 0
人力资本特征				
受教育年限	8.332 0	7.428	7.904	7.676 0
健康状况	1.837 0	1.985	1.980	1.911 0
流动特征				
务工期间月工资/元	3 267	2 828	2 663	2 956
务工期间每月消费/元	1 323	1 038	1 183	1 352
土地被征用（0/1）	0.146 0	0.160 0	0.139 0	0.119 0
亲友熟人介绍工作（0/1）	0.652 0	0.460 0	0.518 0	0.361 0
外出务工遭受歧视（0/1）	0.241 0	0.195 0	0.172 0	0.225 0

注：健康状况变量为被调查者的主观评价，用1、2、3、4分别代表健康状况非常好、好、一般和不好。

二、基本模型估计

基于实证模型，表 5.5 列出了采用线性概率模型估计的农业转移人口跨城市职业流动变量与相关特征变量对城市公共服务获取影响的平均边际效应。

表 5.5　农业转移人口跨城市职业流动对获取城市公共服务的影响的回归结果

流动原因	医疗保险		养老保险		随迁子女入学	
	模型（5.1）	模型（5.2）	模型（5.1）	模型（5.2）	模型（5.1）	模型（5.2）
跨城市职业流动	-0.036 0 (0.042 9)	—	-0.036 4 (0.082 6)	—	-0.092 9 (0.166)	—
工作原因流动	—	0.721 *** (0.220)	—	0.204 *** (0.042 0)	—	0.181 *** (0.023 2)
被解雇或裁员	—	-0.208 *** (0.023 2)	—	-0.127 *** (0.032 5)	—	-0.061 5 *** (0.018 2)

表5.5(续)

流动原因	医疗保险		养老保险		随迁子女入学	
	模型(5.1)	模型(5.2)	模型(5.1)	模型(5.2)	模型(5.1)	模型(5.2)
家庭原因流动	—	-0.056 1**	—	-0.151***		-0.036 3*
		(0.025 5)		(0.041 8)		(0.020 1)
经济心理压力流动	—	-0.049 4	—	-0.138		-0.071 8*
		(0.234)		(0.445)		(0.040 3)
已婚	-0.161***	-0.158***	-0.091 0	-0.092 1	0.003 11	-0.003 61
	(0.049 1)	(0.048 4)	(0.089 5)	(0.087 5)	(0.216)	(0.216)
男性	0.086 4***	0.096 1***	0.126**	0.125**	0.106	0.114
	(0.031 0)	(0.030 7)	(0.059 1)	(0.057 8)	(0.118)	(0.118)
年龄	0.057 8***	0.059 5***	0.107***	0.093 8***	0.274***	0.267***
	(0.010 0)	(0.009 94)	(0.021 6)	(0.020 5)	(0.048 9)	(0.048 7)
年龄平方	0.000 781***	0.000 802***	0.001 53***	0.001 35***	0.003 00***	0.002 91***
	(0.000 125)	(0.000 124)	(0.000 280)	(0.000 266)	(0.000 724)	(0.000 725)
受教育年限	0.112***	0.112***	0.075 4***	0.075 3***	0.038 8**	0.038 5**
	(0.004 82)	(0.004 81)	(0.008 74)	(0.008 74)	(0.018 3)	(0.017 9)
健康状况	0.012 0	0.012 4	-0.077 3**	-0.079 8**	-0.072 2	-0.084 1
	(0.018 4)	(0.018 1)	(0.038 2)	(0.037 1)	(0.093 7)	(0.093 1)
中西部	-0.512***	-0.490***	-0.411***	-0.365***	-0.436***	-0.426***
	(0.031 7)	(0.031 1)	(0.059 6)	(0.057 7)	(0.119)	(0.118)
λ	-0.533***	-0.221***	0.429***	0.195***	-0.482***	-0.166***
	(0.016 3)	(0.061 9)	(0.117)	(0.052 8)	(0.131)	(0.043 7)
常数项	-2.157***	-2.272***	-3.619***	-3.278***	2.256***	2.144***
	(0.169)	(0.290)	(0.361)	(0.566)	(0.694)	(0.691)
R^2	0.241	0.238	0.359	0.509	0.298	0.292
样本量	17 949	18 714	17 950	18 715	17 950	17 788

注：***、**、*分别表示估计值在1%、5%、10%的水平下显著。

表5.5中选择性偏差项前的系数均显著，表明存在样本选择问题，即在模型（5.2）中引入选择性偏差项是有必要的。基于其他解释变量的估计系数，可以看出：第一，从整体来看，对于医疗保险、养老保险和随迁子女入学三种类型公共服务，跨城市职业流动变量前的估计系数均为负，都不显著。这一结果表明，职业流动并未使农业转移人口群体享有更多的城市公共服务，对比现有关于职业流动对于工资增长影响的研究结果可以看出，职业流动对农业转移人口获取城市公共服务的影响与其对工资增长的影响是有差异的，这表明当前农业转移人口的职业流动仍以获取更高的收入为最主要目的。第二，分类来看，不同类型职业流动对农业转移人口

获取城市公共服务的影响是不同的。由于工作原因流动能够显著提高农业转移人口获取城市公共服务的比例，这一结果可以用职业匹配理论和"用脚投票"理论来解释。由于农业转移人口对当前工作不满，主动谋求更好的工作，在转换前掌握更好的就业和公共服务信息，通过职业匹配和选择新的就业城市可以实现更高的投资收益；相反的，由于被解雇或裁员、家庭原因的职业流动则不利于农业转移人口获取城市公共服务，可能的原因在于，被动式的流动不利于劳动者人力资本的积累，职业转换的效率很低，容易造成专用人力资本的流失，因而对包括公共服务在内的职业流动投资收益产生负效应（明娟和曾湘泉，2015）。经济或心理压力的职业流动对农业转移人口获取城市公共服务的影响不显著，可能的解释是，因为生活费用太高、没有社会保障或没有归属感而离职。第一，农业转移人口为了谋求更多的就业机会和更好的公共服务来进行职业流动投资，可以提高投资收益。第二，表5.4中数据显示，与工作原因的主动流动相比，被动进行职业流动群体的人力资本水平较低，基于人力资本投资理论，这一群体的职业流动更容易造成专用人力资本的损失，更难以在分割的劳动力市场中获得向上的职业流动机会（吕晓兰和姚先国，2013），因而更难以通过职业流动获得更高的投资收益，上述正负两个效应的综合结果造成职业流动的影响效应不显著。从数值来看，工作原因流动的影响效应显著大于其他三类职业流动的影响，表5.2中的统计数据显示，由于工作原因流动数量仅占13.4%，导致整体职业流动虚拟变量的影响不显著。第三，相较于女性，男性农业转移人口群体更倾向于获得城市医疗保险和养老保险，这表明男性群体在获取城市公共服务方面更具优势；另外，随着年龄的增长，农业转移人口越来越重视获取城市公共服务，且这一促进效应在加速提升。这一结果表明，随着阅历的提高，人力资本素质不断积累，农业转移人口越来越关心城市公共服务的获取，这是因为在当前制度背景下，对于想在城市长期工作的农业转移人口来说，获取养老、医疗和子女教育保障将大大减轻其在城市生活的后顾之忧，提高其在城市工作的积极性。随着农业转移人口受教育水平的提高，其获取城市公共服务的概率也在提高，这意味着人力资本素质较高的农业转移人口更容易获取更好的公共服务。第四，在中西部城市务工的农业转移人口在获取城市公共服务方面显著落后于东部城市。

参考吕晓兰和姚先国（2013）、符平等（2012）关于向上职业流动的定义，以及 Keith 和 Mcwilliams（1997）关于主动职业流动和被动职业流动的划分方法，本章将向上的职业流动定义为工资水平提高的职业流动；向下的职业流动定义为工资水平下降的职业流动；主动职业流动为由于工作原因而主动离职；被动职业流动为由于家庭原因、经济或心理压力以及被解雇或裁员等原因而被动离职。表 5.6 列出了相关职业流动类型对农业转移人口获取城市公共服务影响的偏效应。

表 5.6　分类别农业转移人口职业流动对获取城市公共服务影响的回归结果

变量	医疗保险		养老保险		随迁子女入学	
	模型（5.1）	模型（5.2）	模型（5.1）	模型（5.2）	模型（5.1）	模型（5.2）
向上职业流动	0.581 *** (0.082 5)	—	0.454 *** (0.130)	—	0.269 *** (0.049 1)	—
向下职业流动	-0.166 * (0.089 1)	—	-0.097 2 *** (0.031 4)	—	0.056 9 (0.049 1)	—
主动职业流动	—	0.646 *** (0.085 6)	—	0.339 *** (0.076 5)	—	0.172 *** (0.050 5)
被动职业流动	—	-0.133 ** (0.063 3)	—	-0.134 ** (0.065 1)	—	-0.046 3 ** (0.020 1)
已婚	-0.159 *** (0.048 4)	-0.161 *** (0.048 4)	-0.091 7 (0.087 4)	-0.095 3 (0.087 4)	-0.004 81 (0.216)	-0.003 75 (0.216)
男性	0.095 9 *** (0.030 7)	0.094 9 *** (0.030 7)	0.117 ** (0.057 8)	0.122 ** (0.057 8)	0.113 (0.118)	0.114 (0.118)
年龄	0.059 5 *** (0.009 93)	0.059 3 *** (0.009 94)	0.092 4 *** (0.020 5)	0.093 6 *** (0.020 5)	0.268 *** (0.048 7)	0.267 *** (0.048 8)
年龄平方	0.000 802 *** (0.000 124)	0.000 798 *** (0.000 124)	0.001 33 *** (0.000 266)	0.001 35 *** (0.000 266)	0.002 93 *** (0.000 725)	0.002 91 *** (0.000 725)
受教育年限	0.113 *** (0.004 91)	0.112 *** (0.004 82)	0.077 6 *** (0.008 99)	0.075 2 *** (0.008 75)	0.039 8 ** (0.018 5)	0.038 5 ** (0.017 7)
健康状况	0.011 8 (0.018 1)	0.011 9 (0.018 1)	-0.079 9 ** (0.037 2)	-0.079 5 ** (0.037 2)	-0.085 3 (0.093 0)	-0.084 2 (0.093 1)
中西部	-0.489 *** (0.031 0)	-0.491 *** (0.031 1)	-0.372 *** (0.057 8)	-0.368 *** (0.057 7)	-0.425 *** (0.118)	-0.426 *** (0.118)
λ	-0.234 *** (0.044 2)	-0.465 *** (0.071 6)	0.379 *** (0.111)	0.262 *** (0.043 9)	-0.257 *** (0.083 1)	-0.361 *** (0.055 4)
常数项	-2.221 *** (0.167)	-2.219 *** (0.168)	-3.396 *** (0.342)	-3.414 *** (0.343)	2.158 *** (0.691)	2.143 *** (0.691)
R^2	0.138	0.187	0.207	0.118	0.202	0.201
样本量	18 714	18 714	18 715	18 715	17 989	17 774

注：***、**、*分别表示估计值在 1%、5%、10%的水平下显著。

从表 5.6 的估计结果来看，第一，相对于未职业流动，向上职业流动能够显著提高农业转移人口获取城市公共服务的概率，从数值来看，向上职业流动能够大大提高农业转移人口获取医疗保险和养老保险的比例，平均提高比例为 58.1% 和 45.4%，这一结果显示，更高收入水平的职业往往同时具备较好的公共福利。相对于未职业流动，向下的职业流动对三类公共服务获取的影响是有差异的，除了对获取养老保险的影响显著为负以外，向下的职业流动对获取医疗保险和随迁子女入学的影响均不显著（5% 显著性水平），这一结果表明工资收益和公共服务的获得具有较强的相关性，童玉芬和王莹莹（2015）认为，以北京、上海、广州为代表的大型城市不仅收入水平较高，而且具有更高的政府财政支出和更好的公共服务供给；侯慧丽（2016）也证实在规模更大的城市，流动人口获得工业公民资格公共服务的概率更高。基于此，农业转移人口通过职业流动获得更高的工资和获取更好的公共服务在影响效应的方向上是一致的。由于我国农业转移人口群体主要聚集在次级劳动力市场中，工资低、工作环境差是职业常态，因此如何改善农业转移人口的就业状态，提高农业转移人口群体向上职业流动的比例十分重要。第二，从是否为主动职业流动的角度来看，主动职业流动的公共服务获取效应仍然显著为正，这与表 5.5 中的估计结果一致；被动职业流动的公共服务获取效应显著为负，其下降比例分别为 13.3%、13.4% 和 4.63%，但由于被动流动包含有家庭原因流动、经济或心理压力流动以及被解雇或裁员三种职业流动类型，与表 5.5 中"被解雇或裁员"变量前的系数相比，其估计系数的显著性有所降低（5% 水平下显著）。第三，对比表 5.5 和表 5.6 的结果，男性、年龄、年龄平方项、受教育年限、区域虚拟变量前的估计系数基本一致，这在一定程度上验证了模型估计结果的稳健性。

三、大型城市职业流动的公共服务获取效应估计

为了检验跨城市流入特大、超大城市[①]的农业转移人口是否获得了更多的公共服务，基于流入城市的调查数据，本章在样本中识别了在特大、超大城市进行职业流动的群体，定义了特大、超大城市变量（职业流动后的城市为特大、超大城市）、特大、超大城市变量与公共服务变量的交互

---

① 根据我国城市规模的划分标准，2014 年年末，北京、上海、广州、深圳、天津、重庆六个城市为超大城市。

项，表5.7列出了相关变量的估计结果。

表5.7　特大、超大城市的职业流动对获取城市公共服务影响的回归结果

流动原因	医疗保险		养老保险		随迁子女入学	
	模型(5.1)	模型(5.2)	模型(5.1)	模型(5.2)	模型(5.1)	模型(5.2)
跨城市职业流动	0.002 13 (0.009 04)	—	0.005 89 (0.005 01)	—	0.000 892 (0.000 876)	—
特大、超大城市	0.017 5** (0.007 63)	0.079 9*** (0.006 08)	0.009 15** (0.004 23)	0.047 3*** (0.003 42)	0.001 30* (0.000 739)	0.004 43** (0.001 84)
跨城市职业流动×超大城市	0.449*** (0.155)	—	0.331*** (0.083 9)	—	0.085 0*** (0.015 0)	—
工作原因流动	—	0.016 0*** (0.002 95)	—	0.058 6*** (0.016 6)	—	0.006 76** (0.002 82)
工作原因流动×超大城市	—	0.101*** (0.027 5)	—	0.021 5** (0.008 93)	—	0.013 2** (0.005 49)
被解雇或裁员	—	-0.024 0*** (0.003 05)	—	-0.015 0*** (0.001 71)	—	-0.005 26* (0.002 91)
被解雇或裁员×超大城市	—	0.074 6*** (0.018 2)	—	0.055 8* (0.032 7)	—	0.004 54* (0.002 55)
家庭原因流动	—	-0.034 9*** (0.002 86)	—	-0.091 8*** (0.016 1)	—	-0.000 042 (0.002 73)
家庭原因流动×超大城市	—	0.124** (0.051 9)	—	0.197*** (0.029 2)	—	0.008 87* (0.004 96)
经济或心理压力流动	—	-0.002 31 (0.032 2)	—	0.024 7 (0.018 1)	—	0.000 677 (0.003 07)
经济或心理压力流动×超大城市	—	0.068 6 (0.061 2)	—	0.057 1* (0.034 4)	—	-0.000 724 (0.005 85)
λ	-0.092 4*** (0.007 26)	-0.087 6*** (0.007 21)	-0.027 1*** (0.004 02)	-0.024 6*** (0.004 06)	0.001 16* (0.000 704)	0.001 18* (0.000 689)
常数项	-0.301***	-0.304***	-0.060 7***	-0.076 1***	0.005 49	0.004 50
R^2	0.203	0.181	0.202	0.194	0.201	0.197
样本量	5 657	5 772	5 657	5 772	5 657	5 772

注：***、**、*分别表示估计值在1%、5%、10%的水平下显著。上表未列出其他解释变量的估计结果。

表5.7的估计结果显示，首先，特大、超大城市前的系数均显著为正，这表明和其他类型城市相比，在特大、超大城市就业的农业转移人口获取城市公共服务的比例较高。其次，从交互项的估计系数来看，相比其他城市，在特大、超大城市进行职业流动的农业转移人口获取城市公共服务的

概率更大，具体的，其获取医疗保险、养老保险和随迁子女入学的概率会提高44.9%、33.1%和8.5%；分类型交互项的估计系数同样证实了这一结论，除了经济或心理压力流动之外，在特大、超大城市进行职业流动的农业转移人口，不管是主动流动还是被动流动，均能够获得更多的养老、医疗和随迁子女入学服务（10%显著性水平），这与童玉芬和王莹莹（2015）的结论一致，表明特大、超大城市较高的公共服务财政支出、较高效率的劳动力市场以及较多的就业机会能够提高农业转移人口职业流动投资的收益。最后，从职业流动影响效应的大小来看，在特大、超大城市的职业流动能够显著提高农业转移人口获取养老保险和医疗保险的水平，但对随迁子女入学的改善幅度相对较小，这一特征表明，教育问题是当前农业转移人口城—乡转移和城—城流动的主要障碍，由于无法获得随迁子女就读城市公办小学的机会，农村居民难以实现举家迁移，造成了诸多与"留守儿童"相关的社会问题。

四、扩展模型估计

为了进一步检验不同性别、不同年龄段和不同人力资本特征农业转移人口的职业流动对城市公共服务获取的异质性反应，本章在模型中引入了变量交互项来刻画农业转移人口职业流动对获取城市公共服务的个体异质性。表5.8至表5.10分别列出了不同特征农业转移人口的职业流动对于获取城市公共服务影响的回归结果。

表5.8 不同性别农业转移人口职业流动获取城市公共服务模型估计结果

变量	医疗保险	养老保险	随迁子女入学
男性×工作原因流动	0.062 7 ***	0.183 ***	0.025 3 **
	（0.020 3）	（0.059 9）	（0.011 4）
男性×被解雇或裁员	−0.224	0.142	0.034 7
	（0.206）	（0.297）	（0.023 4）
男性×家庭原因流动	0.044 8 **	0.013 9 ***	0.026 6 ***
	（0.022 2）	（0.003 26）	（0.004 86）
男性×经济或心理压力流动	−0.002 46	0.070 1	0.134
	（0.032 1）	（0.059 5）	（0.116）
R²	0.386	0.272	0.275
样本量	17 816	18 535	18 536

注：***、**、*分别表示估计值在1%、5%、10%的水平下显著；上表未列出其他解释变量的估计结果。

表 5.9 不同年龄农业转移人口职业流动获取城市公共服务模型估计结果

变量	医疗保险	养老保险	随迁子女入学
年龄×工作原因流动	0.050 2 *** (0.014 6)	0.094 5 *** (0.031 2)	0.023 8 ** (0.011 2)
年龄平方×工作原因流动	0.000 893 ** (0.000 355)	0.002 04 *** (0.000 758)	0.000 435 *** (0.000 119)
年龄×被解雇或裁员	0.016 4 (0.021 8)	0.068 8 (0.044 5)	0.043 8 (0.038 7)
年龄平方×被解雇或裁员	0.000 195 (0.000 516)	−0.001 38 (0.001 23)	−0.000 616 (0.002 20)
年龄×家庭原因流动	0.039 6 ** (0.017 9)	0.060 7 ** (0.028 7)	0.012 1 ** (0.005 61)
年龄平方×家庭原因流动	0.000 855 ** (0.000 368)	0.001 88 ** (0.000 768)	0.000 519 ** (0.000 233)
年龄×经济或心理压力流动	0.029 5 *** (0.008 41)	0.063 8 *** (0.017 6)	0.277 *** (0.050 3)
年龄平方×经济或心理压力流动	0.000 264 ** (0.000 107)	0.000 874 *** (0.000 230)	0.003 05 *** (0.000 768)
R^2	0.209	0.311	0.295
样本量	18 535	18 536	17 615

注:*** 、** 、* 分别表示估计值在1%、5%、10%的水平下显著;上表未列出其他解释变量的估计结果。

表 5.10 不同受教育年限农业转移人口职业流动获取城市公共服务模型估计结果

变量	医疗保险	养老保险	随迁子女入学
受教育年限×工作原因流动	0.107 *** (0.009 43)	0.067 7 *** (0.016 8)	0.030 5 *** (0.007 68)
受教育年限×被解雇或裁员	0.048 2 ** (0.020 2)	0.059 4 ** (0.030 0)	0.018 9 ** (0.008 12)
受教育年限×家庭原因流动	0.050 8 *** (0.016 1)	0.016 2 *** (0.004 48)	0.008 16 ** (0.003 25)
受教育年限×经济或心理压力流动	0.108 *** (0.004 75)	0.073 1 *** (0.008 64)	0.038 5 * (0.020 2)
R^2	0.308	0.287	0.291
样本量	18 535	18 536	17 641

注:*** 、** 、* 分别表示估计值在1%、5%、10%的水平下显著;上表未列出其他解释变量的估计结果。

表 5.8 的结果显示，相较于女性，男性农业转移人口群体由于工作原因或家庭原因的流动能够显著提高其获取城市公共服务的概率；但对于被解雇或裁员以及由于经济或心理压力流动而言，男性群体和女性群体在公共服务获取方面无显著差异。这一结果表明，男性群体和女性群体在职业流动上存在明显的性别差异，男性农业转移人口更加重视获得更好的就业机会，因而更容易获取城市公共服务，而女性群体更容易关注家庭照料，导致其获取较低比例的公共服务。表 5.9 的结果显示，随着年龄增长，除了被解雇或裁员的流动之外，农业转移人口越来越重视城市公共服务获取，即职业流动越来越倾向于获取城市公共服务，且随着年龄的增长，职业流动对获取城市公共服务的激励效应逐渐增强。这一结果意味着，虽然当前农业转移人口的职业流动仍以获取更高收入为主要目的，但随着农业转移人口收入水平的提高，农业转移人口逐渐开始关注社会保障和公共福利，职业流动不再以单纯获得高收入为目的，这体现了农业转移人口群体公共服务意识的转变。表 5.10 的结果显示，受教育水平越高的农业转移人口更容易通过职业流动获取城市公共服务，这意味着人力资本水平越高的农业转移人口，更容易通过职业流动享有较好的工作机会和工作待遇，进而获取数量更多、质量更高的公共服务。因此，提高农业转移人口的人力资本素质，不仅可以提高其经济收入，而且可以在一定程度上改善农业转移人口群体获取城市公共服务难的困境。

第五节　本章小结

本章利用 2013 年上海财经大学"千村调查"数据，基于纠正样本选择偏误的实证模型，应用人力资本投资理论研究了农业转移人口的职业流动对其获取城市公共服务的影响，并基于农业转移人口的个体异质性考察了不同特征农业转移人口职业流动的公共服务获取效应。本章发现，整体来看，相较于未职业流动，跨城市职业流动并未使农业转移人口享有更多的养老、医疗和子女教育等公共服务，这是因为绝大多数的职业流动是被动的离职，而非获得了更好的就业机会。将职业流动划分为向上职业流动、向下职业流动、主动职业流动和被动职业流动后，估计结果显示，向上的职业流动能够显著提高农业转移人口获取城市公共服务的概率，而被动职业流动的影响效应显著为负。另外，相较于其他规模城市，在特大、超大城市务工的农业转移人口享有更多的城市公共服务，并且在特大、超大城市进行职业流动能够获得更大的公共服务回报。相较于女性，男性农业转移人口在通过职业流动获取公共服务方面更具优势；并且随着年龄的增长或受教育水平的提高，农业转移人口群体越来越重视通过职业流动来获取城市公共服务，这意味着农业转移人口在进行职业转换时不仅重视获得更高的收入，同样也关注能否享有更好的养老、医疗和子女教育等公共服务。

受制度约束，现阶段仍有很多农业转移人口无法公平享有城市公共服务，这在一定程度上造成了公共服务产品的稀缺，从而促使部分有能力的农业转移人口通过职业转换来获取更好的待遇。但由于农业转移人口群体人力资本素质较低，只有少数农业转移人口有机会进行主动式的流动，而大多数农业转移人口仍迫于家庭、经济和心理压力不得不变换工作，造成当前农业转移人口职业流动频繁。在当前新型城镇化背景下，随着经济快速增长和综合国力不断增强，政策制定者有责任为农业转移人口群体提供更好的公共服务，而不应该以人口调控为目的，试图通过公共服务的有限供给来对流动人口进行管理，因为这不仅是低效率的，也是不公平的。在中国快速城镇化的进程中，如果继续实行限制外来人口的调控政策，不能及时有效地为农业转移人口群体提供更好的公共服务，为其在城市生活和职业发展提供空间，那么市民化进程将持续陷入困境，甚至还有可能引发新的经济问题和社会矛盾。

基于本章的研究结论，政府及有关部门应该从以下五个方面继续发挥引导和调控作用：①逐步建立城乡统一的公共服务供给制度。只有真正为农业转移人口提供普惠的公共服务，消除其在城市工作和生活的后顾之忧，提高其职业流动的效率，实现高质量人力资本的积累，提高就业稳定性，才能不断缩小其与城镇劳动力的差异，最终实现社会融入。这要求继续深化户籍制度改革，落实外来务工人口的公共服务供给，有步骤地消除农业转移人口在养老、医疗、托幼和子女教育等公共服务上的户籍限制；要加大公共服务供给相关的财政支出，着力提供更普惠和更高质量的社会保障，激发农村劳动力在城市长期工作和生活的主动性，不断吸引人才流入。②由于农业转移人口被动式职业流动的根源在于人力资本水平较低，仅有少数人力资本水平较高的农业转移人口实现了主动式流动，因此着力提升农村劳动力的人力资本水平是改善农业转移人口公共服务获取困境的一条重要途径。政府财政应加大对农村教育的投入力度，提高义务教育的质量，扩大中高等学历教育的范围，强化农村劳动力的职业教育和技能培训，激发农业转移人口职业流动的主动性，提升劳动力人职匹配的效率。③关注女性和老年农业转移人口的就业和公共服务供给。着力为家庭有未成年孩子、随迁老人的劳动力提供儿童照管、孩子入学、养老等配套服务，为老龄的农业转移人口提供医疗、养老和住房租赁等公共福利，提高其社会认同感，增强其社会融入的积极性。④完善城乡统一的劳动力市场，通过提供及时准确的就业信息、培育各类劳动力市场中介机构，提高市场供需信息的透明度，降低职业流动的成本，减少无效率和被动式的职业转换，积极引导农业转移人口在城市空间合理流动。⑤积极开展就业促进项目，制定扶持政策，提高农业转移人口就业层次和待遇，保障其就业的合法权益，逐步消除歧视和偏见，减轻农业转移人口就业的后顾之忧，确保劳动力市场的公平和规范。

第六章　农业转移人口大型城市偏好与家庭联合迁移决策

第一节　家庭联合迁移模式

农业剩余劳动力乡—城转移是经济和社会发展的客观规律。在城镇化背景下，中国农业转移人口已成为流动人口的主力，对于改革开放以来中国工业化发展和经济增长起到了重要作用。然而，根据历年《中国城市统计年鉴》的数据，绝大多数农业转移人口流入了经济较发达的东部城市，并且在超大城市集聚的趋势不断增强（张耀军和岑俏，2014），继而引发了人口超载、交通拥堵和环境污染等一系列问题，这不仅影响了中国城镇规模和结构的平衡发展，也给超大城市的人口服务和管理工作带来了压力（孙中伟，2015）。从人口结构来看，根据国家统计局公布的数据，近八成的农业转移人口为已婚群体[①]，而且夫妻双方同时外出务工的比例逐年上升（De Brauw et al.，2002；朱明芬，2009），家庭视角的夫妻联合迁移模式受到学者的广泛关注。

围绕劳动力迁移影响机制，西方学者提出了二元经济结构理论（Lewis，1954）、"用脚投票"理论（Tiebout，1956）、劳动力推拉力模型（Lee，1966）、预期收益理论（Harris 和 Todaro，1970）、决定因素理论（Kaivan，2003）等，这些理论系统阐述了城乡收入差距、个体特征、家庭特征、城市特征等因素对劳动力迁移决策的影响。基于中国经济发展的特

---

① 根据国家统计局《2016年农民工监测调查报告》的数据统计，在全部农民工中，未婚的占19.8%，有配偶的占77.9%。

点和规律，国内很多学者不仅研究了农业转移人口城乡转移的动因（赵忠，2004；严善平，2005；白南生和李靖，2008；约翰·奈特 等，2011），而且逐渐开始关注农业转移人口在城市空间的分布规律（夏怡然 等，2005；段成荣和杨舸，2009）。少数学者从微观视角，基于二元选择模型，分析了农业转移人口偏爱超大城市的原因，普遍认为相对于其他城市，大型城市的高收入、更多的就业机会和更好的公共服务已成为农业转移人口偏爱超大城市的重要原因（童玉芬和王莹莹，2015；侯慧丽，2016）。然而，作为农业转移人口的主体，已婚劳动力的迁移选择不是单纯基于个体最优做出的个体决策，而是受个体、家庭、社会和经济特征的影响与配偶一起做出的联合迁移决策（Lei Meng et al.，2016）。因此，以往实证研究中常用的二元选择模型无法很好地刻画各类影响因素对夫妻联合迁移决策的影响，即已婚家庭劳动力是否迁移？谁来迁移？迁移到哪？虽然以往研究在个体迁移决策估计中将配偶的迁移特征加入二元选择模型进行控制，进而分析夫妻迁移决策之间的影响，但二值选择模型难以处理由此产生的内生性问题。

为了更好地描述已婚农业转移人口的联合迁移决策和超大城市偏好，结合现有研究成果，本章利用 2014 年全国流动人口卫生计生动态监测调查数据，将迁移家庭的流动模式分为七类，并采用 Mlogit 模型来分析各类因素对夫妻联合迁移模式的影响，进而描述已婚农业转移人口的超大城市偏好特征。

总体而言，本章的研究显示，已婚农业转移人口选择超大城市和其他城市的动机是不一样的，在家庭有孩子需要照料的情况下，留守家庭、超大城市流动和其他城市流动模式对应的时间投入和经济回报是不同的，在家庭分工协作的背景下，夫妻双方共同做出是否迁移、由哪一方迁移和迁移至哪类城市的决策。从政策层面看，为了有效解决诸如留守儿童、空巢老人和超大城市社会治理等问题，在新型城镇化背景下，政府一方面应该通过制度改革和政策扶持切实提高农业转移人口在就近城市的收入水平和社会保障水平，鼓励有能力的农业转移人口实现举家迁移；另一方面，在农村和小城镇条件允许的情况下，依托当地的资源优势和产业优势，促进农业转移人口就地市民化。

第二节 实证方法

对于已婚的农业转移人口而言，以家庭为单位，可能存在七类流动模式：

$$M_{11B} = f_{11B}(X) + \varepsilon_{11B}, \quad \text{如果 } M_{11B} = M_{\max}$$
$$M_{11S} = f_{11S}(X) + \varepsilon_{11S}, \quad \text{如果 } M_{11S} = M_{\max}$$
$$M_{01B} = f_{01B}(X) + \varepsilon_{01B}, \quad \text{如果 } M_{01B} = M_{\max}$$
$$M_{01S} = f_{01S}(X) + \varepsilon_{01S}, \quad \text{如果 } M_{01S} = M_{\max} \qquad (6.1)$$
$$M_{10B} = f_{10B}(X) + \varepsilon_{10B}, \quad \text{如果 } M_{10B} = M_{\max}$$
$$M_{10S} = f_{10S}(X) + \varepsilon_{10S}, \quad \text{如果 } M_{10S} = M_{\max}$$
$$M_{00} = f_{00}(X) + \varepsilon_{00}, \quad \text{如果 } M_{00} = M_{\max}$$

其中，$M_{\max} = \max\{M_{11B}, M_{11S}, M_{01B}, M_{01S}, M_{10B}, M_{10S}, M_{00}\}$；$B$、$S$ 分别代表超大城市和其他城市；M_{11B} 代表夫妻二人同时迁移至超大城市务工；M_{11S} 代表夫妻二人同时迁移至其他城市务工；M_{01B} 代表妻子迁移至超大城市务工，丈夫留守家庭；M_{01S} 代表妻子迁移至其他城市务工，丈夫留守家庭；M_{10B} 代表丈夫迁移至超大城市务工，妻子留守家庭；M_{10S} 代表丈夫迁移至其他城市务工，妻子留守家庭；M_{00} 代表夫妻二人均未在流入地务工[①]。

对于模型（6.1），可以采用 Mlogit 模型进行估计，具体形式如下：

$$M_{ijC} = \alpha_{ijC}X_{ijC} + \varepsilon_{ijC}, \quad i,j = 0,1; \quad C = B,S$$
$$M_{00} = \varepsilon_{00} \qquad (6.2)$$

其中，X 代表影响已婚劳动力联合迁移模式的变量，包括丈夫和妻子的个体特征（民族、年龄、受教育年限）、家庭特征（家庭孩子数量、家庭规模）、城市就业特征（是否为体力劳动、月工资和获得社会保障的情况）和地域特征（区域、经济带和城市群）等；ε 服从极值分布。

如果不考虑城市选择，单纯考察农业转移人口个体是否外出迁移的决策，现有研究多采用二值选择模型（Probit 模型和 Logit 模型）。和二值选择模型相比，Mlogit 模型的优势在于：第一，模型（6.2）中的线性设定等

---

① 夫妻均未在流入地务工指夫妻双方由于婚嫁、拆迁、投亲、学习、参军等原因同时进行流动。

同于二值选择模型中的非线性设定，Lei Meng 等（2016）研究得出线性设定的 Mlogit 模型能够刻画家庭孩子数量与丈夫迁移决策的 U 形关系；第二，即使可以在二值选择模型中加入配偶的流动特征，从而考察家庭层面的夫妻迁移决策，但夫妻间的迁移决策是相互影响的，会产生解释变量的内生性问题。

第三节　数据与描述性统计

本章采用的是 2014 年全国流动人口卫生计生动态监测调查数据，该数据采用随机原则在全国 31 个省（区、市）[①] 和新疆生产建设兵团流动人口较为集中的流入地抽取样本点，针对在流入地居住一个月以上，非本区（县、市）户口的 15~59 周岁流入人口进行抽样调查。本章选取了婚姻状况为已婚且夫妻户籍均为农业户口的流动人口抽样数据作为分析对象，总样本量为 123 863 个。

表 6.1 给出了农业转移人口家庭七种联合迁移模式的概率。首先，夫妻双方同时迁移至其他城市务工的比例最高，占到迁移家庭样本的 48.33%；其次为丈夫迁移至其他城市务工，妻子留守家庭模式，占比 29.88%；最后，夫妻双方在流入地均未务工的比例最低。另外，夫妻双方同时外出务工的比例为 58%，高于夫妻一方外出务工、一方留守家庭的概率（比例为 40.4%），这表明夫妻双方联合外出务工已成为农业转移人口迁移的主要特征和趋势，这和相关研究的结论是一致的（朱明芬，2009；Lei Meng et al.，2016）。从流入的城市类型来看，农业转移人口迁移至超大城市的概率达 15.22%[②]，表明北京、上海、广州、深圳、天津、重庆六个超大城市是农业转移人口迁移的重镇，在超大城市集聚已成为当前农业转移人口在城市空间分布的重要特征。

---

① 31 个省（区、市）具体指：北京、天津、河北、山西、内蒙古、辽宁、吉林、黑龙江、上海、江苏、浙江、安徽、福建、江西、山东、河南、湖北、湖南、广东、广西、海南、重庆、四川、贵州、云南、西藏、陕西、甘肃、青海、宁夏、新疆。

② 根据各省市统计年鉴数据，2014 年年末，北京、上海、广州、深圳、天津、重庆六个超大城市城镇常住总人口数为 6 385 万，占全国总人口的 5.68%。

表 6.1　农业转移人口家庭联合迁移模式（N = 123 863）

类型	M_{00}	M_{10B}	M_{10S}	M_{01B}	M_{01S}	M_{11B}	M_{11S}
频数	2 040	5 735	37 005	1 121	6 107	11 987	59 868
百分比	1.65%	4.63%	29.88%	0.91%	4.93%	9.68%	48.33%

表 6.2 描述了丈夫和妻子迁移范围（跨省、省内跨市、市内跨县）与不同类型城市迁移的数量关系。从比例和数量上看，农业转移人口向超大城市流动，主要以跨省流动和省内跨市流动为主；而向其他城市流动则以市内跨县比例最高，以省内跨市数量最大。这一数据特征表明，与其他城市流动相比，农业转移人口向超大城市流动更倾向于远途流动，因为如果选择中小城市，在其他条件不变情况下，可以优先选择就近的市内和省内城市，承担的费用较低，面对的生活方式和文化环境改变较小，并且便于回流兼顾家庭（杨菊华和陈传波，2013；汪建华，2017）。

表 6.2　流动范围与家庭联合迁移模式

类型		超大城市流动		其他城市流动	
		频数	百分比	频数	百分比
丈夫	跨省流动	14 819	23.70%	47 709	76.30%
	省内跨市	16 357	16.70%	81 589	83.30%
	市内跨县	1 777	8.40%	19 378	91.60%
妻子	跨省流动	12 981	22.10%	45 756	77.90%
	省内跨市	14 354	15.40%	78 854	84.60%
	市内跨县	1 627	7.81%	19 202	92.20%

表 6.3 进一步描述了迁移家庭中丈夫和妻子的个体特征、家庭特征和就业特征。从丈夫和妻子的个体特征看，流入超大城市的少数民族群体占比较低、年龄较小且受教育程度较高。从家庭特征看，流入超大城市的孩子数量较少、家庭规模较小、月收入和月支出均较高；另外，在超大城市务工的平均时间要高于在其他城市务工的平均时间，这表明在超大城市务工的农业转移人口面临更高的回迁成本，因而更难频繁回流。从就业特征来看，流入超大城市的农业转移人口的月收入、从事非体力劳动和享受城市社会保障的概率均较高。表 6.3 的数据表明，向超大城市流动的农业转移人口人力资本素质更高、家庭负担（孩子照料、家庭照料等）更小，获

取的务工收入和城市社会保障更好。Davis 和 Dingel（2013）认为受教育程度更高的劳动者更倾向于迁移至大城市，由此可见，农业转移人口的城市选择与人力资本投资理论是一致的。

表 6.3　分城市主要变量的均值统计

类型		超大城市流动	其他城市流动
丈夫特征	少数民族（0/1）	0.020 7	0.075 6
	年龄	34.93	37.53
	受教育年限	9.840	9.039
	流动时间	6.466	5.512
妻子特征	少数民族（0/1）	0.021 4	0.080 4
	年龄	33.59	35.93
	受教育年限	9.180	8.754
	流动时间	5.978	5.4
家庭特征	孩子数量	1.402	1.477
	家庭规模	3.346	3.369
	ln（月总收入）	8.778	8.416
	ln（月总支出）	7.999	7.696
就业特征	非体力劳动（0/1）	0.060 6	0.043 3
	ln（月工资）	8.241	7.923
	城市社会保障（0/1）	0.327	0.213

注：城市社会保障（0/1）代表是否至少获得城市职工养老保险、城镇居民养老保险、住房公积金、城镇职工基本医疗保险、城镇居民基本医疗保险中的一种保险。

Lei Meng 等（2017）将丈夫迁移概率与家庭孩子数量的 U 形关系归因于两种效应：一是时间投入效应，即照料孩子需要时间投入，这会减少夫妻双方外出务工的概率；另一个是经济负担效应，即抚养孩子需要家庭财力支撑，而经济上的压力又会迫使家庭劳动力外出务工，这会提高迁移概率。基于表 6.2 至表 6.3 的数据，在其他条件保持不变的情况下，可以得出在不同类型城市务工的农业转移人口，其孩子照料的时间投入和经济负担，具体情况见表 6.4。

表 6.4 不同迁移模式下孩子照料的时间投入和经济负担

类型	超大城市流动	其他城市流动	家庭留守
时间投入	最小	适中	最大
经济负担	最小	适中	最大

本章选取家庭中 16 岁及以下成员为需要照顾的孩子，表 6.5 列出了孩子数量与家庭联合迁移模式的均值统计。图 6.1 描述了随着孩子数量变化，家庭联合迁移模式的概率变化。

表 6.5 孩子数量与家庭联合迁移模式

孩子数量	M_{00}	M_{10B}	M_{10S}	M_{01B}	M_{01S}	M_{11B}	M_{11S}
0	2.81%	4.18%	28.88%	1.14%	4.97%	12.04%	45.98%
1	1.68%	5.04%	30.47%	1.00%	4.96%	10.04%	46.79%
2	1.40%	4.39%	29.11%	0.79%	4.94%	9.23%	50.13%
3	1.73%	3.23%	30.06%	0.69%	4.69%	7.52%	52.07%
4	2.94%	2.47%	34.16%	0.24%	4.00%	7.30%	48.88%
5	3.77%	3.14%	33.96%	0.00%	3.14%	5.66%	50.31%

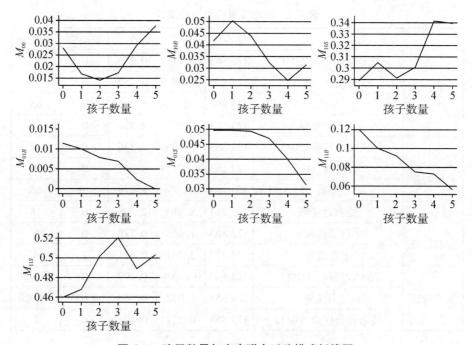

图 6.1 孩子数量与家庭联合迁移模式折线图

由图 6.1 可以看出，夫妻双方向超大城市迁移模式和向其他城市迁移模式是存在明显差异的。第一，对于丈夫外出务工、妻子留守家庭模式而言，随着孩子数量的增加，丈夫选择超大城市流动的概率是下降的，而选择其他城市流动的概率是上升的；第二，对于妻子外出务工、丈夫留守家庭模式而言，随着孩子数量的增加，妻子选择超大城市和其他城市流动的概率均是下降的，这一特征表明，在农业转移人口家庭分工中，丈夫承担相对更多的经济责任，而妻子承担相对更多的时间投入，双方共同来承担照料孩子的家庭责任；第三，对于夫妻双方共同外出务工而言，随着孩子数量的增加，双方选择超大城市务工的概率在降低，而选择其他城市务工的概率在提高。作为当前农业转移人口外出务工的主要模式，夫妻双方外出务工能够大大增加家庭收入，缓解家庭照料的经济压力，但由于超大城市流动的时间投入最小，因此夫妻双方同时流入超大城市的概率相对较低，双方选择就近的中小型城市不仅能够获得相对可观的收入，而且便于返乡兼顾家庭照料。

表 6.6 列出了相关丈夫特征、妻子特征、家庭特征、就业特征和流入城市区域特征的描述性统计。

表 6.6　核心变量的描述性统计

变量		样本量	均值	标准差	最小值	最大值
丈夫特征	超大城市迁移（0/1）	123 863	0.148	0.355	0	1
	少数民族（0/1）	123 863	0.068 0	0.252	0	1
	年龄	123 863	36.52	8.283	16	65
	受教育年限	123 863	9.285	2.352	0	18
妻子特征	超大城市迁移（0/1）	123 863	0.103	0.336	0	1
	少数民族（0/1）	123 863	0.072 3	0.259	0	1
	年龄	123 863	34.77	8.279	16	65
	受教育年限	123 863	8.814	2.598	0	18
家庭特征	孩子数量	123 863	1.465	0.719	0	5
	家庭规模	123 857	3.367	0.621	2	4
就业特征	非体力劳动（0/1）	123 863	0.045 8	0.209	0	1
	ln（月工资）	109 653	8.042	0.563	0.693	12.85
	城市社会保障（0/1）	123 863	0.231	0.421	0	1

表6.6（续）

	变量	样本量	均值	标准差	最小值	最大值
区域特征	区域（1~4）	123 863	3.318	0.966	1	4
	经济带（1~4）	123 863	2.054	1.035	1	4
	城市群（1~20）	123 863	10.59	7.481	1	20

注：区域（1~4）分别代表东部、中部、西部和东北地区；经济带（1~4）分别代表珠三角、长三角、环渤海经济带和其他区域；城市群（1~20）分别代表京津冀、珠三角、长三角、长江中游、成渝、海峡两岸、山东半岛、哈长等20个城市群。

第四节　估计结果

表6.7列出了采用 Mlogi 模型估计（以 M_{00} 为参照）的回归结果。第一，基于丈夫特征和妻子特征变量估计的系数可以看出，少数民族群体更难以外出流动，这是因为民族差异导致流入地的文化和生活方式与流出地差异较大，少数民族群体难以适应新环境；年龄越大的农业转移人口外出流动的概率越大，但达到一定年龄后，农业转移人口外出务工的概率开始降低；受教育水平对男性农业转移人口外出流动的影响为正，但估计系数并不显著；而受教育水平较高的女性更倾向于向超大城市流动。第二，关于家庭特征的影响可以看出，孩子数量越多有利于丈夫一方单独流向超大城市，但影响效应并不显著（5%显著性水平），而孩子数量增加会显著提高其单独向其他城市流动的概率；孩子数量多既不利于妻子一方单独流向超大城市，也不利于其单独流向其他城市；与孩子数量对丈夫单独一方流动的影响相似，随着孩子数量的增加，夫妻双方同时流入超大城市务工的概率在降低，而同时流入中小城市的概率在提高。第三，关于务工特征的影响可以看出，由于人力资本水平较低，农业转移人口在城市务工以体力劳动为主；城市更高的收入和更好的社会保障更容易吸引农业转移人口流入，且从数值来看，超大城市的工资系数和社会保障系数要大于其他城市，表明在其他条件保持不变的情况下，超大城市对农业转移人口具有更强的吸引力。

表 6.7　家庭联合迁移决策的回归结果

变量		M_{10B}	M_{10S}	M_{01B}	M_{01S}	M_{11B}	M_{11S}
丈夫特征	少数民族	−0.744*** (0.209)	−0.339** (0.156)	−0.165 (0.299)	−0.356** (0.178)	−0.786*** (0.182)	−0.366** (0.155)
	年龄	0.252*** (0.048 6)	0.271*** (0.040 6)	0.181*** (0.067 1)	0.229*** (0.045 9)	0.284*** (0.044 8)	0.302*** (0.040 2)
	年龄平方	−0.002 70*** (0.000 647)	−0.003 00*** (0.000 539)	−0.001 38 (0.000 857)	−0.002 29*** (0.000 603)	−0.003 04*** (0.000 595)	−0.003 42*** (0.000 533)
	受教育年限	0.030 2* (0.017 8)	0.005 31 (0.015 5)	0.038 0 (0.023 9)	0.030 7* (0.017 0)	0.026 7 (0.016 6)	0.003 56 (0.015 3)
妻子特征	少数民族	−0.798*** (0.211)	−0.010 5 (0.156)	−0.953*** (0.331)	−0.179 (0.177)	−0.525*** (0.180)	−0.025 0 (0.154)
	年龄	0.045 9 (0.049 1)	0.003 17 (0.041 0)	0.232*** (0.070 1)	0.203*** (0.046 8)	0.155*** (0.045 5)	0.112*** (0.040 7)
	年龄平方	−0.000 764 (0.000 680)	−0.000 442 (0.000 565)	−0.003 23*** (0.000 937)	−0.003 04*** (0.000 640)	−0.002 27*** (0.000 628)	−0.001 83*** (0.000 560)
	受教育年限	0.031 7* (0.016 6)	−0.000 214 (0.014 4)	0.053 2** (0.022 3)	0.028 7* (0.015 8)	0.054 9*** (0.015 5)	0.017 1 (0.014 3)
家庭特征	孩子数量	0.196* (0.107)	0.521*** (0.066 7)	−0.202*** (0.078 0)	−0.368*** (0.072 7)	−0.224*** (0.072 2)	0.510*** (0.066 2)
	家庭规模	−0.374*** (0.081 4)	−0.543*** (0.068 7)	−0.478*** (0.111)	−0.447*** (0.075 6)	−0.460*** (0.075 0)	−0.498*** (0.068 1)
务工特征	非体力劳动	−0.339*** (0.130)	−0.162 (0.116)	−0.854*** (0.201)	−0.811*** (0.138)	−0.410*** (0.123)	−0.499*** (0.115)
	ln(月工资)	1.229*** (0.054 4)	0.954*** (0.046 7)	0.264*** (0.080 0)	0.172*** (0.050 7)	0.700*** (0.051 1)	0.537*** (0.045 9)
	社会保障	0.404*** (0.073 7)	0.390*** (0.066 3)	0.281*** (0.095 5)	0.315*** (0.072 6)	0.387*** (0.069 7)	0.412*** (0.065 6)
地域	区域	控制	控制	控制	控制	控制	控制
	经济带	控制	控制	控制	控制	控制	控制
	城市群	控制	控制	控制	控制	控制	控制
常数项		−10.15*** (0.692)	−8.068*** (0.590)	−6.449*** (0.993)	−6.754*** (0.661)	−7.583*** (0.648)	−6.411*** (0.583)
样本量		109 647	109 647	109 647	109 647	109 647	109 647

注：（）中数值代表估计标准差；***、**、*分别表示估计值在1%、5%、10%的水平下显著。

　　由于表 6.7 的估计系数均是基于参照组 M_{00} 得出的，通过计算解释变量的平均边际概率可以计算得出不同迁移模式估计的预测值。表 6.8 分别列出了不同孩子数量下农业转移人口家庭丈夫和妻子分别迁移至超大城市和其他城市的预测概率。从数值可以看出，随着孩子数量的增加，丈夫流入超大城市的概率、丈夫流入其他城市的概率、妻子流入其他城市的概率均存在拐点，即迁移概率和家庭孩子数量之间存在 U 形关系，这表明孩子数量较少时，时间投入效应要大于经济负担效应，这三类迁移概率均下降，此时，丈夫和妻子都会增加照顾孩子的时间投入；但随着孩子数量的增加，时间投入效应和经济负担效应均增大，且经济负担效应大于时间投入效应，这三类迁移概率均提高，此时丈夫单独外出务工已经无法完全承担照料孩子的经济压力，丈夫进入超大城市务工的概率会提高，同时妻子外出进入其他城市务工的概率会提高。具体来说，丈夫进入超大城市务工的概率拐点发生在从 3 个孩子变为 4 个孩子的时候；丈夫进入其他城市务工的概率拐点发生在从 1 个孩子变为 2 个孩子的时候，即丈夫进入其他城市务工的概率拐点来得更快，表明经济负担效应较小时首选其他城市，而经济负担效应较大时偏好超大城市；妻子进入其他城市务工的概率拐点发生在从 3 个孩子变为 4 个孩子的时候，与丈夫的迁移概率相比，妻子选择其他城市务工的概率拐点来得更晚，表明妻子在孩子照料中承担了更多的时间投入责任；另外，妻子选择超大城市务工的概率随孩子数量的增加而逐渐降低。

表 6.8 的结果表明，当家庭照料负担达到一定水平且逐渐增加时，农业转移人口家庭成员外出务工的比例会提高，由传统的丈夫单独外出务工的模式逐渐转变为夫妻同时外出务工模式。由于超大城市在收入和社会保障方面的优势，随着家庭照料水平和质量的提升，经济负担效应逐渐成为当前农业转移人口外出务工的首要动因，因而越来越多的农业转移人口逐渐选择离家较远的少数超大城市。与此同时，自中国实施城镇化战略以来，国家出台了一系列政策用于消除农业转移人口城乡转移的障碍，并且鼓励农业转移人口在城市长期就业，这些政策在一定程度上提高了农业转移人口的收入，也激励着更多的新生代农业转移人口在大城市长期定居。

表 6.8　平均预测迁移概率统计

类型	0	1	2	3	4	5	Wald 统计值
M_{HB}	16.30%	15.30%	9.97%	9.15%	10.80%	13.80%	220.4***
M_{HS}	79.50%	75.40%	77.40%	82.60%	83.80%	84.50%	31.5***
M_{WB}	13.20%	11.50%	10.40%	8.38%	8.17%	6.34%	121.9***

表6.8(续)

类型	0	1	2	3	4	5	Wald 统计值
M_{WS}	59.60%	57.00%	54.40%	50.00%	53.50%	55.50%	87.1***

注：***、**、*分别表示估计值在 1%、5%、10%的水平下显著；Wald 检验的原假设为 $p[.|X=0]=\cdots=::p[.|X=5]$；$M_{HB}$代表丈夫流入超大城市的概率；$M_{HS}$代表丈夫流入其他城市的概率；$M_{WB}$代表妻子流入超大城市的概率；$M_{WS}$代表妻子流入其他城市的概率。

第五节　新生代农业转移人口城市偏好研究

2016 年农民工监测调查报告的数据显示，1980 年及以后出生的新生代农业转移人口占农业转移人口总量的 49.7%，已逐渐成为农业转移人口的主力。与老一代农业转移人口相比，新生代农业转移人口具有受教育水平较高、职业层次较低、流动性较强、渴望城市生活等特点（段成荣和马学阳，2011；余运江 等，2012），那么，对于已婚的新生代农业转移人口而言，夫妻双方的家庭分工是否有新的特点？他们是否更加偏好超大城市呢？

表 6.9 列出了老一代和新生代农业转移人口家庭联合迁移模式的统计数据，可以看出，相较于老一代农业转移人口，新生代农业转移人口迁移至超大城市的概率更高，迁移至其他城市的概率更低；从丈夫和妻子的迁移比例来看，新生代农业转移人口家庭中丈夫迁移的概率更高，相比老一代农业转移人口群体，高出 3.7%，且迁移至超大城市的比例更高。

表 6.9　分年龄农业转移人口家庭联合迁移模式（N=123 863）

类型		M_{00}	M_{10B}	M_{10S}	M_{01B}	M_{01S}	M_{11B}	M_{11S}
老一代	频数	978	2 747	18 764	607	3 242	6 045	32 558
	百分比	1.51%	4.23%	28.89%	0.93%	4.99%	9.31%	50.13%
新生代	频数	1 062	2 988	18 241	514	2 865	5 942	27 310
	百分比	1.80%	5.07%	30.96%	0.87%	4.86%	10.08%	46.35%

为了验证新生代农业转移人口是否更加偏好超大城市，表 6.10 列出了以 M_{00} 为参照，采用 Mlogit 模型估计的新生代农业转移人口家庭联合迁移决策的估计结果。对比表 6.7 的估计结果可以看出，表 6.10 中绝大多数变

量前的估计系数在符号和显著性上与表6.7是一致的，但关于家庭孩子数量的影响，表6.10和表6.7的估计系数存在这样两点差异：第一，从显著性来看，家庭孩子数量的增多，不仅显著提高了丈夫单独流入其他城市的概率，而且能够显著提高丈夫单独流入超大城市的概率（1%显著性水平）；第二，从系数大小来看，对应丈夫单独流入超大城市、丈夫单独流入其他城市、夫妻同时流入其他城市三个因变量的正项系数更大，而对于妻子单独流入超大城市、妻子单独流入其他城市、夫妻同时流入超大城市三个因变量的负项系数更小。考虑到 Mlogit 估计的系数并非平均边际效应（average marginal effect），本章基于 Mlogit 估计分别计算了各因素对联合迁移决策影响的平均边际效应，得出了和估计系数一致的结论。上述系数特征表明，相比老一代农业转移人口群体，在家庭有孩子需要照料的情况下，新生代农业转移人口外出务工的概率更大，同时丈夫更加倾向于向超大城市流动，可能的解释是，由于新生代农业转移人口的就业层次较低，收入较低，因而在经济负担相同的情况下，需要更频繁或更长期的外出务工，同时由于丈夫在家庭分工中承担了主要的经济责任，因而其更倾向于向超大城市流动以获取更高的经济回报。

表 6.10　新生代农业转移人口家庭联合迁移决策的回归结果

	变量	M_{10B}	M_{10S}	M_{01B}	M_{01S}	M_{11B}	M_{11S}
丈夫特征	少数民族	-0.693***	-0.178	-0.242	-0.274	-0.536**	-0.263
		(0.259)	(0.192)	(0.413)	(0.223)	(0.226)	(0.190)
	年龄	0.745***	0.716***	0.242	0.214**	0.516***	0.307***
		(0.126)	(0.097 8)	(0.148)	(0.103)	(0.107)	(0.094 0)
	年龄平方	-0.011 6***	-0.011 4***	-0.001 60	-0.001 35	-0.006 78***	-0.003 56**
		(0.002 13)	(0.001 64)	(0.002 34)	(0.001 69)	(0.001 77)	(0.001 57)
	受教育年限	0.043 7*	0.029 7	0.068 7*	0.064 9***	0.038 3	0.030 3
		(0.025 5)	(0.021 9)	(0.036 5)	(0.024 4)	(0.023 8)	(0.021 7)
妻子特征	少数民族	-0.599**	-0.105	-1.604***	-0.291	-0.649***	-0.061 2
		(0.253)	(0.189)	(0.539)	(0.219)	(0.223)	(0.187)
	年龄	-0.262*	-0.411***	0.038 0	0.156	-0.029 7	-0.130
		(0.152)	(0.130)	(0.229)	(0.151)	(0.144)	(0.129)
	年龄平方	0.005 02*	0.007 44***	-0.000 017	-0.002 41	0.001 12	0.002 63
		(0.002 75)	(0.002 38)	(0.004 04)	(0.002 72)	(0.002 60)	(0.002 36)
	受教育年限	-0.001 18	-0.025 5	0.027 7	0.013 9	0.034 0	-0.000 338
		(0.025 1)	(0.021 4)	(0.036 1)	(0.023 9)	(0.023 3)	(0.021 1)

表6.10(续)

	变量	M_{10B}	M_{10S}	M_{01B}	M_{01S}	M_{11B}	M_{11S}
家庭特征	孩子数量	0.832 *** (0.118)	1.103 *** (0.091 7)	−0.147 ** (0.066 7)	−0.278 *** (0.027 5)	−0.184 *** (0.026 5)	1.091 *** (0.090 4)
	家庭规模	−1.061 *** (0.113)	−1.124 *** (0.084 6)	−1.056 *** (0.193)	−1.298 *** (0.106)	−1.121 *** (0.101)	−1.146 *** (0.083 1)
务工特征	非体力劳动	−0.363 ** (0.158)	−0.161 (0.138)	−0.929 *** (0.255)	−0.763 *** (0.166)	−0.409 *** (0.149)	−0.492 *** (0.137)
	ln（月工资）	1.236 *** (0.076 7)	0.958 *** (0.064 8)	0.337 *** (0.119)	0.152 ** (0.071 3)	0.759 *** (0.072 0)	0.542 *** (0.063 7)
	社会保障	0.505 *** (0.099 8)	0.489 *** (0.089 0)	0.385 *** (0.136)	0.456 *** (0.099 6)	0.458 *** (0.094 3)	0.488 *** (0.088 0)
地域	区域	控制	控制	控制	控制	控制	控制
	经济带	控制	控制	控制	控制	控制	控制
	城市群	控制	控制	控制	控制	控制	控制
常数项		−10.88 *** (2.200)	−7.181 *** (1.827)	−4.024 (3.228)	−4.266 ** (2.105)	−6.997 *** (2.015)	−1.747 (1.798)
样本量		50 771	50 771	50 771	50 771	50 771	50 771

注：（ ）中数值代表估计标准差；***、**、* 分别表示估计值在1%、5%、10%的水平下显著。

  表6.11分别列出了不同孩子数量下新生代农业转移人口家庭丈夫和妻子分别迁移至超大城市和其他城市的预测概率。对比表6.8中的数据可以发现：第一，丈夫流入超大城市、丈夫流入其他城市、妻子流入其他城市的概率仍然与家庭孩子数量之间存在U形关系，且拐点的位置是一致的，即丈夫流入其他超大城市的拐点发生在从3个孩子变为4个孩子的时候；丈夫流入其他城市的拐点发生在1个孩子变为2个孩子的时候；妻子流入其他城市的拐点发生在从3个孩子变为4个孩子的时候。第二，随着家庭孩子数量的增加，妻子流入超大城市的概率也出现了拐点，这一拐点发生在从4个孩子变为5个孩子的时候，这一特征表明，如果家庭孩子数量很多，经济负担效应很大，妻子也会被迫迁移至超大城市务工来缓解家庭的经济压力。第三，从数值来看，在家庭孩子数量相同的情况下，新生代农业转移人口家庭中丈夫迁移至超大城市的概率更大，表明丈夫群体更加偏好超大城市；另外，妻子迁移至超大城市以及妻子迁移至其他城市的概率更大，表明和老一代农业转移人口群体相比，新生代农业转移人口女性群体的流动性更强，在新生代农业转移人口就业层次不高的情况下，为了缓解家庭照料的经济负担，女性群体会更频繁或更长期的外出务工，与丈夫一起共同承担家庭照料责任。

表 6.11　新生代农业转移人口平均预测迁移概率统计

类型	0	1	2	3	4	5	Wald 统计值
M_{HB}	17.00%	15.60%	11.70%	11.50%	13.80%	16.70%	147.2***
M_{HS}	76.00%	74.20%	76.70%	78.80%	79.20%	82.10%	19.3***
M_{WB}	13.90%	11.90%	10.98%	9.55%	8.29%	8.43%	84.1***
M_{WS}	60.30%	58.80%	55.70%	51.30%	54.20%	57.00%	69.9***

注：***、**、* 分别表示估计值在 1%、5%、10% 的水平下显著；Wald 检验的原假设为：$p[.\,|\,X = 0] = \cdots = p[.\,|\,X = 5]$；$M_{HB}$ 代表丈夫流入超大城市的概率；M_{HS} 代表丈夫流入其他城市的概率；M_{WB} 代表妻子流入超大城市的概率；M_{WS} 代表妻子流入其他城市的概率。

第六节　本章小结

越来越多的已婚农业转移人口夫妻双方共同外出流动，在超大城市不断集聚，成为当前中国流动人口城乡迁移的主要特征。本章在中国新型城镇化和大中小城市协调发展战略的大背景下，基于 2014 年全国流动人口卫生计生动态监测调查数据，采用 Mlogit 模型探讨了已婚农业转移人口家庭联合迁移决策。主要结论有：第一，关于城市选择，超大城市虽然具备较高的经济回报和较好的社会保障，但同时迁移成本较高且更难兼顾家庭照料，在家庭分工模式下，丈夫更容易外出务工以缓解家庭经济负担压力，而且更加偏好流动到超大城市。第二，关于联合迁移模式，夫妻双方同时外出务工已成为农业转移人口城乡迁移的主要形式，而且主要以同时迁移至超大城市以外的其他城市为主，占迁移家庭样本的 48.33%。第三，关于家庭照料的影响，随着家庭孩子数量增多，丈夫迁移至超大城市、丈夫迁移至其他城市以及妻子迁移至其他城市的概率呈现 U 形特征，即迁移概率先下降后提高，这是在家庭分工视角背景下时间投入效应和经济负担效应相互作用的结果。第四，相较于老一代农业转移人口，在家庭孩子数量不变的情况下，新生代农业转移人口丈夫和妻子迁移的概率更高，且丈夫迁移至超大城市的概率更高。

本章认为，农业转移人口偏好超大城市是基于个体因素、家庭特征、城市就业机会、收入水平、公共服务享有等条件在家庭层面综合做出的理性决策，而这一决策是随着户籍制度、土地制度、家庭扶持政策、城乡社会保险政策等的调整和经济与社会的发展而不断变化的。那么，为了实现中国的城镇化和区域经济的协调发展，政府和相关部门还应该在以下四个方面发挥引导和调控作用：①增加对农业转移人口的就业指导咨询，强化职业培训，切实提高农业转移人口在中小城市的收入水平和社会保障水平，解决农业转移人口的经济负担，并依托户籍制度改革，鼓励有能力的农业转移人口举家迁移至就近的中小城市，实现市民化。对于经济条件较好的农村区域，依托当地的资源优势，实现就地城镇化和市民化，从而有效地解决农业转移人口城乡迁移带来的"留守儿童""空巢老人"等社会问题。②妻子在家庭照料中投入了更多的时间，随着越来越多的女性农业转移人口进入劳动力市场，一方面，非农就业减少了女性在家庭照料中的时间投入；另一方面，兼顾家庭照料责任影响了女性农业转移人口非农就业的层次和稳定性。因此，政府在制定相关政策时，一方面要加大对女性农业转移人口的职业培训和补贴力度，提高其就业收入，保障其权益；另一方面，要给予迁移人口更多的家庭帮扶和公共服务，减轻他们的家庭照料负担，释放更多的劳动力资源。③由于超大城市户籍制度较紧，短期放开户籍管制可能面临较大风险和人口管理压力，因而农业转移人口在超大城市实现市民化还不太现实。尽管如此，超大城市可以依靠财政和行政权力等方面资源的规模优势，为农业转移人口提供更好的养老、医疗、托幼和子女教育等公共服务，逐渐消除人口流动的体制性障碍，这不仅有利于改善农业转移人口家庭的经济条件，提高其社会融合水平，而且有利于超大城市的持久发展。④新生代农业转移人口已经成为流动人口的主力，他们对于在城市生活有较强的意愿。因此，要重视新生代农业转移人口的就业需求，深化开展就业项目，落实就业扶持政策，提高新生代农业转移人口的就业层次，增强其就业稳定性，保障其劳动权益，鼓励新生代农业转移人口家庭在城市长期居住并融入当地社会。

第七章 农业转移人口家庭随迁特征与城市流动偏好研究

第一节 家庭随迁模式与城市偏好

农业转移人口大规模地从农村转移到城市从事非农就业是我国经济社会发展过程中一个重要现象。由于受到户籍制度和其他公共政策的约束，长期以来，农业转移人口的流动一直以家庭中个别劳动力单独外出务工为主，家庭呈现"迁而不移"的特征（Zhu，2007；Fan，2011）。随着农业转移人口总量不断增加和城镇化进程的不断加快，农业转移人口在迁移模式和流动方向上表现出典型特征，第二章第五节已对此典型特征作过介绍，此处不再赘述。

从家人随迁的类别看，配偶随迁、子女随迁、举家迁移是典型模式，这些典型模式是学者分析的主要对象（Meng et al.，2014；杨菊华和陈传波，2013；邬志辉和李静美，2016），然而异质性的随迁模式代表着差异化的家庭结构、家庭功能以及在城市生活定居的风险。尽管有很多研究分析了农业转移人口家庭随迁的影响因素以及积极作用，但忽略了异质性家庭随迁模式对城市流动选择的影响，并且没有结合农业转移人口在特大、超大城市集聚的特征，深入考察家庭随迁模式与不同类型城市流动之间的关系，探讨农业转移人口家庭随迁的空间依赖性，即农业转移人口的特大、超大城市偏好（侯慧丽，2016；赵海涛和朱帆，2019）。

西方移民经济学理论认为，流动人口的迁移决策是由家庭成员共同作出的（Mincer，1978；Stark & Bloom，1985）。从农业转移人口家庭成员的随迁特征来看，城乡迁移并非是基于个体最优做出的选择，而是以家庭为单位，以家庭最优的目标来决定由谁来外出务工？何人随迁？以及迁移到哪？由于家庭成员随迁是农业转移人口实现核心成员在城市团聚，解决生理和情感需求的结果（熊景维和钟涨宝，2016），不同的随迁模式会影响到农业转移人口在城市务工的时间分配、收入期望以及公共服务需求，而特大、超大城市和其他类型城市在就业机会、收入和公共服务方面具有明显差异性，因而随迁特征必然会影响农业转移人口的城市流动选择。现有少数研究尽管分析了不同区域异质性对农业转移人口随迁的影响（王文刚等，2017），但并未结合农业转移人口在特大、超大城市集聚的特征，深入考察家庭随迁模式与不同类型城市流动之间的关系，探讨农业转移人口家庭随迁的空间依赖性（侯慧丽，2016）。

当前，推动大中小城市的协调发展是我国城镇化建设的重要任务，党的十九大报告提出，要以城市群为主体构建大中小城市和小城镇协调发展的城镇格局，加快农业转移人口市民化。从城市异质性的角度来考察农业转移人口的随迁特征关乎农业转移人口能否在城市安心进行非农劳动，提高就业的稳定性和城市生活的积极性；从城镇化的角度，政府可以有针对性地为农业转移人口提供就业、居住、子女教育和社会保障等服务，规范和引导农业转移人口的社会融入和市民化进程，促进中小型城市的转型与发展。本章主要以已婚农业转移人口家庭为分析对象，聚焦农业转移人口家庭的随迁特征和特大、超大城市偏好特征，试图解释家庭随迁模式对不同类型城市流动选择的影响，进而在一定程度上解释农业转移人口家庭随迁的空间依赖属性。

第二节　研究假设

已有文献研究了城市公共服务资源与农业转移人口流动和子女随迁之间的关系见第二章第五节，但并未结合不同规模城市公共服务供给的异质性，深入探讨不同的家庭随迁模式对农业转移人口城市流动偏好的影响。

基于上述分析，本章提出以下三个假设：

假设 7.1：相较于无家人随迁模式，仅配偶随迁模式有助于提高农业转移人口流入特大或超大城市的概率。

假设 7.2：相较于无家人随迁模式，仅子女随迁模式有助于提高农业转移人口流入其他中小型规模城市的概率。

假设 7.3：相较于无家人随迁模式，家庭随迁（即配偶、子女均随迁）模式有助于提高农业转移人口流入其他中小型规模城市的概率，且这一影响效应小于仅子女随迁模式。

第三节　数据和实证策略

一、数据

本章采用的是 2014 年全国流动人口动态监测调查数据，调查对象为在城市居住一个月以上，非本区（县、市）户口的 15～59 周岁流入人口。本章选取了样本中调查对象为已婚且配偶双方均为农村户籍的农业转移人口，样本量为 123 863 个。

基于城市差异，依据中国城市规模的划分标准，本章将农业转移人口的迁入城市分为特大或超大城市、其他城市两种类型。关于农业转移人口的家庭概念，本章参考李代和张春泥（2016）的界定标准，结合本章的研究内容，明确将流动人口夫妻和未成年子女（年龄小于 16 岁）组成的核心家庭作为分析对象，并不探讨主干家庭、联合家庭等其他家庭模式，目的是确保对所有家庭的分析单位保持一致，便于对不同随迁模式的家庭进行对比。基于这一界定，本章分析的家庭对象包含已婚未育家庭和有未成年子女家庭。

对于已婚农业转移人口家庭而言，存在以下四类随迁模式：M_{10} 表示无家人随迁模式，指仅夫妻一方在流入地务工；M_{20} 表示配偶随迁模式，代表配偶随迁至流入地；M_{11} 表示仅子女随迁模式，代表仅夫妻一方在城市务工，且未成年子女随迁；M_{21} 表示家庭随迁模式，代表配偶和未成年子女均随迁至流入地。由于本章将城市划分为特大或超大城市和其他类型城市，在流动方向上，存在流入特大或超大城市和流入其他城市两种类型。

表 7.1 列出了农业转移人口家庭随迁模式的统计结果，其中下标 B 和下标 S 分别代表流入特大或超大城市和流入其他城市。从全部样本看，无家人随迁的概率为 7.84%；仅配偶随迁的概率为 23.45%；仅未成年子女随迁的概率最低，仅为 0.55%；家庭迁移（夫妻和未成年子女均随迁）的

概率最高，为 68.17%。这一特征表明，农业转移人口目前以家庭化迁移为主，且概率上明显高于半家庭化迁移（指仅配偶随迁或者仅子女随迁）模式。从迁移的城市类别看，迁移至特大、超大城市的概率为 25.55%，远高于特大、超大城市在全国的数量占比[①]，尽管低于迁移至其他城市的概率，但从人口空间分布密度来看，在特大、超大城市分布的农业转移人口集聚的程度是最高的。从不同家庭类型看，无论是已婚未育家庭还是有未成年子女家庭，举家迁移的概率均超过七成。表 7.1 数据表明，配偶随迁和未成年子女随迁已经成为农业转移人口城乡流动的典型特征，并且在特大、超大城市集聚，表现出特大、超大城市偏好。值得注意的是，表 7.1 得出的家庭化迁移的概率与侯佳伟（2009）、王文刚（2017）等研究结论是一致的，但大于国家统计局公布的《2014 年全国农民工监测调查报告》的农民工家庭迁移概率，存在差异主要原因有两个：一是家庭界定的差异，本章家庭界定与原始样本中调查对象描述的家庭范围是有差异的，本章的家庭范围较窄，家庭规模较小，且分析对象不包含家庭子女年龄均超过 16 岁以上的群体；二是本章所指家庭迁移是配偶和家庭有未成年子女随迁，并非要求家庭所有子女均随迁。

表 7.1　农业转移人口家庭随迁模式统计

变量		M_{10B}	M_{10S}	M_{20B}	M_{20S}	M_{11B}	M_{11S}	M_{21B}	M_{21S}
全部样本	频数	1 702	4 975	6 632	13 360	85	386	13 362	44 757
	百分比	2.00	5.84	7.78	15.67	0.10	0.45	15.67	52.50
已婚未育家庭	频数	192	558	1 648	3 688	—	—	—	—
	百分比	3.15	9.17	27.08	60.60	—	—	—	—
有未成年子女家庭	频数	1 510	4 417	4 984	9 672	85	386	13 362	44 757
	百分比	1.91	5.58	6.30	12.22	0.11	0.49	16.88	56.53

　　图 7.1 展示了四类农业转移人口在特大或超大城市和其他城市迁移的相对概率，左上至右下分别代表无家人随迁、仅配偶随迁、仅未成年子女随迁、家庭迁移四类随迁模式。从图 7.1 可以看出，相较于迁移至其他城市，仅配偶随迁至超大城市的相对概率在四种流动类型中是最高的；仅子

---

① 按照国务院发布的《关于调整城市规模划分标准的通知》，2014 年，城区常住人口超过 500 万的特大或超大城市数量为 17 个。

女随迁至超大城市的相对概率是最低的，而家庭随迁的农业转移人口流入超大城市的相对概率介于仅配偶随迁和仅子女随迁之间，且小于无家人随迁的情形。

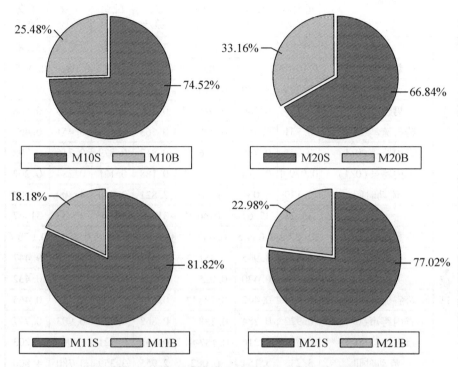

图 7.1　不同类型城市农业转移人口迁移的相对概率

　　基于城市差异，表 7.2 分别列出了在特大、超大城市流动和其他城市流动的农业转移人口的基本特征。从个体特征来看，流入特大、超大城市的农业转移人口年龄较低、少数民族占比较低、受教育水平较高、进行跨省流动和省内跨市流动的概率较高；从家庭特征来看，流入特大、超大城市的农业转移人口家庭孩子数量和家庭规模较小、家庭收入和家庭总支出较大；从就业特征来看，流入特大、超大城市的农业转移人口从事非体力劳动的比例较高、收入较高且获得城市社会保障的概率更大。表 7.2 的数据显示人力资本水平较高、家庭照料负担较小的农业转移人口更倾向于选择特大、超大城市流动，而且相较于其他城市，在特大、超大城市流动可以获得更好的就业机会、更高的收入和更好的社会保障，但建立居民健康档案的概率较小。

表 7.2　核心变量的描述性统计

变量		分城市类型			分随迁模式			
		特大或超大城市流动	其他城市流动	差异(特大、超大—其他)	无家人随迁	仅配偶随迁	仅子女随迁	配偶和子女随迁
个体特征	年龄	35.31	35.91	-0.6***	32.08	30.86	32.34	31.87
	少数民族(0/1)	0.026 5	0.083 9	-0.057 4**	0.064 5	0.061 9	0.082 6	0.077 3
	受教育年限	9.392	8.979	0.413***	9.689	9.639	9.049	9.495
	男性(0/1)	0.555	0.580	-0.025***	0.744	0.544	0.278	0.568
	跨省流动(0/1)	0.731	0.452	0.279***	0.563	0.638	0.451	0.467
	省内跨市(0/1)	0.921	0.785	0.136***	0.812	0.879	0.716	0.798
	市内跨县(0/1)	0.079 4	0.215	-0.135 6***	0.188	0.121	0.284	0.202
	流动时间	5.149	5.031	0.118*	2.821	3.440	4.309	4.904
配偶特征	年龄	35.21	35.67	-0.46***	31.22	30.76	33.33	31.67
	少数民族(0/1)	0.027 2	0.084 5	-0.057 3**	0.064 0	0.061 5	0.089 0	0.078 6
	受教育年限	9.356	8.905	0.451***	9.422	9.627	9.464	9.447
	男性(0/1)	0.445	0.420	0.025***	0.256	0.456	0.722	0.432
	跨省流动(0/1)	0.730	0.442	0.288***	0.614	0.634	0.435	0.465
	省内跨市(0/1)	0.922	0.784	0.138***	0.868	0.879	0.903	0.797
	市内跨县(0/1)	0.078 2	0.216	-0.137 8***	0.132	0.121	0.096 8	0.203
	流动时间	5.236	5.154	0.082	2.955	3.359	3.780	4.800
家庭特征	孩子数量	0.898	0.920	-0.022***	1.200	1.028	1.415	1.432
	家庭规模	3.332	3.374	-0.042***	3.152	2.965	3.483	3.422
	ln(月总收入)	8.658	8.501	0.157**	8.220	8.610	8.321	8.583
	ln(月总支出)	7.874	7.791	0.083**	7.238	7.735	7.730	7.960
就业特征	非体力劳动(0/1)	0.058 3	0.041 6	0.016 7***	0.086 0	0.056 9	0.046 6	0.051 0
	ln(月工资)	8.118	8.017	0.101***	8.118	8.072	7.913	8.083
	城市社保(0/1)	0.312	0.204	0.108***	0.338	0.280	0.189	0.219
	建立健康档案(0/1)	0.202	0.244	-0.042***	0.169	0.198	0.215	0.252

注: ***、**、*分别表示特大或超大城市流动与其他城市流动的特征差异在1%、5%、10%的显著性水平下统计显著。城市社会保障(0/1)代表是否至少获得城市职工养老保险、城镇居民养老保险、住房公积金、城镇职工基本医疗保险、城镇居民基本医疗保险中的一种保险。

　　基于家庭成员随迁模式的区别，表7.2还列出了不同迁移模式下农业转移人口的基本特征。从个体特征来看，年龄较小的农业转移人口更倾向于选择配偶随迁；少数民族群体子女随迁和家庭随迁的概率大于单独迁移和配偶随迁的概率；家庭中的丈夫更倾向于单独迁移；而妻子如果外出务工往往将未成年子女带在身边，即子女随迁的概率较高，主要原因是在家庭迁移中，女性承担了更多的子女照料责任（李强，2012；李勇辉 等，2018）；四类迁移模式均以省内跨市为主，且无家人随迁和仅配偶随迁模式的比例最高；仅子女随迁和家庭迁移两种模式的夫妻迁移时间要更长，尤其是家庭迁移模式，夫妻外出务工时长接近 5 年。从家庭特征看，未成年子女数量越多，农业转移人口子女随迁和家庭迁移的概率越高。此外，无家人随迁和仅配偶随迁情形下，农业转移人口获得非体力劳动的比例、月收入和城市社会保障的水平较高，建立居民健康档案的比例较低；相对应的，仅子女随迁和家庭随迁的农业转移人口获得三种务工收益的水平较低，建立居民健康档案的比例较高。

表 7.3 列出了相关个体特征、配偶特征、家庭特征、就业特征和区域特征的描述性统计。

表 7.3 核心变量的描述性统计

	变量	样本量	均值	标准差	最小值	最大值
个体特征	年龄	85 886	31.63	5.817	16	59
	少数民族（0/1）	85 886	0.073 1	0.260	0	1
	受教育年限	85 886	9.542	2.378	0	18
	男性（0/1）	85 886	0.575	0.494	0	1
	跨省流动（0/1）	85 886	0.515	0.500	0	1
	省内跨市（0/1）	85 886	0.818	0.386	0	1
	市内跨县（0/1）	85 886	0.182	0.386	0	1
	流动时间	85 886	4.394	4.210	0	44
配偶特征	年龄	85 886	31.41	5.863	16	63
	少数民族（0/1）	85 886	0.073 9	0.262	0	1
	受教育年限	85 886	9.489	2.334	0	18
	男性（0/1）	85 886	0.425	0.494	0	1
	跨省流动（0/1）	79 230	0.509	0.500	0	1
	省内跨市（0/1）	79 230	0.818	0.386	0	1
	市内跨县（0/1）	79 230	0.182	0.386	0	1
	流动时间	79 230	4.419	4.129	0	36

	变量	样本量	均值	标准差	最小值	最大值
家庭特征	孩子数量	85 886	1.314	0.671	0	5
	家庭规模	85 885	3.297	0.607	2	4
就业特征	非体力劳动（0/1）	85 886	0.055 1	0.228	0	1
	ln（月工资）	75 428	8.082	0.549	0.693	12.85
	城市社会保障（0/1）	85 886	0.242	0.428	0	1
	建立健康档案（0/1）	85 886	0.222	0.434	0	1
区域特征	区域（1~4）	85 886	3.286	0.981	1	4
	经济带（1~4）	85 886	1.999	1.019	1	4
	城市群（1~20）	85 886	10.40	7.455	1	20

注：区域（1~4）分别代表东部、中部、西部和东北地区；经济带（1~4）分别代表珠三角、长三角、环渤海经济带和其他区域；城市群（1~20）分别代表京津冀、珠三角、长三角、长江中游、成渝、海峡两岸、山东半岛、哈长等20个城市群。

二、实证策略

为了考察家庭随迁模式对农业转移人口城市流动选择的影响，本章将随迁模式划分为四类：无家人随迁、仅配偶随迁、仅子女随迁、家庭迁移。那么，受各种因素的影响，农业转移人口将面临是否进行外出流动以及选择何种家庭随迁模式的选择。由于选择不同家庭随迁模式的农业转移人口的流动动因是存在差异的，因此农业转移人口选择四类随迁模式不是随机的，即个体特征、配偶特征、家庭特征等因素均会对农业转移人口家庭随迁模式的选择产生影响，直接估计家庭随迁模式对城市选择的影响将会产生样本选择的内生性问题。为了避免样本选择问题可能产生的估计偏误，参考 Pak-Wai L. 等（2004）关于样本选择问题的处理方法，首先，本章采用 Mlogit 模型来分析相关变量对农业转移人口选择家庭随迁模式的影响：

$$p_{ij} = prob(y_i = family\_migration) = \frac{\exp(Z_i\alpha_j)}{\sum_{j=1}^{N}(Z_i\alpha_j)}, i = 1, \cdots, N; j = 1, 2, 3, 4$$

（7.1）

其中，N 代表样本总量；$j = 1$，2，3，4分别代表无家人随迁、仅配偶随迁、仅子女随迁和家庭随迁四种类型；p_{ij} 为家庭个体 i 选择随迁类型 j 的概率；Z

为一组解释变量，包括个体特征（年龄、少数民族、受教育年限、男性、流动时间）、配偶特征（年龄、少数民族、受教育年限、流动时间）、家庭特征（孩子数量、家庭规模）；α_j 是待估计系数。在模型（7.1）中，以 $j = 1$ 作为对照组，分析相关解释变量对农业转移人口选择不同家庭随迁模式的影响。对于模型（7.1），本章采用最大似然估计方法（MLE）进行估计。另外，考虑到流入地的经济、社会发展水平以及其他区域异质性可能对农业转移人口的随迁模式产生影响，本章在变量 Z 中控制了区域异质性变量，具体包含：区域（1~4）、经济带（1~4）和城市群（1~20）三个变量①。

其次，基于模型（7.1），设定农业转移人口特大或超大城市偏好模型如下：

$$big\_city_{ij} = \alpha_0 + \alpha_1 family\_migration_{ij} + \sum_{b=1}^{t} \theta_b X_{ib} + \lambda_j + \varepsilon_{ij} \quad (7.2)$$

其中，big_city 为流入特大或超大城市虚拟变量，$family\_migration$ 代表三类随迁模式；X 包含个体特征、配偶特征和家庭特征在内的解释变量；λ_j 代表选择性偏差项。参考 White（1980）的模型设定方法，计算 $\hat{\lambda}_{ij} = -\varphi [\Psi(Z_i \hat{\alpha}_i)] / \hat{P}_{ij}$ 为选择性偏差项，其中，$\Psi(Z_i \hat{\alpha}_i) = \Phi^{-1}(\hat{P}_{ij})$；$\varphi(.)$ 为标准正态密度函数；$\Phi(.)$ 是标准正态分布函数。对于模型（7.2）采用线性概率模型（LPM）进行估计。

第四节　估计结果

一、特大、超大城市偏好估计

表7.4列出了采用 Logit 模型估计的农业转移人口向特大、超大城市迁移的回归结果。从个体特征来看，年龄越大，迁移至特大、超大城市的概率越小；相较于汉族群体，少数民族群体更倾向于迁移至其他类型城市；受教育水平越高、流动时间越长越容易迁移至特大、超大城市；另外，相较于女性农业转移人口，男性群体更倾向于选择流入其他类型城市，童玉

---

① 控制区域异质性变量在一定程度上可以规避随迁模式与城市选择之间可能存在的互为因果关系导致的内生性问题。

芬和王莹莹（2015）认为北京、上海、广州等超大城市发达的第三产业为女性农业转移人口提供了更多的就业机会。关于家庭特征的影响，家庭未成年子女数量越多，越不利于迁移至特大、超大城市；家庭规模的影响与家庭未成年子女数量的影响相似，表明孩子照料负担越大的农业转移人口更难以迁移至特大、超大城市。

表 7.4　农业转移人口特大、超大城市迁移模型估计

变量		全部样本	分样本	
			已婚未育家庭	有孩子家庭
个体特征	年龄	−0.008 80 ***	−0.005 29	−0.010 2 ***
		(0.002 93)	(0.009 98)	(0.003 07)
	少数民族	−0.643 ***	−0.803 ***	−0.621 ***
		(0.061 9)	(0.208)	(0.064 9)
	受教育年限	0.010 0 **	0.005 26	0.011 5 **
		(0.004 89)	(0.016 8)	(0.005 12)
	男性	−0.218 ***	−0.211 ***	−0.216 ***
		(0.020 9)	(0.071 2)	(0.021 9)
	流动时间	0.011 7 ***	0.013 0	0.014 6 ***
		(0.004 37)	(0.016 6)	(0.004 55)
配偶特征	年龄	−0.009 26 ***	−0.003 98	−0.010 7 ***
		(0.002 92)	(0.009 93)	(0.003 07)
	少数民族	−0.600 ***	−0.593 ***	−0.601 ***
		(0.060 9)	(0.201)	(0.063 9)
	受教育年限	0.026 8 ***	0.024 4	0.027 2 ***
		(0.004 98)	(0.016 7)	(0.005 24)
	流动时间	0.011 8 ***	0.016 9	0.011 0 **
		(0.004 54)	(0.017 5)	(0.004 73)
家庭特征	孩子数量	−0.123 ***	−	−0.120 ***
		(0.026 9)	−	(0.029 5)
	家庭规模	−0.077 7 ***	−1.304 ***	−0.040 6
		(0.028 7)	(0.157)	(0.032 1)
常数项		−3.929 ***	−0.980	−4.225 ***
		(0.160)	(0.628)	(0.171)
样本量		75 427	5 827	69 600

注：（）中数值代表估计标准差；***、**、* 分别表示估计值在 1%、5%、10%的水平下显著。

　　此外，基于家庭是否有孩子，本章将样本划分为已婚未育家庭和有未成年子女家庭两种类型，表 7.4 分别列出了两类家庭样本的估计结果。对

比全部样本和分样本的结果可以看出，两类家庭的估计结果和全部样本的结果基本是一致的，在一定程度了检验了模型估计的稳健性。

二、家庭随迁特征估计

表 7.5 列出了相较于无家人随迁模式，采用 Mlogit 模型估计的农业转移人口不同家庭随迁模式的估计结果。第一，从个体特征来看，年龄越大，农业转移人口家人随迁的概率越大；相较于汉族农业转移人口，少数民族群体选择子女随迁和家庭随迁两种模式的概率更大；受教育水平越高，农业转移人口越倾向于将配偶和子女带在身边，即家人随迁的比例更高；相较于外出务工的女性群体，外出务工的男性群体配偶随迁和家庭随迁的概率较高，而仅子女随迁的概率较低。第二，迁移距离较远的跨省流动不利于农业转移人口的子女随迁和家庭随迁，但对配偶随迁的影响不显著；中短距离迁移的省内跨市有利于农业转移人口的子女随迁和家庭随迁；流动时间越长，农业转移人口家人随迁的概率越大。第三，从家庭特征看，家庭未成年子女越多或家庭规模越大，农业转移人口仅夫妻外出的比例越低，子女随迁和家庭随迁的比例越高，这与王文刚等（2017）的研究结论是一致的。

表 7.5　农业转移人口家庭化迁移模型估计结果

变量		M_{20}	M_{11}	M_{21}
个体特征	年龄	0.050 9 *** (0.010 9)	0.079 0 ** (0.031 9)	0.054 8 *** (0.010 6)
	少数民族	0.252 (0.162)	0.420 ** (0.207)	0.744 ** (0.370)
	受教育年限	0.058 7 ** (0.028 5)	0.037 3 ** (0.016 4)	0.098 5 *** (0.028 4)
	男性	0.452 *** (0.126)	−1.155 *** (0.277)	0.833 *** (0.125)
	跨省流动	0.056 3 (0.165)	−0.620 *** (0.236)	−0.875 *** (0.130)
	省内跨市	−0.070 0 (0.130)	0.560 ** (0.261)	0.329 ** (0.163)
	流动时间	0.222 *** (0.030 6)	0.375 *** (0.049 1)	0.258 *** (0.030 3)

表7.5(续)

变量		M_{20}	M_{11}	M_{21}
配偶特征	年龄	0.096 1*** (0.010 8)	0.190*** (0.031 3)	0.050 5*** (0.010 5)
	少数民族	0.580 (0.523)	0.653*** (0.156)	0.479*** (0.149)
	受教育年限	0.074 6** (0.029 7)	0.121** (0.052 2)	0.085 5** (0.034 0)
	流动时间	0.124*** (0.023 5)	0.238*** (0.049 9)	0.059 4** (0.023 1)
家庭特征	孩子数量	−3.204*** (0.076 7)	1.501*** (0.313)	0.429** (0.179)
	家庭规模	−0.812*** (0.199)	2.229*** (0.327)	1.015*** (0.198)
区域特征	区域	控制	控制	控制
	经济带	控制	控制	控制
	城市群	控制	控制	控制
常数项		6.305*** (0.531)	−2.724 (1.661)	1.446*** (0.512)
样本量		68 999	68 999	68 999

注:( )中数值代表估计标准差;***、**、*分别表示估计值在1%、5%、10%的水平下显著。

三、家庭随迁模式的空间依赖特征估计

表7.6列出了农业转移人口的家庭随迁模式对特大、超大城市流动偏好的影响结果。其中,模型1、模型4和模型5是采用全部样本估计的结果,模型2和模型3分别是已婚未育家庭和有未成年子女家庭样本的估计结果。从表7.6可以看出:首先,采用总样本估计的选择性偏差项的系数均是显著的,表明直接估计农业转移人口随迁模式对特大、超大城市流动的影响会导致估计偏误,因而证明了实证模型(7.2)估计的有效性。其次,仅配偶随迁模式的影响系数显著为正(5%的显著性水平),即配偶随迁的农业转移人口更倾向于迁移至特大、超大城市,可能的原因是配偶随迁的农业转移人口主要为了追求更高的收入和更好的就业机会,假设7.1得到验证;而仅子女随迁、家庭随迁两种迁移模式的影响系数显著为负,可能的解释是有未成年子女在身边的农业转移人口为了追求更好的子女教育资源,会选择教育资源供给数量较多的中小型规模城市,此外,特大、

超大城市较高的生活成本和照料孩子的就业替代也是制约农业转移人口举家流入特大、超大城市的因素，假设 7.2 得到验证。从估计系数看，家庭随迁的影响系数为−0.044 4，在影响效应上低于仅未成年子女随迁的影响系数−0.084 3，可能的原因在于相较于仅子女随迁，家庭迁移提高了子女受教育的质量，因此农业转移人口可以在更大范围内选择城市流动，假设 7.3 得到验证。

表 7.6　农业转移人口家庭随迁特征对城市流动偏好影响的估计结果

	变量	模型 1	模型 2	模型 3	模型 4	模型 5
随迁模式	M_{20}	0.096 0 *** (0.004 00)	0.085 0 ** (0.041 2)	0.106 *** (0.004 22)	—	—
	M_{11}	—	—	—	−0.084 3 *** (0.003 89)	—
	M_{21}	—	—	—	—	−0.044 4 ** (0.020 3)
个体特征	年龄	−0.002 58 *** (0.000 798)	−0.001 19 (0.003 26)	−0.002 16 ** (0.000 915)	−0.004 92 *** (0.000 796)	−0.003 44 *** (0.000 796)
	少数民族	−0.078 7 *** (0.010 0)	−0.095 4 *** (0.036 7)	−0.076 7 *** (0.010 5)	−0.072 6 *** (0.010 1)	−0.076 3 *** (0.010 0)
	受教育年限	0.003 01 *** (0.000 951)	−0.001 54 (0.003 51)	0.003 74 *** (0.000 994)	0.001 80 * (0.000 953)	0.002 78 *** (0.000 951)
	男性	−0.033 1 *** (0.004 46)	−0.027 7 (0.021 1)	−0.033 9 *** (0.004 73)	−0.032 1 *** (0.004 48)	−0.030 5 *** (0.004 46)
	流动时间	0.004 36 ** (0.001 91)	0.007 11 (0.008 71)	0.002 55 (0.002 28)	0.010 7 *** (0.001 90)	0.006 88 *** (0.001 90)
配偶特征	年龄	−0.006 23 ** (0.003 07)	−0.006 58 (0.010 5)	−0.007 51 ** (0.003 23)	−0.006 34 ** (0.003 05)	−0.006 29 ** (0.003 07)
	少数民族	−0.066 2 *** (0.011 3)	−0.070 7 (0.045 2)	−0.069 9 *** (0.012 3)	−0.046 0 *** (0.011 3)	−0.058 3 *** (0.011 3)
	受教育年限	0.004 51 *** (0.000 990)	0.002 41 (0.003 62)	0.005 13 *** (0.001 05)	0.002 99 *** (0.000 992)	0.004 01 *** (0.000 989)
	流动时间	0.002 65 *** (0.000 951)	0.002 82 (0.003 27)	0.003 01 *** (0.001 03)	0.000 081 2 (0.000 948)	0.001 98 ** (0.000 949)
家庭特征	孩子数量	−0.050 4 * (0.029 0)		−0.037 8 (0.034 9)	−0.155 *** (0.028 8)	−0.085 9 *** (0.028 9)
	家庭规模	−0.046 2 * (0.026 0)	−0.020 6 (0.140)	0.027 5 (0.030 4)	−0.118 *** (0.025 9)	−0.074 2 *** (0.025 9)

表7.6(续)

变量	模型1	模型2	模型3	模型4	模型5
λ	−0.169 *** (0.030 7)	−0.077 4 (0.145)	−0.010 9 (0.039 0)	−0.172 *** (0.031 4)	−0.094 5 *** (0.031 5)
常数项	−0.469 *** (0.076 9)	−0.270 (0.406)	−0.397 *** (0.088 6)	−0.624 *** (0.076 9)	−0.466 *** (0.077 0)
样本量	68 999	5 148	63 851	68 999	68 999
R^2	0.139	0.148	0.138	0.104	0.139

注：（）中数值代表估计标准差；***、**、* 分别表示估计值在1%、5%、10%的水平下显著。

第五节　随迁模式对城市流动选择影响的机制讨论

以上分析表明，相较于无家人随迁模式，仅配偶随迁能够提高农业转移人口迁移至特大、超大城市的概率，仅子女随迁和家庭随迁模式能够提高农业转移人口迁移至其他类型城市的概率。对于这一结果的理论解释源于相关文献的研究结论，具体的影响机理还需要进一步的检验。接下来这一部分的内容主要是检验前面三个假设成立的理论机制。基于前文提出的理论解释，本章选取了四个与就业和公共福利相关的特征：是否为非体力劳动（代表就业机会特征）、月工资（代表收入水平）、是否获得城市社会保障（代表工业公民资格公共服务）、是否建立居民健康档案（代表社会公民资格公共服务）。在模型2中通过引入随迁模式与公共福利变量的交互项来刻画农业转移人口家庭随迁空间依赖的个体异质性，以此检验三类随迁模式对城市流动选择机制的合理性。

首先，表7.7至表7.10中三类随迁模式变量前的估计系数与表7.6中估计在系数方向和显著性上保持了一致，这在一定程度上验证了模型估计的稳健性。其次，除了随迁模式与社会保障交互项的估计系数不显著之外，随迁模式与非体力劳动、自然对数月工资、居民健康档案三类交互项的估计系数均显著。具体来看：①表7.7的结果显示，仅配偶随迁模式与非体力劳动交互项系数显著为正，表明仅配偶随迁的农业转移人口更加关心获取非体力劳动，因而更倾向于选择特大、超大城市；家庭随迁与非体力劳动交互项系数仍然为正，但不再显著，而仅子女随迁模式与非体力劳动交互项系数变为负且不显著。这一结果表明仅配偶随迁模式在获得更好就业机会方面的异质性，即仅配偶随迁的农业转移人口主要关心就业方面的回报。②与表7.7的结果类似，表7.8的估计结果表明，仅配偶随迁的农业转移人口更加关心获得较高的工资回报，更倾向于选择特大、超大城市流动；与表7.7的估计结果不同，家庭随迁模式与自然对数工资的交互项系数同样显著为正，表明了家庭随迁的农业转移人口同样追求更高的就业收入，但从影响效应的规模来看，工资收益净效应要小于仅配偶随迁模式。③从表7.9的估计结果来看，尽管社会保障前的系数显著为正，但仅配偶随迁、仅子女随迁和家庭随迁三种模式与社会保障交互项的估计系数均不显著，这一结果表明城市社会保障对有家人随迁的农业转移人口城市偏好的影响并不大。④从表7.10的估计结果来看，居民健康档案前的系数显著为负，同时仅子女随迁与居民健康档案交互项、家庭随迁与居民健康档案交互项的系数均显著为负，表明了仅子女随迁和家庭随迁的农业转移人口更倾向于在城市建立健康档案，因而倾向于选择流入其他类型的城市。虽然本章没有直接检验随迁模式与子女教育机会交互项对城市偏好的影响效应（问卷中并未涉及这一问题），但可以用建立居民健康档案来近似代表社会公民资格公共服务（侯慧丽，2016）。表7.7至表7.10的估计结果验证了农业转移人口随迁模式对城市流动选择的理论机制的合理性，表明了随迁特征会依赖于就业机会、工资收入与社会公民资格公共服务来影响农业转移人口城市空间选择偏好。

表7.7 农业转移人口是否非体力劳动对城市流动偏好影响效应估计结果

变量	模型1	模型2	模型3	模型4	模型5
非体力劳动	0.072 0*** (0.008 32)	0.005 43 (0.088 3)	0.069 6*** (0.008 35)	0.074 0*** (0.007 23)	0.064 8*** (0.013 0)
M_{20}	0.099 2*** (0.004 09)	0.067 2*** (0.004 20)	0.113*** (0.004 34)	—	—
M_{11}	—	—	—	-0.077 5** (0.038 6)	—
M_{21}	—	—	—	—	-0.069 8*** (0.004 00)
M_{20}×非体力劳动	0.066 7*** (0.015 5)	0.109*** (0.009 04)	0.039 2** (0.019 0)	—	—
M_{11}×非体力劳动	—	—	—	-0.082 8 (0.150)	

表7.7(续)

变量	模型 1	模型 2	模型 3	模型 4	模型 5
M_{21} ×非体力劳动	—	—	—	—	0.010 7 (0.015 2)
λ	−0.223*** (0.015 5)	−0.288*** (0.064 5)	−0.222*** (0.016 6)	−0.254*** (0.015 5)	−0.235*** (0.015 5)
常数项	−0.689*** (0.058 5)	−0.765*** (0.277)	−0.672*** (0.060 8)	−0.666*** (0.058 7)	−0.617*** (0.058 5)
样本量	68 999	5 148	63 851	68 999	68 999
R−squared	0.133	0.146	0.133	0.224	0.132

注：( )中数值代表估计标准差；***、**、* 分别表示估计值在1%、5%、10%的水平下显著；表中并未列出其他控制变量的估计结果。

表 7.8 农业转移人口自然对数月工资对城市流动偏好影响效应估计结果

变量	模型 1	模型 2	模型 3	模型 4	模型 5
自然对数工资	0.121*** (0.005 90)	0.034 2 (0.043 3)	0.142*** (0.006 56)	0.096 6*** (0.005 64)	0.077 8*** (0.007 72)
M_{20}	0.391*** (0.058 2)	0.577* (0.326)	0.508*** (0.065 3)	—	—
M_{11}	—	—	—	−0.490** (0.238)	—
M_{21}	—	—	—	—	−0.394*** (0.057 0)
M_{20} ×自然对数工资	0.045 0*** (0.007 19)	0.084 4** (0.040 5)	0.048 6*** (0.008 07)	—	—
M_{11} ×自然对数工资	—	—	—	0.030 0 (0.064 7)	—
M_{21} ×自然对数工资	—	—	—	—	0.037 1*** (0.007 04)
λ	0.275*** (0.027 7)	0.242** (0.118)	0.399*** (0.032 5)	0.172*** (0.027 6)	0.233*** (0.027 6)
常数项	0.146** (0.070 4)	1.089** (0.456)	0.373*** (0.077 3)	0.115 (0.070 0)	0.468*** (0.083 4)
样本量	68 999	5 148	63 851	68 999	68 999
R−squared	0.137	0.146	0.139	0.127	0.135

注：( )中数值代表估计标准差；***、**、* 分别表示估计值在1%、5%、10%的水平下显著；表中并未列出其他控制变量的估计结果。

表 7.9 农业转移人口是否获得社会保障对城市流动偏好影响效应估计结果

变量	模型 1	模型 2	模型 3	模型 4	模型 5
社会保障	0.126***	0.040 4	0.126***	0.133***	0.124***
	(0.004 60)	(0.052 8)	(0.004 62)	(0.003 91)	(0.006 83)
M_{20}	0.090 7***	0.055 2	0.101***	—	—
	(0.004 56)	(0.045 1)	(0.004 89)		
M_{11}	—	—	—	−0.051 8**	
				(0.022 3)	
M_{21}	—	—	—	—	−0.043 1***
					(0.004 46)
M_{20}×社会保障	0.001 81	0.075 8	0.011 2	—	—
	(0.008 26)	(0.054 4)	(0.009 25)		
M_{11}×社会保障	—	—	—	0.018 7	
				(0.087 1)	
M_{21}×社会保障	—	—	—	—	0.005 87
					(0.008 15)
λ	−0.275***	−0.232***	−0.284***	−0.307***	−0.287***
	(0.015 3)	(0.062 4)	(0.016 4)	(0.015 3)	(0.015 3)
常数项	−0.859***	−0.516*	−0.876***	−0.849***	−0.795***
	(0.057 8)	(0.272)	(0.060 2)	(0.058 0)	(0.057 9)
样本量	68 999	5 148	63 851	68 999	68 999
R−squared	0.146	0.153	0.147	0.139	0.145

注：（）中数值代表估计标准差；***、**、*分别表示估计值在1%、5%、10%的水平下显著；表中并未列出其他控制变量的估计结果。

表 7.10 农业转移人口建立居民健康档案对城市流动偏好影响效应估计结果

变量	模型 1	模型 2	模型 3	模型 4	模型 5
居民健康档案	−0.038 3***	−0.006 24	−0.039 1***	−0.046 0***	−0.048 5***
	(0.004 44)	(0.051 3)	(0.004 44)	(0.003 90)	(0.007 81)
M_{20}	0.099 0***	0.074 3*	0.116***	—	—
	(0.004 40)	(0.043 8)	(0.004 69)		
M_{11}	—	—	—	−0.061 0**	
				(0.030 4)	
M_{21}	—	—	—	—	−0.049 1***
					(0.004 31)
M_{20}×居民健康档案	−0.008 88	−0.033 4	−0.035 1***	—	—
	(0.009 17)	(0.053 6)	(0.010 5)		

表7.10(续)

变量	模型 1	模型 2	模型 3	模型 4	模型 5
$M_{11} \times$居民健康档案	—	—	—	−0.097 6 ** (0.043 4)	—
$M_{21} \times$居民健康档案	—	—	—	—	−0.040 2 *** (0.009 00)
λ	−0.189 *** (0.015 2)	−0.217 *** (0.062 7)	−0.188 *** (0.016 2)	−0.218 *** (0.015 2)	−0.200 *** (0.015 2)
常数项	−0.567 *** (0.057 6)	−0.522 * (0.271)	−0.555 *** (0.059 9)	−0.538 *** (0.057 9)	−0.494 *** (0.057 7)
样本量	68 989	5 148	63 841	68 989	68 989
R−squared	0.133	0.142	0.134	0.125	0.132

注：（ ）中数值代表估计标准差；*** 、** 、* 分别表示估计值在1%、5%、10%的水平下显著；表中并未列出其他控制变量的估计结果。

上述分析表明，当前农业转移人口在特大、超大城市集聚主要是为了获得更好的就业机会和更高的工作收入。随着子女随迁和家庭随迁的比例越来越高，农业转移人口需要在子女教育、家庭照料和就业之间进行取舍，以追求最优的家庭效用。由于众多离家较近的中心城市和中小型城市在户籍门槛、子女教育、城市公共福利等方面具有优势，很多进行家庭化迁移的农业转移人口会"用脚投票"选择省内城市。根据中华人民共和国国家卫生健康委员会发布的《中国流动人口发展报告2018》数据，流动人口进行跨省流动的比例在逐渐降低，省内跨市流动的比例在逐渐上升，而且流动人口的家庭化迁移使得流动人口教育和医疗消费的比例迅速提高。以上海为例，根据上海市统计局公布的常住人口数据，2015 年上海常住人口数量开始减少，外来人口开始净流出，流向逆转，大量流出人口开始回流到中西部本省的中心城市。因此，未来随着家庭化迁移特征的不断改变，农业转移人口的城市流动偏好也将随之变化，这是在户籍制度和市场机制下农业转移人口做出的理性经济行为。

第六节 本章小结

本章基于 2014 年全国流动人口动态监测调查数据研究了已婚农业转移人口家庭随迁的基本特征，并且考察了不同的家庭随迁模式对农业转移人口流动城市选择的影响，揭示了农业转移人口的城市空间依赖属性：①相较于无家人随迁模式，配偶随迁提高了农业转移人口在城市务工的积极性，农业转移人口家庭以获得最大化收入和更好的就业机会为目的，因而相较于收入较低的其他类型城市，农业转移人口更倾向于选择特大或超大城市流动，进而使得我国少数几个特大或超大城市的农业转移人口不断集聚，呈现出特大、超大城市偏好。②相较于无家人随迁模式，子女随迁使得农业转移人口更多地关注未成年子女的教育机会和质量，因而对子女教育资源的需求增加。相较于户籍制度较紧的特大或超大城市，其他类型城市在社会公民资格公共服务方面具有明显的优势，农业转移人口更倾向于选择其他类型城市。③相较于无家人随迁模式，配偶和未成年子女随迁模式的农业转移人口会在寻求较高的工作收入和子女教育资源之间寻求平衡，由于农业转移人口仍以关注子女教育为主，而且配偶随迁为子女教育提供了更好的家庭支持，因而相较于仅子女随迁模式，家庭随迁模式农业转移人口会在更大空间范围内选择城市，但仍更倾向于选择流入其他类型城市。④从影响机制看，异质性家庭随迁模式依赖于就业机会、月工资和社会公民资格公共服务对城市流动偏好产生影响。

在新型城市化背景下，家庭随迁是农业转移人口城乡转移的必然趋势，也是实现市民化的要求。如果未来农业转移人口的随迁模式逐渐从部分家人随迁转变为家庭随迁模式，那么会有越来越多的农业转移人口在城市空间内优先选择本省公共福利（如子女教育）和就业资源较好的城市。从城市协调发展的角度来看，为了吸引更多的农业转移人口流入本省城市，一方面，要通过产业政策和其他经济手段提供更多就业岗位，提高劳动者的收入；另一方面，要围绕农业转移人口的家庭随迁特征，有针对性地提供数量更多和质量更好的城市福利公共资源，尤其是子女教育和托幼等，为农业转移人口解决家庭随迁的后顾之忧，这样有助于形成大中小城市协调发展的城镇格局，加快农业转移人口市民化的进程。

第八章　城市偏好视角下农业转移人口公共服务获取与居留意愿

第一节　问题的提出

以往研究指出，除获取较高的收入之外，获取更好的城市公共服务是农业转移人口在城乡间、城市间流动的重要因素（童玉芬和王莹莹，2015；侯慧丽，2016），而劳动力在城乡间、城市间流动是劳动力资源合理配置、促进农村剩余劳动力转移、加快城镇化进程的重要途径。因此，无论从经济增长的角度还是社会发展的角度研究农业转移人口的城市公共服务获取都是有意义的。

农业转移人口无法获取与当地居民平等的公共服务，是由户籍制度造成的。尽管近些年来，各级地方政府逐渐放宽了外来人口的户籍管理限制，但经济发达程度较高、人口密集的超大城市，户籍制度仍然相对较紧（何英华，2004；樊士德、严文沁，2015），流动人口在养老、医疗、子女教育、住房等方面仍然面临诸多限制。在此背景下，研究超大城市农业转移人口的公共服务获取情况，有助于透视制度性障碍的影响效应。

在户籍约束下，我国农业转移人口的城市流动与国外发达国家或地区的移民（跨国移民、洲际流动等）是有较大差异的，主要体现在农业转移人口无法享受到与当地居民平等的公共服务，增加了其在当地生活和工作的成本，因而极可能影响到农业转移人口在此地长期居留的意愿，进而表现出极高的流动性（Knight et al., 2004；严善平，2006；白南生、李靖，

2008；梁雄军 等，2007；王子成、赵忠，2013）。因此，考察农业转移人口的公共服务获取情况对其长期居留意愿的影响是研究劳动力流动特征、非农劳动供给特征和城镇化进程的重要视角。

本章研究的意义在于：第一，揭示了城市公共服务对农业转移人口城市流动偏好的影响，阐述了户籍制度、人力资本、家庭因素、流动特征和城市异质性的影响效应，为促进政府完善对流动人口的公共服务供给提供了一定的参考依据；第二，进一步探讨了农业转移人口公共服务获取对其留城意愿的影响，为认识和理解当前农业转移人口的劳动供给特征、社会融入和市民化提供了重要视角。

第二节　相关文献回顾

在二元城乡结构背景下，农业转移人口进入城市后成为弱势群体，主要表现在其无法与当地居民享有平等的公共服务（李玲，2001；彭希哲、郭秀云，2007；段成荣 等，2008）。从制度层面上，夏继军（2004）、王丽娟（2010）等认为户籍制度使得地方政府轻松规避了对农业转移人口提供公共服务的责任，基于自身利益，政府通过户籍制度可以选择和甄别流动人口；从社会治理层面，缪蒂生（2008）、陈丰（2012）等认为在现行的社会管理体制下，农业转移人口的公共服务和社会管理存在着明显的脱节，理念陈旧和管理制度缺陷是导致流动人口社会管理落后的重要原因；从财政激励层面，孙红玲（2013）、甘行琼等（2015）等认为，在财政分权体制下，地方政府财政激励不足，导致其不愿意承担农业转移人口的公共服务供给支出。

从公共服务对劳动力流动影响的角度，国内外很多学者分析了城市公共服务供给的积极作用。Tiebout（1956）最早将地区公共服务纳入人口迁移理论中去，提出居民会基于偏好对不同公共服务和税收组合的地区做出是否迁移的选择，即著名的"用脚投票"理论；Oates（1969）通过分析城市公共服务与房地产价值之间的关系，得出公共服务好、税率低的地区容易吸引人口流入，进而引起该地房价的上升，该结论验证了"用脚投票"理论；后来，很多学者通过研究不同国家和地区公共服务与劳动力流动之间的关系，证实了城市公共服务供给的积极作用（Quigley，1985；

Rapaport, 1997；Bayoh et al.，2006；Dahlberg et al.，2012）。国内也逐渐开始关注公共服务供给的作用。付文林（2007）考察了公共服务供给水平和户籍人口规模之间的因果关系，结果发现政府公共服务水平的提高会引起当地户籍人口的增加，但人力资本素质较低的农业转移人口会面临当地公共福利的歧视；童玉芬、王莹莹（2015）以流动个体的成本收益分析为切入点，讨论了流动人口偏好超大城市的原因，研究发现流入地的公共服务是吸引流动人口流入的一个重要原因，超大城市更高的公共服务支出提高了流动人口流入的概率；侯慧丽（2016）将公共服务划分为工业公民资格公共服务和社会公民资格公共服务，研究了两者对人口流动的影响，结果发现两种公共服务对流动人口均具有吸引力，获取公共服务有助于流动人口短期内定居下来，但城市规模会影响流动人口获取两种公共服务的可能性。

在户籍制度下，由于无法获得充分的公共服务和城市居民身份，农业转移人口进入城市后不得不面临的一个决策是要不要在城市长期居住。国内外很多学者分别基于农业转移人口的个体特征、职业特征、流动特征和社会融合等角度考察了流动人口的居留意愿（白南生、何宇鹏，2002；任远，2006；Zhu，2007；蔡禾和王进，2007；夏怡然，2010；Fan，2011；李树茁 等，2014）。少数学者考察了公共服务供给对流动人口居留意愿的影响，蔚志新（2013）采用5个城市的微观调查数据，分析了影响流动人口居留意愿的因素，发现参加社会保险对浙江流动人口的居留意愿有显著影响；侯慧丽（2016）基于城市规模的差异，考察了参加养老保险、建立健康档案对于流动人口居留意愿的影响，结果发现公共服务供给对流动人口居留意愿的影响是正向的，并且大城市养老保险的影响效用要大于小城市。以上研究丰富了我们对流动人口获取公共服务和居留意愿的认识，但结合农业转移人口在城市空间的分布考察其获取城市公共服务和居留意愿的特征，关于影响因素的分析和公共服务变量的选取不够充分和全面。

虽然很多研究分析了流动人口流动偏好与公共服务的相关问题，但对此问题的研究往往集中于公共服务均等化的重要性和必要性上（侯慧丽，2016），缺少对农业转移人口获取城市公共服务的影响机制分析，在研究农业转移人口的长期居留意愿问题上，大多数研究也没有系统考察农业转移人口获取公共服务特征的影响。有鉴于此，本章在城市偏好的背景下，系统考察了公共服务获取对农业转移人口流动偏好的影响机制，并进一步分析了农业转移人口的公共服务获取情况对其长期居留意愿的影响，从而阐述户籍制度、公共服务和居留意愿之间的关系。

第三节 模型设定、数据和变量描述

一、理论模型

关于居留意愿，本章参考 Hunt 和 Mueller（2004）关于移民模型的设定，假设农业转移人口 i 在城市 j 定居的间接效用函数为：

$$U_{ij} = U(s_{ij}, \theta_{ij}) \tag{8.1}$$

其中，s_{ij} 代表农业转移人口 i 在城市 j 获取公共服务的水平；θ_{ij} 代表影响农业转移人口 i 在城市 j 定居的其他影响因素，包括个体因素、家庭因素、城市因素等。

农业转移人口 i 在城市 j 定居后直到退休的间接效用函数可以表示为：

$$LU_{ij} = \int_0^T U_{ij}(\cdot) e^{-\rho\tau} d\tau \tag{8.2}$$

其中 $T = T^* - y_i$ 代表农业转移人口定居后的工作时间；T^* 代表预期寿命，y_i 代表农业转移人口 i 的年龄；$e^{-\rho\tau}$ 代表折现因子，其中折现率为 ρ，τ 代表持续时间。

假设农业转移人口在今后的效用函数结构和折现率 ρ 均保持不变，则效用函数（8.2）可以表示为：

$$LU_{ij} = \frac{1}{\rho} U_{ij}(\cdot) \{1 - \exp[-\rho(T^* - y_i)]\} \tag{8.3}$$

即农业转移人口 i 在城市 j 定居的效用函数可以表达为：

$$LU_{ij} = LU(\rho, y_i, s_{ij}, \theta_{ij}) \tag{8.4}$$

设定 $j = 0$ 代表流动人口不在城市 j 定居，则农业转移人口 i 不在城市 j 定居的间接效用函数可以表示为：

$$U_{i0} = U(s_{i0}, \theta_{i0}) \tag{8.5}$$

相应的，农业转移人口 i 不在城市 j 定居后直到退休的间接效用函数可以表示为：

$$LU_{i0} = LU(\rho, y_i, s_{i0}, \theta_{i0}) \tag{8.6}$$

在一个随机设定中，农业转移人口 i 选择在城市 j 定居的过程可以表

示为：

$$P_{ij} = \text{Prob}\left[\left(LU_{ij} + \varepsilon_{ij}\right) \geqslant \left(LU_{i0} + \varepsilon_{i0}\right)\right], j \neq 0 \tag{8.7}$$

其中，ε_{ij} 和 ε_0 为随机扰动项，基于需要可以假设其服从相应随机分布（如正态分布、逻辑分布等）。

因此，农业转移人口 i 选择在城市 j 定居的概率依赖于变量集 $Z = (y_i, s_{ij}, s_{i0}, \theta_{ij}, \theta_{i0})$ 的函数。

二、实证模型

为了系统考察农业转移人口获取城市公共服务的特征，建立如下实证模型：

$$pub\_service = \alpha_0 + \alpha_1 big\_city + \sum_{b=1}^{t} \theta_b X_b + \sum_{m=1}^{n} \lambda_m Y_m + \mu_j M_j + u \tag{8.8}$$

其中，$pub\_service$ 代表城市公共服务变量，big_city 代表超大城市虚拟变量；X 代表个体特征变量；Y 代表家庭特征变量；M 代表城市流动模式变量；u 为残差项。

为了进一步分析公共资源获取对于农业转移人口在城市居留意愿的影响效应，本章基于理论模型的结论，建立了流动人口城市居留意愿的实证模型：

$$city\_will = \beta_0 + \beta_1 pub\_service + \beta_2 big\_city + \beta_3 pub \times big + \sum_{i=1}^{n} \mu_i Z_i + \varepsilon$$

$$\tag{8.9}$$

其中，$city\_will$ 代表流动人口在城市的长期居留意愿；$pub \times big$ 为公共服务与超大城市的交互项；Z 代表影响农业转移人口在城市长期居留意愿的其他因素，包括：个体因素、家庭因素等。

基于理论模型（8.7）的设定，如果假设 ε_{ij} 和 ε_{i0} 均服从正态分布，则模型（8.8）可以采用 Probit 模型进行估计。

三、数据和变量

本节采用的是 2014 年全国流动人口卫生计生动态监测调查数据，该数据采用随机原则在全国 31 个省（区、市）和新疆生产建设兵团流动人口较为集中的流入地抽取样本点，针对在流入地居住一个月以上，非本区（县、市）户口的 15~59 周岁流入人口进行抽样调查。

借鉴蔡秀云等（2012）、韩福国（2016）对城市公共服务的分类方法，本章选取城市社会保障、社区居民健康档案、健康教育和医疗保障四个变量作为代表城市公共服务的核心变量。其中，城市社会保障变量（0/1）指是否获得失业保险、城镇职工养老保险、城镇居民养老保险、住房公积金中的一种或几种；社区居民健康档案变量（0/1）指是否已经建立居民健康档案；健康教育变量（0/1）指是否获得职业病防治、艾滋病防治、生殖与避孕、结核病防治、性病防治、精神障碍防治、慢性病防治、营养健康知识、其他传染病防治的教育中的一种或几种；城市医疗保障变量（0/1）指是否获得城镇职工基本医疗保险、城镇居民基本医疗保险、工伤保险、生育保险、生育保险、公费医疗中的一种或几种。

表 8.1 列出了农业转移人口获得城市公共服务的基本情况。整体来看，除了健康教育的水平在 69.4% 之外，农业转移人口获得城市社会保障和医疗保障的概率都较低，尤其是获得社会保障的概率仅为 18.1%。由于农业转移人口在城市空间上存在超大城市偏好，表 8.1 还列出了两类农业转移人口在获取城市公共服务方面上的情况。对比两列数据可以看出，在超大城市务工的农业转移人口获取社会保障和医疗保障的概率均明显高于其他类型城市，而获取社区居民健康档案和健康教育的比例较低，但差异较小。

表 8.1　农业转移人口获取城市公共服务的描述性统计

变量	全部样本	超大城市	其他城市
社会保障	0.181	0.318	0.162
社区居民健康档案	0.225	0.177	0.232
健康教育	0.694	0.646	0.701
医疗保障	0.217	0.332	0.201

为了进一步考察农业转移人口的个体特征可能对其获取城市公共服务带来的影响，表 8.2 列出了不同类型农业转移人口在获取城市公共服务方面的情况。从表 8.2 的数据可以看出：第一，汉族群体获取社会保障和医疗保障的比重高于少数民族群体；第二，随着农业转移人口受教育水平不断提高，其获取城市社会保障和医疗保障的概率也不断提高，其在社区居民健康档案和健康教育方面的差异较小；第三，相较于已婚群体，未婚群体在社会保障和医疗保障的获取上具有优势。此外，不同性别特征的农业

转移人口在获得城市公共服务的概率上未表现出明显差异。

表 8.2 以个人特征分农业转移人口获取城市公共服务的均值统计

变量		社会保障	社区居民健康档案	健康教育	医疗保障
性别	女性	0.176	0.236	0.718	0.204
	男性	0.184	0.217	0.678	0.226
民族	汉族	0.184	0.223	0.694	0.220
	少数民族	0.137	0.253	0.702	0.180
教育程度	未上过学	0.090 7	0.184	0.587	0.126
	小学	0.108	0.213	0.652	0.150
	初中	0.146	0.227	0.691	0.185
	高中	0.239	0.228	0.721	0.270
	大学专科	0.423	0.236	0.758	0.440
	大学本科	0.582	0.232	0.768	0.591
	研究生	0.663	0.236	0.730	0.708
婚姻状况	未婚	0.202	0.188	0.652	0.248
	已婚	0.174	0.236	0.707	0.207

韩福国（2016）、李树苗等（2014）认为，流动人口的职业状况是其获取城市公共服务的影响因素。表 8.3 列出了不同职业状况的农业转移人口获取城市公共服务的情况。表 8.3 数据显示，职业特征与公共资源获取之间存在着紧密的相关性，相对而言，非体力劳动者获取社会保障和医疗保障的概率要显著大于体力劳动者，而且雇员获取社会保障和医疗保障的概率也要大于雇主或自营劳动者。

表 8.3 以工作特征分农业转移人口获取城市公共服务的均值统计

类型		社会保障	社区居民健康档案	健康教育	医疗保障
是否体力劳动	体力劳动者	0.161	0.225	0.692	0.196
	非体力劳动者	0.524	0.222	0.733	0.570
是否雇员	雇员	0.280	0.196	0.681	0.340
	雇主/自营劳动者	0.078 2	0.253	0.720	0.085 6

考虑到农业转移人口的家庭特征可能对其获取城市公共服务产生影响，表8.4列出了不同孩子数量下农业转移人口获取公共服务的情况。从表8.4数据可以看出，家中没有孩子的流动人口获取社会保障和医疗保障的概率最大；对于有孩子的家庭而言，随着孩子数量的增多，流动人口获取工业公民资格公共服务（社会保障和医疗保障）的概率逐渐降低。尤其对于家庭有5个孩子的流动人口，其获取社会保障的比重不足5%。从社会公民资格公共服务（社区居民健康档案和健康教育）的情况看，各组差异较小。

表8.4 以家庭孩子数量分流动人口获取城市公共服务的均值统计

孩子数量	社会保障	社区居民健康档案	健康教育	医疗保障
0	0.246	0.238	0.708	0.275
1	0.193	0.243	0.725	0.225
2	0.145	0.227	0.689	0.179
3	0.124	0.222	0.651	0.154
4	0.111	0.236	0.641	0.149
5	0.048 8	0.250	0.665	0.067 1

郭力等（2011）从经济地理的角度来看，流动人口的流动表现出跨省、跨市和市内流动等不同模式，不同流动模式的劳动者在流动特征上存在着较大差异。表8.5列出了不同流动模式下农业转移人口获取城市公共服务的情况，从表8.5数据可以发现：跨省流动的农业转移人口获得社会保障和医疗保障的概率最大，而市内流动的概率最小；省内城市流动的农业转移人口获取社区居民健康档案和健康教育的概率最大，其次是市内流动人口。

表8.5 以流动模式分流动人口获取城市公共服务的均值统计

类型	社会保障	社区居民健康档案	健康教育	医疗保障
跨省流动	0.199	0.184	0.658	0.249
省内城市流动	0.173	0.275	0.737	0.197
市内流动	0.142	0.258	0.729	0.159

综合表8.1至表8.5的统计结果可以发现，以跨省流动为主的超大城市迁移在获得工业公民资格公共服务方面具备明显优势；而以省内跨市和

市内流动为主的其他类型城市迁移则更容易获得社会公民资格公共服务。

为了检验农业转移人口获取城市公共服务方面的特征，我们需要综合考察农业转移人口的户籍状况、个体特征、家庭特征、流动模式和城市规模对其获取城市公共服务产生的影响。表8.6列出了主要变量的描述性统计。

表8.6　主要变量的描述性统计

变量	样本量	均值	标准差	最小值	最大值
男性（0/1）	169 061	0.586	0.493	0	1
少数民族（0/1）	169 061	0.075 6	0.264	0	1
年龄	169 061	33.01	9.446	14	59
受教育年限	169 061	9.461	2.668	0	18
已婚（0/1）	169 060	0.771	0.420	0	1
非体力劳动（0/1）	169 061	0.055 3	0.229	0	1
雇主/自营劳动（0/1）	148 387	0.420	0.494	0	1
家庭月收入/元	169 058	2 695	2 402	20	367 000
家庭孩子数量	133 066	1.438	0.724	0	5
跨省流动（0/1）	169 061	0.515	0.500	0	1
省内城市流动（0/1）	169 061	0.816	0.387	0	1
超大城市（0/1）	169 061	0.122	0.327	0	1

第四节　估计结果

一、公共服务获取

表8.7列出了公共服务获取模型的回归结果。其中，第一列的因变量"公共服务"是对社会保障、居民健康档案、健康教育、医疗保障四个变量采用主成因素分析，并以主成因素的方差贡献为权重计算的代表城市公共服务的整合变量；表中第1列为采用了最小二乘法进行估计的结果；表中第2-5列结果是采用了Probit模型进行估计得出的结果。

表 8.7 公共资源获取模型回归结果

变量	公共服务	类别			
		社会保障	居民健康档案	健康教育	医疗保障
超大城市	0.101 ***	0.398 ***	−0.179 ***	−0.185 ***	0.289 ***
	(0.006 16)	(0.012 7)	(0.013 1)	(0.011 8)	(0.012 7)
男性	−0.062 0 ***	−0.078 9 ***	−0.072 9 ***	−0.154 ***	−0.017 2 *
	(0.004 17)	(0.009 56)	(0.008 46)	(0.008 20)	(0.009 19)
少数民族	0.036 7 ***	−0.056 4 ***	0.138 ***	0.073 7 ***	−0.024 7
	(0.008 10)	(0.019 8)	(0.016 1)	(0.015 9)	(0.018 4)
年龄	0.029 7 ***	0.070 3 ***	0.019 4 ***	0.024 2 ***	0.054 0 ***
	(0.002 03)	(0.004 89)	(0.004 17)	(0.003 93)	(0.004 60)
年龄平方	−0.000 376 ***	−0.000 872 ***	−0.000 199 ***	−0.000 363 ***	−0.000 687 ***
	(0.000 027)	(0.000 065 6)	(0.000 055 4)	(0.000 052 0)	(0.000 061 5)
受教育年限	0.046 3 ***	0.096 8 ***	0.020 1 ***	0.035 6 ***	0.079 8 ***
	(0.000 876)	(0.002 05)	(0.001 80)	(0.001 71)	(0.001 96)
已婚	0.102 ***	0.105 ***	0.084 2 ***	0.130 ***	0.183 ***
	(0.014 1)	(0.032 9)	(0.029 2)	(0.026 9)	(0.031 7)
非体力劳动者	0.388 ***	0.619 ***	0.027 7	0.067 1 ***	0.606 ***
	(0.009 06)	(0.017 8)	(0.018 6)	(0.018 0)	(0.017 7)
雇主/自营劳动者	−0.311 ***	−0.864 ***	0.164 ***	0.106 ***	−0.966 ***
	(0.004 27)	(0.010 3)	(0.008 68)	(0.008 31)	(0.009 91)
ln(家庭收入)	0.080 8 ***	0.239 ***	0.011 3	0.043 8 ***	0.117 ***
	(0.003 69)	(0.008 56)	(0.007 55)	(0.007 18)	(0.008 10)
家庭孩子数量	−0.029 5 ***	−0.044 2 ***	−0.051 7 ***	−0.045 8 ***	−0.023 1 ***
	(0.003 07)	(0.007 25)	(0.006 29)	(0.005 95)	(0.006 91)
省内城市流动	0.041 0 ***	0.190 ***	−0.138 ***	−0.121 ***	0.279 ***
	(0.005 23)	(0.012 6)	(0.010 4)	(0.010 4)	(0.012 3)
常数项	−1.528 ***	−4.925 ***	−1.360 ***	−0.394 ***	−3.501 ***
	(0.047 6)	(0.113)	(0.097 8)	(0.092 3)	(0.107)
样本量	116 650	116 663	116 650	116 663	116 663
R^2/Pseudo R^2	0.117	0.153	0.191	0.113	0.151

注：***、**、* 分别表示估计值在1%、5%、10%的水平下显著。

整体来看，流动人口的户籍状况、个体特征、家庭因素、流动模式和城市规模对于其获取城市公共服务具有显著影响。第一，在超大城市流动的农业转移人口获得工业公民资格公共服务的概率明显较大，获得社会公民资格公共服务的概率明显较小。这表明超大城市在社会保障和医疗保障供给上具备优势，但在健康教育、居民健康档案、子女入学等社会公民资格公共服务的供给上不如其他类型城市。部分中小型城市已经逐步放开户籍门槛，为农业转移人口提供了更多子女入学、健康教育等关乎其生活质量的公共服务，随着农业转移人口家庭化迁移趋势的增强，有越来越多的农业转移人口开始选择离家较近、公共服务较好的省内城市。第二，从个体因素来看，相较于男性，女性流动人口更容易获取城市公共服务，可能的解释是基于生理上的差异，女性流动人口在养老保障、医疗教育和医疗保障方面的需求更强，也更加积极主动地获取这方面的资源；而少数民族流动人口在获取工业公民资格公共服务方面处于劣势，但在社会公民资格公共服务获取上表现出较高的比例；随着年龄的增长，流动人口获取城市公共服务的概率是逐渐提高的，但到达一定年龄后概率开始降低；受教育水平越高，流动人口越容易获得城市公共服务，这一结果和相关研究与叶继红和李雪萍（2011）、韩福国（2016）的结论是一致的；相较于未婚群体，已婚流动人口获取城市公共服务的概率更大，表明已婚群体具有更高的公共服务需求。第三，从职业特征看，非体力劳动者在获取城市公共服务方面更具优势；雇主/自营劳动者更难以获得工业公民资格公共服务，但在获取健康教育和建立居民健康档案的概率更大。该结果表明非体力劳动者由于在职业上的优势，其更容易获得养老和医疗等公共服务，而且工业公民资格公共服务供给的主要对象是雇员，雇主或自营劳动者在获取社会保障和医疗保障方面还缺乏相应的权利意识和相关途径。第四，从家庭特征来看，家庭收入越多的流动人口获得城市公共服务的概率也越大，而家庭孩子数量越多，越难以获得城市公共服务。该结果表明，家庭负担越小（经济压力小、孩子抚养责任小），越有利于流动人口在城市获取公共服务，对此，可能的解释是家庭负担越小，农业转移人口回流返乡的概率更小，在城市工作的时间更长久，因而容易获得更好的工作和有关公共服务方面的信息和资源。第五，从流动模式来看，进行省内城市流动的农业转移人口更容易获得工业公民资格公共服务，可能的解释是，相较于市内流动人口，跨城市流动的农业转移人口具有更高的人力资本或者社会关系网络，在就业方面具备更好的收益，因而也更容易获得社会保障和医疗保障等城市公共服务。

在户籍制度约束下，农业转移人口仍然难以与当地居民获得同等水平的公共服务。要改善农业转移人口在获取城市公共服务方面的不利局面，除了从根本上进一步改革户籍制度、逐步取消户籍限制之外，进一步提高农业转移人口的受教育水平，给予其更好的职业培训，提高劳动者的职业待遇，增强其公民权利意识也十分重要。从家庭视角来看，政府需要制定和实施包含土地、财政在内的一揽子配套政策，从根源上减轻农业转移人口的家庭负担，提高农业转移人口长期在城市生活和工作的积极性，应该是当前中国城镇化和农业转移人口市民化的政策取向。此外，要重视中小城市公共服务供给对农业转移人口的吸纳作用，引导劳动力在不同规模城市间进行合理配置。

二、城市居留意愿

拥有房产是农业转移人口市民化的前提，表8.8列出了农业转移人口在房产拥有和居留意愿上的统计结果。表8.8数据显示，有54.7%的流动人口想要在城市长期居住（5年以上），虽然农业转移人口在城市生活的压力较大，成本较高（在城市拥有住房的比重不足15%），且获取的城市公共服务比较有限，但农业转移人口在城市长期生活的主观意愿还是比较强的。另外，向超大城市迁移的农业转移人口拥有房产的比例仅为9.42%，低于其他城市的15.6%；向超大城市迁移的农业转移人口的长期居留意愿更强，尽管二者差异较小。

表8.8　农业转移人口城市房产状况和居留意愿变量的描述性统计

变量	全部样本	超大城市	其他城市
房产拥有（0/1）	0.149	0.094 2	0.156
长期居留意愿（0/1）	0.547	0.576	0.543

那么，获取城市公共服务的情况对长期居留意愿是否有影响？影响有多大？表8.9列出了农业转移人口城市居留意愿模型的估计结果。

表8.9　城市居留意愿模型估计结果

变量	全部样本	分类别			
公共服务	0.244 *** (0.006 06)	—	—	—	—
社会保障	—	0.417 *** (0.011 6)	—	—	—
健康档案	—	—	0.213 *** (0.009 55)	—	—

表8.9(续)

变量	全部样本	分类别			
健康教育	—	—	—	0.143 *** (0.008 87)	—
医疗保障	—	—	—	—	0.264 *** (0.010 6)
公共服务×超大城市	-0.054 5 *** (0.014 2)	—	—	—	—
社会保障×超大城市	—	-0.122 *** (0.025 7)	—	—	—
健康档案×超大城市	—	—	0.076 6 ** (0.030 4)	—	—
健康教育×超大城市	—	—	—	-0.006 79 (0.024 3)	—
医疗保障×超大城市	—	—	—	—	-0.057 0 ** (0.025 0)
样本量	116 651	116 664	116 651	116 664	116 664

注:*** 、** 、* 分别表示估计值在1%、5%、10%的水平下显著;表中未列出其他解释变量的估计结果。

表8.9是采用Probit模型估计的结果,整体来看,公共服务获取对于农业转移人口长期居留意愿的影响均显著为正,表明获取城市公共服务是促使农业转移人口在城市长期居住、工作和社会融入的重要途径。从这一意义上来说,围绕户籍制度改革,给予农业转移人口更好的城市公共服务资源,减轻农业转移人口在城市生活的负担是促使农村劳动力城乡转移和市民化的重要途径。另外,从交互项的系数来看,对于获得工业公民资格公共服务的农业转移人口而言,在超大城市务工,其居留意愿较低;对于获得健康档案的农业转移人口而言,在超大城市务工居民,其居留意愿较高;而超大城市与健康教育的交互影响并不显著。这一结果表明在超大城市务工的农业转移人口更加关心以健康档案为代表的社会公民资格公共服务,原因在于超大城市虽然在社会保障和医疗保障方面存在供给优势,但在社会公民资格公共服务方面存在较大不足,而居民健康档案、子女教育、儿童照料等公共服务直接影响着农业转移人口举家迁移,进而影响着其长期居留意愿和市民化。在城乡社会保障逐渐统一的背景下,工业公民资格公共服务对农业转移人口长期居留和市民化的影响正在减弱。

第五节 本章小结

农业转移人口无法平等地享有社会和经济发展带来的公共福利是我国城镇化进程中的凸出问题，农业转移人口难以融入城市生活给经济和社会发展带来了诸多问题。本章利用2014年全国流动人口卫生计生动态监测调查数据，分析了农业转移人口获取城市公共服务的影响因素，通过实证分析发现：①农业转移人口获取城市公共服务的水平较低，提高农业转移人口公共服务获取水平和质量仍有很大进步空间；②超大城市在工业公民资格公共服务供给上具有优势，而在以健康教育和居民健康档案为代表的社会公民资格公共服务的供给上存在着不足；③相对而言，女性、年龄越大、受教育水平越高、已婚的农业转移人口在获取城市公共服务方面更有优势；④家庭负担越重的农业转移人口越难获得城市公共服务。此外，本章进一步探讨了农业转移人口的公共服务获取特征对其长期居留意愿的影响，结果表明，农业转移人口获得城市公共服务能够显著增强其居留意愿。在超大城市务工的农业转移人口更加关心获得以居民健康档案为代表的社会公民资格公共服务，对于同样获得社会保障和医疗保障的农业转移人口，在超大城市务工的长期居留意愿更弱，原因在于超大城市在社会公民资格公共服务的供给上存在不足。

在城镇化和流动人口市民化的背景下，城市公共政策应该更加偏向广大的农业转移人口群体，扩大城市公共服务供给的覆盖面，消除农业转移人口在城市工作和生活的后顾之忧，从根本上激发其融入城市的主动性。中国城镇化发展不能仅仅依靠提供就业机会暂时把大量农业转移人口吸引到城市，而更应该注重依托公共服务供给扩展其在城市发展的空间，实现农业转移人口的市民化。从长远来看，这不仅有利于提高劳动力资源的配置效率，实现经济的持续发展，而且有利于解决诸如贫富差距、"留守儿童""留守老人"等社会问题。考虑城市经济和社会发展的差异，政府需要依托公共财政和政策扶持加强对中小城市劳动力市场的建设，从而增强不同规模城市间公共服务发展的均衡性和人口空间布局的合理性。

第九章　家庭视角下农村劳动力
务工与回流偏好研究

第一节　问题的提出

在经济发展及城市化进程中，大量的农村劳动力进入城市务工就业是世界各国经济发展的基本规律。在农村劳动力从农业部门不断进入城市非农产业的过程中，也有众多的劳动力从城市非农部门返回农村，这种反向迁移不仅在中国农村劳动力的转移就业过程中广泛存在，在其他国家的跨国移民以及国内移民中也普遍存在，引起学者们的极大关注。

国外学者对劳动力迁移过程中的回流问题有大量的实证研究，很多学者也对回流问题给出了理论解释。这些研究指出，无论是国内移民还是国际移民，劳动力的迁移或者移民总是和劳动力的回流相伴（Lee E.S.，1966；Dustman C.，1997；Murphy R.，1999），一些文献进一步指出，相当比例的回流劳动力还会再次进行迁移（Massey D.S.，1987）。在劳动力回流的特征以及回流的原因方面，Stark 的研究比较有代表性，他的研究把家庭而不是个人看作追求收益最大化的主体，根据家庭预期收入最大化和风险最小化的原则，决定家庭成员的外出和回流（Stark. O，1982）；他认为劳动力回流主要是由于没有在城市找到体面的工作、在城市打工期间积累的人力资本和储蓄在家乡会带来更多的回报、在家乡的生活成本更低。Stark 还从相对购买力水平和家庭风险分散的角度探讨了劳动力回流的动因，由于外出务工者在城市很难进入正规劳动力就业市场，即使返乡之后不能获得更高的收入，为了降低相对贫困感，其也会做出回流的决策。他的后续研究进一步指出，劳动力的流动本质上是一种人力资本投资，劳动力的回流是一种不成功的人力资本投资，这可以从回流劳动力的特征得到很好的解释。还有一些研究指出，家庭结构也对劳动力的回流决策产生影响。Constant 和 Massey（2002）认为那些配偶在老家，并且频繁往家乡汇款的迁移者更容易做出回流决策。

劳动力的回流是中国农村劳动力转移就业过程中的重要现象，深刻影响着农村居民的非农劳动供给，也对城乡发展产生重大影响。国内也有一些学者开始关注农村劳动力在流入城市之后的回流问题。Knight 等（2004）的研究发现中国的农民工是个职业流动很频繁的群体，职业稳定性不高。他们对中国劳动力的流动性进行了考察，通过国际比较发现农民工的流动性高于城市劳动者，也高于发达国家的人口流动性。白南生和何宇鹏（2002）利用 1999 年在安徽和四川两省获得的数据研究了回流劳动力的基本特征，他们的研究发现，回流人群在人口学特征方面更加接近于未外出人群而不是外出人群；回流的原因包括外出就业困难、个人和家庭原因，以及少量的回乡投资创业。王子成和赵忠（2013）采用中国城乡劳动力流动调查数据探讨农民工迁移模式的动态选择及其决定因素，他们的研究发现常年在外务工已经成为农民工迁移的主要模式，而回流则是暂时的，大部分回流的农民工还会选择再次迁移；年龄、受教育程度、婚姻状况以及家庭劳动力禀赋等对外出和回流决策均有显著影响。石智雷和杨云彦（2012）则利用湖北和河南两省的农户抽样调查数据，建立农村迁移劳动力回流决策的影响因素模型，从家庭决策的视角分析了家庭禀赋对迁移劳动力回流的影响。他们的研究结果表明，家庭的人力资本和社会资本都对农村劳动力的外出务工和回流决策产生显著影响。

中国作为最大的发展中国家，中国农村居民非农劳动供给以及农民工回流的一些重要问题，尚未得到充分的研究和很好的解释。

问题一：为何很多有非农就业经历的农村居民在他们正值壮年、经验和人力资本不断增加的时候返回农村，退出了城市非农劳动供给市场？

表 9.1 为我国城镇居民和农村居民不同年龄组的非农劳动参与率，从中可以看出两者的显著差异：第一，总体上城镇居民和农村居民的非农劳动参与率存在巨大差异，基于 1993—2015 年 CHNS 数据统计，城镇居民的非农劳动参与率为 89.7%，而农村居民的非农劳动参与率为 28.5%。第二，从不同年龄组的非农劳动参与率来看，城镇居民在各个年龄组都保持了较高的非农劳动参与率；但是对于农村居民来说，随着年龄的增加，非

农劳动参与率不断下降。令人不解的是，很多有非农就业经历的农村居民在他们正值壮年、经验和人力资本不断增加的时候退出了非农劳动供给。这种退出从微观家庭的角度上看，意味着收入的下降；从宏观层面上看，意味着劳动力资源利用的不充分。

表 9.1　我国城乡居民非农劳动参与率　　　　　　　　　单位:%

类型	年龄组	1993	1997	2000	2004	2006	2009	2011	2015
城镇居民	16~25	81.4	88.1	86.0	89.3	96.2	94.0	93.3	94.2
	26~35	89.0	89.4	86.2	90.3	92.2	92.5	93.8	94.4
	36~45	88.1	87.4	88.0	91.1	93.9	91.6	91.0	93.3
	46~55	90.4	84.5	83.5	89.8	88.0	91.5	90.4	93.0
	56~60	91.2	87.8	87.8	92.2	92.2	88.7	90.2	91.8
农村居民	16~25	28.3	31.2	40.2	49.8	57.5	57.7	64.6	79.6
	26~35	18.6	18.9	26.7	38.8	40.6	46.3	60.6	72.6
	36~45	15.7	16.8	22.4	26.3	28.1	32.0	44.5	63.2
	46~55	12.7	12.4	14.1	17.7	21.4	26.1	32.8	50.7
	56~60	10.4	9.8	15.0	14.5	16.6	21.5	32.7	35.2

数据来源：CHNS 数据库。

虽然有不少学者从不同的角度进行了考察（白南生，2002；约翰·奈特、邓曲恒、李实，2011；赵耀辉，1997；盛来运，2008；Xing，2010），但是这些解释仍然存在问题：第一，即使这些回流农民工受教育程度不高，但是他们毕竟外出务工多年，大部分农民工已经积累了相当多的工作经验，在其人力资本逐渐增加的时候退出非农劳动供给，而在人力资本较少的时候提供非农劳动供给，而且退出发生在他们人生正值壮年的时候，如何解释这一问题？这与国外的一些经验和理论研究得出的结论相悖，也不符合人力资本理论。第二，就业困难的解释也比较牵强。因为就业困难是所有农民工都面临的问题，经验较少、年纪较轻的农民工面临的就业困难应该更大一些，为何就业困难单独对 30 多岁以上的农民工产生显著影响？

问题二：为何在农村存在富余劳动力的情况下城市出现民工荒，在农民工工资不断上升情况下，很多年富力强的农民工成为回流劳动力？

Lewis 模型（Lewis W. Arthur，1954）为解释发展中国家经济发展和成果分享等方面的问题提供了分析框架，Lewis 模型认为，只有当经济从剩余劳动力的古典阶段进入到劳动力稀缺的新古典阶段，实际工资才会普遍上升，在达到这一转折点之前，经济增长的成效主要体现为对剩余劳动力的吸收。当前我国的实际情况与这一理论存在矛盾之处。不少研究指出（许庆、刘守英、高汉，2013；约翰·奈特、邓曲恒、李实，2011；丁守海，2011），一方面，我国农村和农业部门尚存在数量巨大的剩余劳动力；另一方面，在我国城镇劳动力市场出现了民工荒，农民工的工资不断上升。约翰·奈特等（2011）虽然指出某些制度影响了农村剩余劳动力的转移，但是未从理论层面上指出这些制度是如何发挥作用的。丁守海（2011）根据我国实际情况对贝克尔家庭生产理论进行了适当调整：第一，家务劳动与工作一样都可以为家庭带来效用；第二，由于受城乡分割的制度制约，劳动力的迁移带有"迁而不移"的特征，从本地向外地的转移并没有使家庭居住地进行同步转移，家庭时间配置不再像贝克尔描述的那样可以无限细分，并由此证明，劳动供给曲线呈特殊的阶梯形状：随着劳动供给的增加，农业劳动力的保留工资不断提高，且幅度不断增大。在这种情况下，农民工工资上涨与用工短缺可以并存。但是该文无法解释农村居民与城镇居民在不同年龄组为何存在非农劳动参与率的显著差异？农村居民为何在他们正值壮年、经验和人力资本不断增加的时候退出非农劳动供给市场？尤其是这种退出行为从微观家庭的角度上看，意味着收入的下降，并不符合家庭利益最大化。该文认为，农村居民非农劳动供给的主要目的在于增加家庭收入。

问题三：农民工的回流决策与农村劳动力外出务工决策存在何种关系？

国内学者对农村居民外出务工就业研究得比较多，既有大量的实证研究，也有理论分析文献，对农民工的回流问题研究得不多，并基本上是从实证上对此进行分析，没有从理论上对这一问题进行理论解释。更重要的是，目前学术界对这两个问题的研究通常是分开进行的，很少把这两个问题放到一个框架下进行讨论和分析。本章认为，农民工的回流事实上是农村劳动力提供非农劳动供给的重要组成部分，农民工回流与农村劳动力的外出务工决策之间应该存在一些内在联系，搞清楚这些联系有助于更好地研究农村劳动力的非农劳动供给。

与其他学者的观点一样，本书也认为户籍制度不但深刻地影响着农民工的回流，也影响着农村居民的外出务工决策；与其他研究不同的是，本书认为对于以家庭为单位提供非农劳动供给的农村居民来说，户籍制度通过改变家庭的约束条件，给家庭劳动力的外出就业增加了额外的成本，进而影响家庭的非农劳动供给决策（包括回流决策和外出务工决策），但是这种影响对不同结构的农村家庭来说是有差异的。

本章试图解决前面提出的三个问题，可能的贡献在于：第一，为有非农就业经历的农村居民为何在他们正值壮年、经验和人力资本不断增加的时候却返回农村，退出了非农劳动供给市场提供了一个合理的理论解释。户籍制度通过改变农村居民的约束条件，给部分家庭劳动力外出就业增加了额外的成本，这里的部分家庭是指那些结婚的、有孩子的家庭，他们受到户籍制度的影响更大。因此，这些家庭的劳动力更容易退出非农劳动供给队伍，使得我国农村居民非农劳动供给呈现特殊的年龄结构。第二，为农村尚存富余劳动力的情况下，城镇劳动力市场却出现农民工工资上涨的情况提供了一个理论解释。

第二节 家庭视角下农村劳动力务工与回流决策的理论分析

一、传统的家庭劳动供给决策

假设农村居民效用函数为对数化的柯布道格拉斯（Cobb-Douglas）效用函数：$\max U(Y, L) = a\ln Y + b\ln L$。其中，$a + b = 1$，同时效用函数 U 满足良好性状偏好。Y 为收入或者所购买的物品，L 为家庭留守时间，我们认为家务劳动、家庭团聚等与工作一样都可以为家庭带来效用。非农工作能为家庭带来收入：$(T-L) \times W$，这里 T 为总时间，$T = H + L$，H 为外出务工时间。家庭面临收入约束：$Y = (T-L) \times W + I$。其中，I 为非劳动收入。

二、家庭视角下的农村劳动力务工与回流决策

本章的理论分析建立在两个基本假设之上：第一，户籍使得农村居民居家迁移存在困难；第二，家庭团聚、子女教育和老人照料有价值。

传统家庭劳动供给模型隐含的假设是劳动力可以自由流动和迁移，并不考虑我国户籍制度对农村劳动力自由流动和迁移的限制。而现实中，与具有城镇户籍的居民相比，流入城镇务工就业的农村劳动力一般不享有或者较少享有城镇的公共服务（如教育、医疗、社会保障、住房、职业介绍

等），提高了农村劳动力在城镇定居的成本。因此，绝大部分流入城镇务工就业的农村户籍劳动力难以在城镇安家落户，使得农村劳动力转移带有"移而不迁"的特征，农村劳动力从农村向城市、从本地向外地的转移并没有带来家庭居住地的同步转移。因此，对于有外出务工就业人员的农村家庭来说，外出务工造成家庭成员的分离，并使得家庭要承受以下成本：

第一，夫妻分居或者家庭分离，家庭难以获得正常团聚。外出务工的劳动力不能分担家务，不能享受全家团聚带来的快乐，难以很好地照料家人，对老人不能完全尽到赡养责任。由于家庭团聚和家务劳动能够带来效用，而部分家庭劳动力外出务工就业导致的家庭分离将降低家庭效用，给外出务工就业的劳动力带来额外成本。值得注意的是，家庭分离的成本并非所有家庭都完全一样，对于未婚的劳动力，这个成本就比较低；而对于已婚的劳动力，这个成本就比较高。第二，子女教育和抚养问题。对于已婚并且有孩子的家庭，外出务工就业还会带来子女教育和抚养问题，由于教育体制问题，无论是把孩子带在身边还是留在老家，都会使孩子缺失一个完整健全的教育。联合国人口基金共同发布的《2020 年中国儿童人口状况：事实与数据》显示，2020 年中国流动儿童规模 7 109 万人，是 2010 年 3 581 万人的近两倍。教育部公示的 2022 年教育统计数据显示，当年小学阶段农村留守儿童 690 万人，初中阶段农村留守儿童 396 万人，义务教育阶段有 1 080 万农村儿童长期与父母分享。因此，子女教育和抚养问题也增加了家庭劳动力外出务工就业的成本。

本章认为，无论是家庭团聚、家务劳动还是子女教育，对于农村家庭来说都具有较高的价值。由于流入城镇务工就业的农村户籍劳动力难以在城镇安家落户，农村劳动力转移带有"移而不迁"的特征，农村劳动力一旦离开家庭进入城镇非农产业，其家庭生产能力或者家庭效用就会下降很多，子女教育和抚养问题给这些进入城镇非农产业的农村劳动力带来了额外的成本。但是，对于尚未结婚，或者结婚了但是没有孩子的家庭来说，则没有这个成本。

本章认为，如果考虑户籍制度对农村居民非农劳动供给的约束作用，传统的家庭非农劳动供给模型可以修正为：

$$\max U(Y, L) = a\ln Y + b\ln L$$

家庭面临的收入约束为：

$$Y = (T - L) \times W + I + R$$

其中 R 为劳动力留守家庭所具有的家庭生产率或者家庭效用，如夫妻团聚、儿童照料以及老人赡养等。因此，对于结婚有孩子的农村家庭来说，其约束线为图 9.1 中的 ABE，其中 R 可以表示为其中的 BE 段，OC 段为非劳动收入 I。

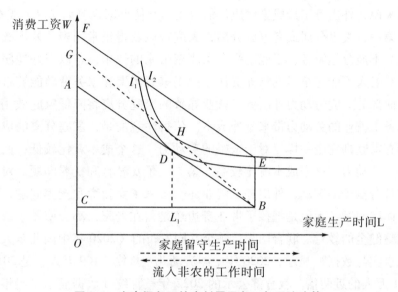

图 9.1　家庭视角下的农村居民务工与回流决策

当 $H = T - L > 0$，那么，$R = 0$，$Y = (T - L) \times W + I$

也就是说，一旦家庭有人外出务工就业，那么家庭就必然面临家庭成员分离，对于还有孩子的家庭来说，还会面临子女教育问题和赡养老人的问题等，这些都将导致家庭生产率或者家庭效用的下降。当 $H = T - L = 0$，即家庭没有外出非农就业，那么，非农就业收入 $(T - L) \times W = 0$，$Y = I + R$。此时，家庭效用最大化的选择将是图 9.1 的 E 点，即家庭劳动力不外出务工就业是最优选择。

对于未婚的农村居民来说，其约束线为图 9.1 的 AB 段，即：

$$Y = (T - L) \times W + I$$

此时，也可以看出，家庭效用最大化的选择将是图 9.1 的 D 点，即选择外出务工就业。

对已婚有孩子的家庭来说，由于家庭团聚、子女教育与照料、老人赡养均具有较高的家庭生产率和家庭效用，家庭劳动力一旦外出务工就业，家庭生产率将会下降，因此，要吸引他们进入城镇非农部门就业，需要更高的工资水平，比如工资率从图 9.1 的 AB 段提高到 GB 段；当工资提高到 GB 段时，家庭的最优选择 H 点和 E 点带给家庭的效用是等同的。

对于具有城镇户籍已婚并可能有孩子的家庭来说，约束线为图 9.1 中的 FEB：

$$Y = (T - L) \times W + I + R$$

家庭劳动力从事非农就业并不会影响家庭生产率或者家庭效用的下降。

对于未婚的城镇居民来说，其约束线为 AB 段，即：

$$Y = (T - L) \times W + I$$

家庭劳动力从事非农就业也不会影响家庭生产率或者家庭效用的下降。

根据上述分析，对于农村居民的外出务工与回流决策来说，我们可以得出以下几个理论命题：

（1）婚姻对农村居民非农劳动供给有显著影响，已婚的劳动力比未婚的劳动力具有更低的非农劳动参与率。而对于已经外出务工的农民工而言，已婚的农民工比未婚的农民工回流概率更大。

证明：对于未婚劳动力，对于消费和闲暇的选择满足效用最大化原则，根据边际替代率等于预算线斜率可以解出最优解：$L = (T + I/W) \times b$。

对于已婚劳动力，对于消费和闲暇的选择取决于无差异曲线和预算约束线切点处的效用与不外出劳动处的效用的大小关系，即 $U(Y^*, L^*)$ 与 $U(I + R, T)$ 的大小关系。

若 $U(Y^*, L^*) < U(I + R, T)$，则已婚劳动力选择不外出劳动，即 $L = T$。

若 $U(Y^*, L^*) > U(I + R, T)$，则已婚劳动力将选择切点处的闲暇，即 $L = (T + I/W) \times b$。

显然切点处的闲暇 $L = (T + I/W) \times b$ 小于总时间 T，所以已婚劳动力的非农劳动参与率不会高于未婚劳动力的非农劳动参与率。

（2）对于已婚的家庭来说，孩子数量影响非农劳动参与决策。孩子越多，父母的非农劳动参与决策意愿越弱。对于已经外出务工的农民工而言，孩子数量越多的农民工比孩子数量较少的农民工回流概率更大。

证明：假设已婚家庭 1 的孩子数量大于已婚家庭 2，$R_1 > R_2$，$U(I + R_1, T) > U(I + R_2, T)$。

若 $U(Y^*, L^*) < U(I + R_2, T)$，则已婚家庭 1 和已婚家庭 2 都选择不

外出劳动，即 $L_1 = L_2 = T$。

若 $U(I + R_2, T) < U(Y^*, L^*) < U(I + R_1, T)$，则已婚家庭2将选择切点处的闲暇，即 $L_2 = (T + I/W) \times b$，而已婚家庭1将选择不外出劳动，即 $L_1 = T$。

若 $U(I + R_1, T) < U(Y^*, L^*)$，则已婚家庭1和已婚家庭2都将选择切点处的闲暇，即 $L_1 = L_2 = (T + I/W) \times b$。

因为切点处的闲暇 $L = (T + I/W) \times b$ 小于总时间 T，故已婚家庭1的非农劳动参与决策意愿不会比已婚家庭2更强。

（3）对已婚有孩子的家庭来说，由于家庭团聚、子女教育与照料、老人赡养均具有较高的家庭生产率和家庭效用，因此，相较于未婚劳动力，已婚劳动力的保留工资更高，需要更高的工资才能吸引他们提供非农劳动供给。

证明：根据最优解的求解并结合图 9.1 可知，工资率越高，预算约束线越靠上，切点处的效用越大。根据命题 1 中的分析可知，工资率必须不断提高直至 $U(C^*, L^*) > U(I + R, T)$，才能使得已婚劳动力选择切点处的闲暇（因为此时的闲暇小于总时间 T，所以非农劳动供给为正），否则已婚劳动力将选择不提供非农劳动供给。

（4）回流的农民工并非城镇劳动力市场的失败者，他们选择再次返回城镇劳动力市场的可能性不大。

从本质上看，农村劳动力外出务工就业是一种人力资本投资，这种人力资本投资收益的高低取决于迁移成本和收益。收益主要受城乡收入差距或者说受所获得的非农工资水平的影响，而成本主要包括交通成本、食宿成本，以及离开家乡和亲人的情感缺失，在承认家庭团聚、子女和老人照料有价值的情况下，不同家庭结构的农民工的迁移成本存在差异。具体说来，那些已婚且孩子数量较多的农民工要承担更大的这类成本，这降低了他们的迁移回报率，并在一定情况下会促使他们回流，返回家乡与家人团聚，并承担照料子女和老人的责任。也由于类似的原因，回流的农民工选择再次返回城镇劳动力市场的可能性不大。在这个方面，本书与当前国内外文献的观点存在较大差异。

第三节　数据和方法

一、数据来源

本章数据来自上海财经大学 2013 年度"千村调查"项目。2013 年度"千村调查"项目以"农村劳动力城乡转移状况"为主题进行了全国范围的随机抽样定点调查，采用了多阶段系统规模成比例的不等概率抽样方法，赋予每个初级抽样单元与单元农村人口规模成比例的入样概率，在全国随机抽取了 21 个省级行政区中的 30 个县级行政区，30 个调查队深入这些行政区中的 120 个行政村，共入户调查了 6 203 户家庭 28 840 位家庭成员的具体情况。根据中国对劳动年龄和退休年龄的规定，并考虑到农民工的具体情况，本章选取的研究对象为 16~60 岁的劳动适龄人口，家庭孩子为年龄在 16 岁以下的人口。

二、实证策略

为了考察劳动者的个人因素和家庭因素对农村户籍劳动力外出务工与回流决策的影响，本章建立了农村劳动力务工决策模型。由于农民工务工选择是分层次的，直接对相关样本进行 Probit 或 Logit 估计，容易产生样本选择问题，引起估计偏误（王子成和赵忠，2013；赵海涛和刘乃全，2018）。参考 Pak-Wai L. 等（2004）提出的样本选择模型，本章将农村劳动力的务工决策分为两个层次：

第一，采用 Mlogit 模型来分析农村劳动力是否迁移至外地从事非农就业：

$$p_{ij} = \text{prob}(y_i = non\_rural) = \frac{\exp(Z_i\alpha_j)}{\sum\limits_{j=1}^{N}(Z_i\alpha_j)}, \; i = 1,\cdots,N; \; j = 1,2,3 \quad (9.1)$$

上式中，N 代表样本总量；$j = 1,2,3$ 分别代表家庭留守、本乡镇务工、流动到外地务工；p_{ij} 为家庭个体 i 选择务工类型 j 的概率；Z 为一组解释变量，包括个体特征、家庭特征和地域特征；α_j 是待估计系数。在模型（9.1）中，以 $j = 1$ 作为对照组，估计相关解释变量对农村劳动力外出务工的影响效应。对于模型（9.1），采用最大似然估计方法（MLE）进行估计。

第二，对于已经外出务工的农业转移人口而言，基于模型（9.1），建立农业转移人口回流模型如下：

$$reflow_{ij} = \beta_0 + \beta_1 married_{ij} + \beta_2 child_{ij} + \beta_3 old_{ij} + C_{ij}\sum_{b=1}^{t}\theta_b X_{ib} + \lambda_j + \varepsilon_{ij}$$

$$(9.2)$$

其中，$reflow$ 为回流虚拟变量，代表留城继续务工或回流两种模式，$married$、$child$ 和 old 分别代表是否已婚、家庭未成年子女数量和家庭是否有 60 岁以上老人，是模型的三个核心解释变量；X 代表其他控制变量，包含其他个体特征、家庭特征、地域特征以及外出务工特征等；λ_j 代表选择性偏差项。参考 White（1980）的模型设定方法，计算 $\hat{\lambda_{ij}} = -\phi[\Psi(Z_i\hat{\alpha_j})]/\hat{P_{ij}}$ 为选择性偏差项，其中，$\Psi(Z_i\hat{\alpha_j}) = \Phi^{-1}(\hat{P_{ij}})$；$\phi(.)$ 为标准正态密度函数；$\Phi(.)$ 是标准正态分布函数。对于模型（9.2）采用线性概率模型（LPM）进行估计。

第四节　实证检验

一、对农村劳动力外出就业与回流决策的检验

1. 变量及描述性统计分析

模型中的变量主要包括以下几个类型：①个体因素：婚姻、性别、工作经验、受教育年限；②家庭因素：7 岁以下人口数、7~12 岁人口数、土地是否被征用、家庭总支出、家庭纯收入、家庭人口规模、家中是否有 60 岁以上老人；③外出务工特征：外出务工和配偶一起、外出务工和子女一起；④劳动者回流因素：结婚、生孩子或照顾孩子；⑤其他因素：东部省份、中部省份、西部省份。其中方程的观察变量为：婚姻、孩子数量（7 岁以下人口数；7~12 岁人口数）。

表 9.2 为四种劳动力相关变量的均值统计。从月工资来看，留城劳动力的月工资为 2 984 元，要高于在本乡镇从事非农工作的劳动力；从年龄来看，在本乡镇从事农业和非农工作的劳动力的年龄较大，而留城劳动力的年龄相对较小；从受教育程度来看，留城劳动力的受教育程度最高，为

8.692 年，高于其他类型劳动力；从婚姻角度上看，留城劳动力已婚比例最低。回流劳动力和留城劳动力在外出务工期间是否与配偶在一起的比例比较接近，在外出务工期间与子女和老人在一起的比例都比较低，仅 20% 多一点。

表 9.2　四种劳动力相关变量均值统计

变量	留守劳动力	本乡镇从事非农工作劳动力	留城劳动力	回流劳动力
月工资	—	2 242	2 984	—
年龄	42. 94	41. 04	32. 84	35. 15
男性比例	0. 407	0. 642	0. 657	0. 589
受教育年限	6. 59	8. 143	8. 692	7. 535
健康状况	2. 01	1. 751	1. 734	1. 898
已婚比例	0. 835	0. 879	0. 721	0. 804
家庭孩子数量	0. 868	1. 012	1. 004	1. 058
7 岁以下人口数	0. 460	0. 443	0. 567	0. 535
7~12 岁人口数	0. 246	0. 237	0. 299	0. 289
家庭人口规模	4. 026	4. 364	4. 198	4. 277
土地被征用	0. 116	0. 184	0. 195	0. 123
家庭总支出	29 056	37 470	35 264	27 735
家庭纯收入	32 231	46 165	46 863	38 420
家庭固定资产	34 902	43 108	22 484	22 489
家庭总负债	56 102	61 631	57 543	50 055
外出务工与配偶一起	—	—	0. 474	0. 469
外出务工与子女一起	—	—	0. 212	0. 207
外出务工和老人一起	—	—	0. 220	0. 240
家中有 60 岁以上老人	0. 569	0. 556	0. 622	0. 662
务工期间月工资对数	—	7. 715	8. 001	7. 778
城市医疗保障	—	—	0. 059 9	0. 027 9
随迁子女就读	—	—	0. 000 833	0. 000 920
务工期间月消费对数	—	—	7. 026	6. 696
亲友熟人介绍工作	—	—	0. 338	0. 452
外出务工遭受歧视	—	—	0. 170	0. 201

表9.2(续)

变量	留守劳动力	本乡镇从事非农工作劳动力	留城劳动力	回流劳动力
中西部	0.607	0.502	0.716	0.761
劳动力数量	10 010	2 822	5 534	1 158

注：①留守劳动力是指从未有过外出务工经历的农村户籍劳动力；回流劳动力是指曾经外出务工就业，但是调查期间在农村未外出务工；本乡镇从事非农工作的劳动力是指在当地本乡镇从事非农工作的农村户籍劳动力；留城劳动力是指外出务工的农村户籍劳动力，且在本乡镇之外从事非农工作。②男性、已婚、外出务工是否与配偶一起、外出务工是否与子女一起、外出务工是否与老人一起、家中是否有60岁以上老人变量为0/1型变量；③家庭总支出为2012年家庭消费性总支出（单位：元）；家庭纯收入为2012年家庭总的纯收入（单位：元）；家庭固定资产为2012年生产性固定资产净值（单位：元）；家庭总负债为2012年家庭总负债额（单位：元）。④健康状况变量为被调查者的主观评价，用1、2、3、4分别代表健康状况非常好、好、一般和不好。⑤城市医疗保障包括城镇职工基本医疗保险、城镇居民基本医疗保险；随迁子女就读指随迁子女在务工地公办学校就读。

2. 非农劳动参与率与工资

本章非农劳动参与率的计算公式为：劳动参与率＝样本中有非农就业人数/潜在劳动力人数。

本章将劳动力年龄限定为16岁至60岁，在统计期内在本乡镇从事工资性工作和在本乡镇以外务工和经商的定义为非农劳动。表9.3为农村劳动力的非农劳动参与统计，从表9.3可以看出：第一，农村劳动力的非农劳动参与率为42.7%；一开始农村劳动力的非农劳动参与率随着年龄的增加而有所上升，在26岁至35岁之间达到最高，随后随着年龄的增加而下降。第二，性别、婚姻、受教育程度和孩子数量均对农村劳动力的非农劳动参与率有较大影响。男性的非农劳动参与率为53.7%，远高于女性的30.9%；已婚农村劳动力的非农劳动参与率为41.5%，低于未婚农村劳动力的45.4%；受教育程度越高，农村劳动力的非农劳动参与率越高。

表9.3中列出了农村劳动力从事非农就业工作所获得的工资性收入。农村劳动力从事非农工作获得的平均工资为2 476元，一开始农村居民的工资性收入随着年龄的增加而有所上升，在26岁至35岁之间达到最高，而后随着年龄的增加而下降。男性的工资要高于女性的工资，已婚者获得的工资性收入要高于未婚者获得的工资性收入。受教育程度越高，所获得的工资性收入也越高。

表 9.3　农村劳动力非农劳动参与统计

变量		月工资/元	劳动参与率均值/%
全部样本		2 476	42.7
年龄	16~25	2 240	40.4
	26~35	2 698	60.5
	36~45	2 613	49.2
	46~55	2 325	32.1
	55~60	1 843	18.2
性别	男	2 674	53.7
	女	2 101	30.9
婚姻	未婚	2 344	45.4
	已婚	2 514	41.5
受教育程度	0~6 年	2 289	32.3
	7~12 年	2 468	48.4
	至少 13 年	2 476	49.8
孩子数量	0 个	2 240	44.1
	至少 1 个	2 698	40.6

3. 估计结果

表 9.4 为农村劳动力外出务工（第一层次）和回流决策模型（第二层次）的估计结果。其中，第一层次估计结果是以家庭留守为对照组，相关解释变量对本乡镇务工和外出务工的影响；第二层次估计结果采用线性概率模型 LPM，考察样本选择效应的估计值（见 LPM2 列）；同时，为了考察模型估计的稳健性，表 9.4 还列出了不考虑样本选择效应，直接采用 Probit 模型和线性概率模型 LPM 的估计结果（见 Probit 列和 LPM1 列）。本章主要考察两个变量"已婚"和"孩子数量"是否对农村户籍劳动力的非农劳动参与有显著影响；同时，根据劳动供给理论和我国学者关于劳动力供给的实证研究（乔治·J. 鲍哈斯，2010 年；张世伟、周闯，2009；封进、张涛，2012），本章还控制了如下变量：受教育年限、性别、年龄、外出务工和配偶一起、家庭总支出等。表 9.4 中样本选择误差项 λ 的估计系数并不显著，这一结果意味着不考虑样本选择效应，直接采用 Probit 模型和线性概率模型 LPM 也可以得到无偏的估计结果，因此在考察第二层次的估计时，本章需要综合考察三个模型估计结果的一致性。

从表9.4的估计系数和显著性可以观察出如下特征：第一，已婚因素。已婚除了对是否在"本乡镇务工"没有显著影响之外，对"外出务工"以及"回流返乡"均有显著影响，这些影响表现在：已婚的农村居民不愿意外出务工，回流返乡的概率大。第二，孩子数量因素。本章设置了两个变量——"7岁以下人口数"与"7~12岁人口数"。其中"7岁以下人口数"对"本乡镇务工"没有显著影响，但是"7岁以下人口数"越多，外出务工的概率越小，回流的概率越大；而"7~12岁人口数"对"外出务工"以及"回流返乡"均没有显著影响。第三，除了"已婚"和"孩子数量"的影响外，表9.4还列出了"家中有60岁以上老人"这一变量的估计系数，和"7岁以下人口数"的估计结果相似，"家中有60岁以上老人"的农村居民，外出务工的概率越小，回流返乡的概率越大。综合"已婚""家庭孩子数量""家中有60岁以上老人"的估计系数可以看出，第二层次中三种模型的估计结果是一致的，即需要家庭团聚和照料家庭的农村居民更难以外出务工，更容易回流返乡。

表9.4的估计结果验证了本章在前面提出的命题1和命题2：婚姻对农村居民非农劳动供给有显著影响，已婚的劳动力比未婚的劳动力具有更低的非农劳动参与率。而对于已经外出务工的农民工而言，已婚的农民工比未婚的农民工回流概率更大。对于已婚的家庭来说，孩子数量影响非农劳动参与决策。孩子越多，父母参与非农劳动的决策意愿越弱。而对于已经外出务工的农民工而言，孩子数量越多的农民工比孩子数量较少的农民工回流概率更大。

表9.4 农村劳动力务工决策模型估计

变量	第一层次		第二层次		
	本乡镇务工	外出务工	Probit	LPM1	LPM2
已婚	0.202	−0.131 **	0.098 0 ***	0.021 4 **	0.025 9 **
	(0.162)	(0.056 4)	(0.014 0)	(0.010 1)	(0.011 3)
男性	0.863 ***	0.881 ***	−0.209 *	−0.014 4 *	−0.044 1 *
	(0.062 5)	(0.044 5)	(0.109)	(0.008 08)	(0.025 4)
年龄	0.224 ***	0.285 ***	0.145 ***	0.008 08 ***	0.013 9 **
	(0.023 7)	(0.017 0)	(0.038 9)	(0.003 05)	(0.005 61)
年龄平方/100	−0.291 ***	−0.493 ***	−0.153 ***	−0.006 46	−0.016 3 *
	(0.028 3)	(0.023 0)	(0.049 3)	(0.004 11)	(0.009 01)

表9.4(续)

变量	第一层次		第二层次		
	本乡镇务工	外出务工	Probit	LPM1	LPM2
受教育年限	0.030 2 ***	0.022 2 ***	0.009 96	0.001 80	−0.002 73 **
	(0.008 85)	(0.006 47)	(0.014 6)	(0.001 16)	(0.001 38)
健康状况	−0.164 ***	−0.144 ***	−0.023 8	−0.001 92	−0.006 89
	(0.034 6)	(0.027 7)	(0.055 1)	(0.004 97)	(0.006 39)
7岁以下人口数	−0.043 5	−0.122 ***	0.026 5 ***	0.031 2 ***	0.032 6 ***
	(0.044 1)	(0.030 9)	(0.005 65)	(0.004 78)	(0.005 81)
7~12岁人口数	0.088 5	0.053 4	0.037 4	0.004 63	0.007 17
	(0.056 4)	(0.041 4)	(0.074 5)	(0.006 40)	(0.006 72)
土地被征用	0.110	−0.562 ***	0.094 7	0.010 3	−0.004 54
	(0.085 4)	(0.069 5)	(0.136)	(0.011 8)	(0.016 8)
家中有60岁以上老人	−0.060 8	−0.462 ***	0.380 ***	0.033 3 ***	0.021 1 **
	(0.061 3)	(0.044 3)	(0.093 2)	(0.007 50)	(0.009 51)
务工期间月工资对数	—	—	−0.202 ***	−0.026 8 ***	−0.026 9 ***
			(0.067 5)	(0.007 16)	(0.007 16)
城市医疗保障	—	—	−0.636	−0.011 6	−0.011 1
			(0.431)	(0.016 5)	(0.016 5)
随迁子女就读	—	—	2.352 ***	0.474 ***	0.477 ***
			(0.713)	(0.102)	(0.102)
务工期间月消费对数	—	—	−0.233 ***	−0.027 4 ***	−0.027 5 ***
			(0.059 5)	(0.005 91)	(0.005 91)
亲友熟人介绍工作	—	—	0.384 ***	0.037 0 ***	0.036 6 ***
			(0.088 6)	(0.007 75)	(0.007 75)
外出务工和配偶一起	—	—	−0.187 *	−0.023 9 **	−0.023 6 **
			(0.107)	(0.009 73)	(0.009 74)
外出务工和子女一起	—	—	−0.135	−0.012 0	−0.012 8
			(0.135)	(0.010 3)	(0.010 3)
外出务工和老人一起	—	—	0.090 9	0.014 6	0.014 5
			(0.184)	(0.015 9)	(0.015 9)
外出务工遭受歧视	—	—	0.054 0	−0.000 803	−0.000 814
			(0.111)	(0.009 70)	(0.009 70)
λ	—	—	—	—	0.082 5
					(0.066 9)
中西部	−0.076 9	0.593 ***	0.223 **	0.018 2 **	0.033 6 **
	(0.062 4)	(0.047 7)	(0.106)	(0.008 26)	(0.015 0)

变量	第一层次		第二层次		
	本乡镇务工	外出务工	Probit	LPM1	LPM2
常数项	−6.729*** （0.448）	−4.637*** （0.282）	−2.082** （0.835）	0.222*** （0.067 8）	0.189*** （0.072 7）
样本量	13 442	13 442	3 253	3 253	3 253
R^2	—	—	—	0.083	0.083

注：***、**、* 分别表示估计值在1%、5%、10%的显著性水平下显著；（）中的数字代表估计值的标准差；健康状况变量为被调查者的主观评价，用1、2、3、4分别代表健康状况非常好、好、一般和不好；城市医疗保障包括城镇职工基本医疗保险、城镇居民基本医疗保险；随迁子女就读指随迁子女在务工地公办学校就读。

二、对保留工资差异的检验

虽然无法直接观察到劳动力的保留工资，但我们可以通过一些间接途径观察到不同群体的保留工资。所谓保留工资就是劳动者进入劳动力市场的最低工资，如果低于这个工资，劳动者就不会进入劳动力市场，而进入劳动力市场的劳动者所得到的工资肯定会高于或等于其保留工资。

我们一般可以通过两种途径了解保留工资：第一，通过问卷的方式直接询问潜在劳动力（一般是16岁以上人口，包括劳动力和非劳动力）的保留工资，一些文献采用了这种办法了解潜在劳动力的保留工资（丁守海，2011；李锋亮、陈晓宇、汪潇潇 等，2010）。第二，通过观察潜在劳动力的一些行为特征也可以间接确定保留工资。Prasad（2000）的研究发现，人们报告的期望工资与其实际的保留工资的差距为0，那么利用期望工资来替代保留工资就是可行的。有不少文献用类似的方法估计劳动者的保留工资（张建武、崔惠斌，2007；田永坡，2010）。

考虑到研究目的和数据的可获得性，本章采用第二种方法来估计和获得农村户籍劳动力非农就业的保留工资，本章这样估计不同劳动者的保留工资：第一，根据婚姻状况把农村户籍劳动力划分为两个群体：已婚和未婚。第二，将上述每个群体进一步细分为两个子群体：有非农工作群体和无非农工作群体，也就是说，每个群体都有外出务工和不外出务工的部分，只是比例有差别而已。其中有非农工作的群体的工资在样本问卷中就可以获得，但是无非农工作的群体的工资问卷中没有，可以通过工资方程估计获得预测值①。这样就可以得到每一个群体（已婚和未婚）的期望工资。

$$wage_{expec} = \frac{Wage_{actual} \cdot Number_{urban} + Wage_{forcast} \cdot Number_{rural}}{Number_{urban} + Number_{rural}} \qquad (9.3)$$

在上式中，$wage_{expec}$ 为某个群体（已婚或未婚）的期望工资，$Wage_{actual}$ 为有非农就业劳动力的实际工资，$Wage_{forcast}$ 为无非农工作劳动力的预测工资，$Number_{urban}$ 为非农就业劳动力的数量，$Number_{rural}$ 为无非农工作劳动力的数量。

本章计算了已婚样本和未婚样本的期望工资与非农劳动参与率，从表 9.5 中的数据可以看出，已婚农村劳动力的期望工资为 2 368 元，要高于未婚农村劳动力的 2 230 元；从非农劳动参与率来看，未婚农村劳动力的非农劳动参与率更高。这可以说明，已婚农村劳动力的保留工资要高于未婚农村劳动力的保留工资，而导致两者保留工资差异的主要原因在于已婚农村劳动力家庭团聚以及照料子女的价值。本章还计算了家庭孩子数量对农村劳动力保留工资的影响，结果如表 9.6 所示。从表 9.6 的结果来看，没有孩子的农村劳动力的期望工资为 2 260 元，而孩子数量至少为 1 的农村劳动力的期望工资为 2 415 元；从非农劳动参与率来看，没有孩子的农村劳动力具有更高的非农劳动参与率。由此也可以断定，家庭孩子数量影响了农村劳动力的保留工资，有孩子的农村劳动力具有较高的保留工资，而其中的原因也在于有孩子的农村劳动力家庭团聚和照料子女成长的价值。

表 9.5　已婚样本和未婚样本的期望工资与非农劳动参与率

类型		已婚	未婚
有非农工作子样本	频数	5 774	1 646
	百分比	77.8	22.2
无非农工作子样本	频数	6 062	1 060
	百分比	85.1	14.9
月工资/元	有非农工作样本	2 514	2 344
	无非农工作（预测值）	2 234	2 053
期望工资/元		2 368	2 230
非农劳动参与率/%		41.5	45.4

数据来源：上海财经大学 2013 "千村调查" 数据。

---

① 限于篇幅限制，本章在此未列出工资方程的估计结果。

表 9.6　家庭孩子数量为 0 个和至少 1 个的期望工资与非农劳动参与率

类型		孩子数量 0 个	孩子数量至少 1 个
有非农工作子样本	频数	2 989	4 432
	百分比	40.3	59.7
无非农工作子样本	频数	2 987	4 145
	百分比	41.8	58.2
月工资/元	有非农工作样本	2 401	2 537
	无非农工作（预测值）	2 118	2 285
期望工资/元		2 260	2 415
非农劳动参与率/%		44.1	40.6

数据来源：上海财经大学 2013 "千村调查" 数据。

　　本章在前面理论分析提出的命题 3 得到检验：对已婚并有孩子的家庭来说，由于家庭团聚、子女教育与照料、老人赡养均具有较高的家庭效用，因此，相较于未婚劳动力，已婚劳动力的保留工资更高，需要更高的工资才能吸引他们参与非农劳动。

　　因为已婚和孩子数量影响了劳动力的保留工资，而保留工资是劳动力是否进入城镇劳动力市场的重要影响因素，与保留工资较低的未婚以及没有孩子的劳动力相比，已婚且有孩子的劳动力具有更高的保留工资，所以他们退出城镇劳动力市场并返回家乡的可能性更大。

三、对回流农民工是否为城镇劳动力市场的失败者的检验

　　Stark 等的研究认为，劳动力的流动本质上是一种人力资本投资，劳动力的回流是一种不成功的人力资本投资，即回流者在城镇劳动力市场难以进入正规部门，是城镇劳动力市场的失败者。本章认为，回流劳动力并非城镇劳动力市场的失败者，农村劳动力的外出务工本质上是一种人力资本投资，这种人力资本投资收益的高低在很大程度上取决于迁移成本，那些已婚且孩子数量较多的农民工要承担更高的迁移成本，这降低了他们的迁移回报率，一定的情况下会促使他们回流，返回家乡与家人团聚，并承担照料子女和老人的责任。

　　第一，从表 9.2 可以看出，回流劳动力的平均年龄为 35.15 岁，处于具有较高劳动生产率的年富力强的阶段，在民工荒的背景下不存在就业的困难。表 9.7 为回流劳动力选择回乡的原因统计分析，从表 9.7 可以看出，

回流劳动力选择回乡的、排在前5位理由分别为："生孩子或照顾孩子""方便照料老人""结婚""盖房子"和"配偶团聚"，主要原因均和前面理论分析中谈到的和家庭团聚、婚姻和照料老人和孩子有关。

表9.7　回流劳动力选择回乡的原因统计

您选择回乡的原因是?	频数/人	百分比
1. 结婚	311	12.18%
2. 生孩子或照顾孩子	599	23.46%
3. 盖房子	206	8.07%
4. 配偶团聚	173	6.78%
5. 务农的收入也提高了	69	2.70%
6. 回乡工作机会多了	169	6.62%
7. 疾病或残疾	135	5.29%
8. 家乡有医疗养老等社会保障	19	0.74%
9. 方便子女教育	134	5.25%
10. 方便照料老人	589	23.07%
11. 生活费用低	149	5.84%

数据来源：上海财经大学2013"千村调查"数据。

第二，样本调查时间为2012年，回流劳动力样本数据还提供了回流劳动力在2010年和2011年从事非农劳动工作所获得的工资收入。本章在表9.8把回流劳动力在2010年和2011年获得的工资收入与留城劳动力在2012年所获得的工资收入进行了对比。从表9.8中的数据可以看出，在2012年，留城劳动力获得的月工资收入为2 625元，而回流劳动力2010年获得的月工资收入为2 492元，为留城劳动力2012年工资收入的94.5%；2011年回流劳动力获得的月工资进一步上升到2 564元，为留城劳动力2012年工资收入的97.7%。考虑到两者受教育程度的差距以及价格因素，本章认为两者的工资没有显著差距。这也从侧面说明，回流劳动力返乡并不是因为就业困难或者人力资本投资失败。

表 9.8　回流劳动力和留城劳动力工资统计

变量		2010 年		2011 年		2012 年	
		样本量	均值/元	样本量	均值/元	样本量	均值/元
月工资	回流劳动力	768	2 492	674	2 546	—	—
	留城劳动力	—	—	—	—	4 679	2 625
小时工资	回流劳动力	723	13. 48	674	13. 72	—	—
	留城劳动力	—	—	—	—	4 389	14. 07

数据来源：上海财经大学 2013 "千村调查" 数据。"—" 为无数据。

第三，为了进一步检验不同人力资本水平的农业转移人口在回流偏好上的差异，本章将农业转移人口分为高技能劳动力（受教育年限高于 6年，初中及以上学历）和低技能劳动力（受教育年限不高于 6 年，小学及以下学历）。表 9.9 列出了两类群体回流模型的估计结果。从估计结果来看，对于高技能劳动力而言，"已婚" 和 "7 岁以下孩子数量" 两个变量仍然显著为正，但对于低技能劳动力而言，两个变量的影响不再显著。从人力资本异质性的角度来看，上述结果表明，虽然较高技能劳动力往往更容易在城市找到稳定且收入水平较高的工作，即更容易在城市进行人力资本投资（白南生和李靖，2008；张春泥，2011），但该群体同时更加关注家庭团聚和子女照料的效用。表 9.10 关于回流劳动力未来一年的计划的结果从另一角度也表明，回流并非一定是人力资本投资失败的结果，对于较高人力资本水平的劳动力而言，回流可以是一种为了获取更高家庭效用的主动迁移行为。

表 9.9　不同人力资本农村劳动力回流决策估计

变量	低技能劳动力			高技能劳动力		
	Probit	LPM1	LPM2	Probit	LPM1	LPM2
已婚	0. 061 5	0. 170	0. 047 8	0. 127 ***	0. 372 ***	0. 138 ***
	(0. 046 8)	(0. 135)	(0. 047 3)	(0. 024 8)	(0. 073 8)	(0. 025 4)
男性	−0. 030 0	−0. 081 0	−0. 083 6 **	−0. 034 5 **	−0. 098 4 **	−0. 000 839
	(0. 028 6)	(0. 081 5)	(0. 040 7)	(0. 016 9)	(0. 049 9)	(0. 031 4)
年龄	0. 008 68	0. 026 2	−0. 016 9	0. 012 8 **	0. 036 8 **	0. 004 80
	(0. 009 74)	(0. 028 4)	(0. 016 9)	(0. 006 29)	(0. 018 5)	(0. 014 7)
年龄平方/100	−0. 001 69	−0. 007 37	0. 027 1	−0. 025 2 ***	−0. 070 2 ***	0. 004 16
	(0. 012 2)	(0. 035 6)	(0. 019 8)	(0. 008 49)	(0. 024 8)	(0. 017 9)
健康状况	0. 037 6 **	0. 104 **	0. 052 2 ***	0. 022 9 **	0. 065 3 **	0. 012 4
	(0. 015 1)	(0. 042 7)	(0. 017 0)	(0. 010 6)	(0. 030 8)	(0. 012 8)

表9.9(续)

变量	低技能劳动力			高技能劳动力		
	Probit	LPM1	LPM2	Probit	LPM1	LPM2
7 岁以下人口数	-0.009 74	-0.027 3	-0.019 0	0.020 9**	0.064 1**	0.023 1**
	(0.017 4)	(0.050 4)	(0.018 1)	(0.010 0)	(0.029 8)	(0.010 6)
7~12 岁人口数	-0.010 8	-0.034 6	-0.010 8	-0.016 9	-0.050 5	-0.018 9
	(0.020 7)	(0.060 1)	(0.020 7)	(0.014 7)	(0.043 6)	(0.014 8)
土地被征用	0.028 2	0.089 0	0.007 12	0.015 8	0.045 8	0.019 5
	(0.041 2)	(0.116)	(0.042 7)	(0.024 1)	(0.070 5)	(0.024 9)
家中有 60 岁以上老人	-0.101***	-0.278***	-0.095 1***	0.059 7***	0.169***	0.059 8***
	(0.026 8)	(0.076 1)	(0.026 9)	(0.015 7)	(0.046 4)	(0.015 7)
务工期间月工资对数	-0.044 3*	-0.131**	-0.044 0*	-0.051 7***	-0.152***	-0.050 6***
	(0.022 6)	(0.063 6)	(0.022 6)	(0.014 8)	(0.043 2)	(0.014 8)
城市医疗保障	-0.040 8	-0.120	-0.037 5	-0.068 7**	-0.242**	-0.064 5**
	(0.156)	(0.457)	(0.156)	(0.032 6)	(0.105)	(0.032 8)
随迁子女就读	—	—	—	0.128	0.323	0.133
				(0.227)	(0.659)	(0.227)
务工期间月消费对数	-0.080 6***	-0.229***	-0.082 2***	-0.039 1***	-0.115***	-0.037 8***
	(0.020 1)	(0.056 8)	(0.020 1)	(0.012 7)	(0.037 1)	(0.012 8)
亲友熟人介绍工作	0.045 1*	0.118	0.047 8*	0.065 2***	0.186***	0.063 3***
	(0.027 3)	(0.077 3)	(0.027 3)	(0.016 3)	(0.047 8)	(0.016 5)
外出务工和配偶一起	-0.072 4**	-0.197**	-0.076 1**	-0.081 7***	-0.232***	-0.084 3***
	(0.032 4)	(0.090 5)	(0.032 4)	(0.020 7)	(0.060 5)	(0.020 8)
外出务工和子女一起	0.012 7	0.025 1	0.016 5	0.020 0	0.076 4	0.020 0
	(0.035 6)	(0.101)	(0.035 7)	(0.022 8)	(0.067 9)	(0.022 9)
外出务工和老人一起	0.014 9	0.042 3	0.014 2	0.043 0	0.125	0.041 7
	(0.057 7)	(0.165)	(0.057 7)	(0.034 1)	(0.098 4)	(0.034 1)
外出务工遭受歧视	-0.029 9	-0.084 3	-0.028 2	0.057 1***	0.161***	0.053 2**
	(0.032 1)	(0.090 4)	(0.032 1)	(0.020 8)	(0.060 4)	(0.020 9)
λ	—	—	-0.405*	—	—	0.200
			(0.230)			(0.164)
中西部	0.099 5***	0.300***	0.176***	0.062 1***	0.184***	0.028 9
	(0.034 3)	(0.099 2)	(0.055 5)	(0.017 6)	(0.052 8)	(0.032 9)
常数项	0.900***	1.128*	0.820***	1.039***	1.634***	1.003***
	(0.232)	(0.682)	(0.236)	(0.142)	(0.424)	(0.144)
样本量	1 295	1 295	1 295	2 033	2 033	2 009
R^2		0.120	0.122		0.089	0.089

表 9.10　劳动力未来一年的计划

未来一年的计划是什么？	从未有务工经历样本	在本乡镇务工样本	外出务工样本	返乡回流样本
1. 留在目前所在地工作	20.61%	75.39%	80.03%	31.11%
2. 留在目前所在地务农	50.86%	12.69%	2.57%	39.70%
3. 两个月内会外出打工	0.37%	0.39%	—	1.23%
4. 一年内外出打工	1.45%	2.02%	—	9.82%
5. 两个月内会换一个城市工作	—	0.04%	0.30%	—
6. 一年内会换一个城市工作	—	0.04%	0.30%	—
7. 两个月内回老家	—	—	0.15%	—
8. 一年内回老家	—	—	0.87%	—
9. 没计划	20.35%	8.96%	8.27%	14.46%
10. 其他	6.36%	0.47%	7.51%	3.68%

数据来源：上海财经大学 2013 "千村调查" 数据。

第四，回流劳动力未来的计划。表 9.10 是 4 种类型劳动力未来一年的计划，从表 9.10 的数据可以看出，31.11% 的回流劳动力选择 "留在目前所在地工作"，39.70% 的回流劳动力选择 "留在目前所在地务农"，仅有 1.23% 的回流劳动力选择 "两个月内会外出打工"，9.82% 的回流劳动力选择 "一年内外出打工"。这个结果与王子成和赵忠 （2013） 的研究结果有较大差异，他们的研究结果认为，回流是暂时性的，大部分回流农民工会选择再次迁移，留乡发展的概率并不大，但是并未给出有说服力的解释。本章的理论分析和实证结果都认为回流劳动力再次迁移的概率并不大。

此外，表 9.10 的数据也表明，从未有过务工经历的农村劳动力和在本地务工的劳动力关于未来一年的计划都比较稳定，都倾向于在本地从事农业或者非农工作；其中从未有过务工经历的劳动力中有 20.61% 的劳动力计划 "留在目前所在地工作"，这些人愿意转入非农部门，但是倾向于在本地从事非农工作。在本乡镇从事非农工作的劳动力中，有 75.39% 的劳动力依然选择 "留在目前所在地工作"，有 12.69% 的劳动力选择 "留在目前所在地务农"。在外出务工劳动力中，有 80.03% 的劳动力选择 "留在目前所在地工作"。

第五节　本章小结

由于我国户籍制度对农村户籍劳动力的自由流动和迁移有限制，很多流动到城镇务工就业的农村户籍劳动力难以在城镇安家落户，农村劳动力转移带有"移而不迁"的特征，使得家庭要面临夫妻分居或者家庭分离、子女教育和抚养等问题。农村劳动力一旦离开家庭进入城镇非农产业，其家庭生产能力或者家庭效用就会下降很多，因此对于已婚且有孩子的农村户籍劳动力来说，他们进入城镇非农就业的成本更高。对于尚未结婚，或者结婚了但是没有孩子的家庭来说，他们进入城镇务工就业的成本相对较小。本章基于这一假设，并通过修正的家庭劳动供给模型，较好地解释了我国农村居民非农劳动供给的两个重要现象：第一，农村居民与城镇居民的非农劳动参与年龄结构为何存在显著差异？很多有非农就业经历的农村居民为何在他们正值壮年、经验和人力资本不断增加的时候退出了城市非农劳动力市场？户籍制度对农村居民的约束给部分家庭劳动力外出就业增加了额外的成本，这里部分家庭是指那些结婚的、有孩子的家庭，他们受到户籍制度的影响更大。因此，这些家庭的劳动力更容易退出非农劳动供给队伍，使得我国农村居民非农劳动供给呈现特殊的年龄结构。第二，为农村尚存在富余劳动力而城镇劳动力市场却出现了劳动力缺口提供了一个新的理论解释。

自 2005 年以来，以农村劳动力为主的流动人口迁徙呈现出先往东部集中、后逐步往中西部分散的重要特征，尤其是近年来，这一趋势逐渐增强。本章的研究结论表明，家庭团聚和照料的效用对农村劳动力务工决策的影响是十分重要的，尤其随着收入的增加和生活水平的不断提高，农村劳动力逐渐从以收入为主要目的转向以家庭效用最大化为主要目的，进而形成农村劳动力逐渐往家乡地区回流的态势。因此，只有进一步深化户籍制度改革，尤其是以农村劳动力家庭服务为对象的改革，打破农村劳动力非农就业的家庭障碍，才能从根本上引导农村劳动力在城乡间以及城市空间的有序流动，提升我国人力资本的有效积累。

第十章　生命历程视角下农业转移人口回流偏好研究

第一节　问题的提出

劳动力在城乡间和不同区域间的转移是经济发展过程中普遍存在的人口现象和经济现象，在劳动力转移过程中，劳动力回流是一种典型的反向迁移模式（Lee，1966；Dustman，1997；Murphy，1999）。在城乡二元体制下，我国农业转移人口市民化进程迟缓，表现出极高的回流频率，2013年上海财经大学"千村调查"数据统计，返乡半年以上的人占到了外出务工人数的74.58%以上，这与国外发达国家和地区的移民回流是有很大差异的。

关于劳动力回流的动因，国外学者从理论上和实证上进行了大量研究。西方学者很早就提出家庭收益最优决定着劳动力的迁移和回流决策（Davanzo，1976；Sandell，1977；Mincer，1978）。从分散风险的角度来看，就业困难或没有找到体面的工作会促使劳动力回流（Stark，2003；Lucas，1994）；在外地务工积累的人力资本和储蓄在回流后能够得到更多收益也是一个重要原因，对于很多从农村转入城市的劳动力，在城市很难进入正规的劳动力就业市场，虽然返乡之后不能获得更高收入，但回流可以降低相对贫困感，进而提高家庭生产效用（Taylor & Martin，2010；Lucas，2003）。还有学者从人力资本投资的角度进一步指出，劳动力的回流是一种不成功的人力资本投资（Stark & Bloom，1985；Suzuki，1995）。一些研究指出，家庭结构也对劳动力的回流决策产生影响，那些配偶在老家、家庭有孩子和老人、并且频繁往家乡汇款的迁移者更容易做出回流决策

（Constant & Massey，2002；Zhao，2002；Wang & Fan，2006）。此外，有学者从结构主义的宏观视角讨论了制度约束对流动人口获取公共服务的限制，这种限制也是导致劳动力被动回流的因素之一（Chen & Wang，2015）。

上述研究为分析我国的劳动力回流提供了研究思路和方法，但关于农业转移人口的回流问题还需要做进一步的分析和讨论，这是因为农业转移人口回流呈现以下两个差异性特征：第一，农业转移人口回流时间选择在青壮年且人力资本不断增加的年龄段。图 10.1 为不同年份和年龄段城镇居民和农村居民的非农劳动参与率统计图，可以看出，与城镇劳动力相比，农村劳动力的非农劳动参与率较低，尽管从 2010 年开始有一个较大增幅，但仍然远小于城镇劳动力的非农劳动参与率；另外，随着年龄增长，农村居民的非农劳动参与率是不断下降的，这些特征在其他的研究中也有类似的发现（白南生，2002；约翰·奈特 等，2011），从人力资本积累的角度来看，如图 10.2 所示，劳动力正值壮年，处于收入和人力资本不断增加的年龄段（如 30~50 岁），不应该退出非农劳动力市场，这意味着，劳动力的非农劳动参与率不应该下降。这种回流决策从微观家庭的角度看，意味着收入的下降；从宏观层面上看，意味着劳动力资源利用的不充分。虽然有研究从不同的角度分析了农业转移人口回流的原因（赵耀辉，1997；盛来运，2008；康姣姣 等，2021；李芳华、姬晨阳，2022），但现有研究均未从生命历程的视角深入考察农业转移人口回流的年龄决策，解释为何农业转移人口的回流时间与经典的人力资本理论不一致，而这一点，正是本章与其他文献的不同之处。第二，农业转移人口的回流并非完全是长期的，暂时性回流很普遍，2018 年中国回流劳动力群体再外出的比例高达85.8%（吴方卫、康姣姣，2020）。国外很多研究都将回流假定为长期性或永久性的，然而这一假定并不适合中国的农业转移人口，国内很多研究指出农业转移人口的务工决策并非是永久性的，而是"循环式"和"候鸟式"的，并且从迁移模式多样化的角度对农业转移人口的回流进行了分析（李培林，1996；蔡禾 等，2007；韩俊 等，2009；王子成、赵忠，2013；张吉鹏 等，2020；吴贾、张俊森，2020），但均未深入讨论农业转移人口回流的长期性问题。

基于此，本章通过构建一个连续时间的农业转移人口非农劳动退出模型，从生命历程视角考察农业转移人口回流的时间决策，阐释农业转移人口回流的动因，并且采用 2013 年和 2018 年上海财经大学"千村调查"数据进行实证检验，以期为我国农业转移人口回流为何呈现特殊的年龄结构提供一个解释。

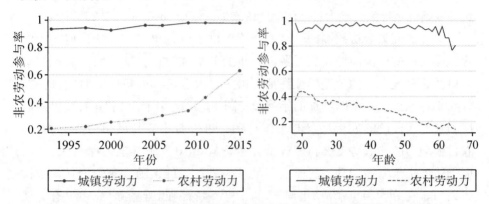

图 10.1 分年份和分年龄段城镇劳动力和农村劳动力的非农劳动参与率统计

数据来源：1993—2015 年 CHNS 数据。

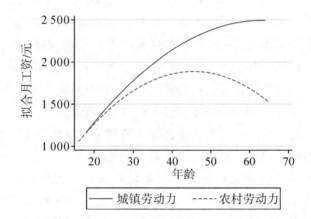

图 10.2 城镇劳动力和农村劳动力非农就业拟合工资曲线

数据来源：1993—2015CHNS 数据。

注：实际工资指以 2015 年不变价格衡量的工资收入。

第二节 理论模型

本章参考 Schwartz（1976）、Naskoteen 和 Zimmer（1980）、Lundborg（1991）、Bodvarsson 等（2016）等关于劳动力迁移理论的研究成果，构建农业转移人口在不同年龄阶段参与非农劳动和回流决策的理论模型。假设农业转移人口有限，连续的生命周期为 T，起初在城市提供非农劳动。农业转移人口可以选择在时间点 λ，$\lambda \in (0, T]$，离开城市回流到农村，并且以后不再提供非农劳动。农业转移人口在城市提供非农劳动将获得非农收入，同时要承担相应的生活成本、与亲人分离和无暇顾及家庭子女和老人等相关负效应 γ。农业转移人口的收入函数可以表示为：

$$I_t = \begin{cases} v_0 + w \cdot t, & \text{if } non\_agri = 1 \\ v_0 + w \cdot \lambda, & \text{if } non\_agri = 0 \end{cases} \tag{10.1}$$

其中，v_0 为非劳动收入，w 为非农劳动工资，non_agri 表示是否在城市提供非农劳动。

农业转移人口的效用函数可以表示：

$$u(c_t) = \begin{cases} \ln c_t - \gamma, & \text{if } non\_agri = 1 \\ \ln c_t, & \text{if } non\_agri = 0 \end{cases} \tag{10.2}$$

其中，c_t 代表 t 期农村劳动者的消费。

农业转移人口最优化问题为选择离开城市的时间点 λ 和每一期的消费 c_t，最大化生命周期效用：

$$V(c_t, \lambda) = \int_{t=0}^{T} u(c_t) e^{-\alpha} t \mathrm{d}t \tag{10.3}$$

约束条件为：

$$\int_{t=0}^{T} c_t \cdot e^{-rt} \mathrm{d}t = \int_{t=0}^{T} w_t \cdot e^{-rt} \mathrm{d}t \tag{10.4}$$

其中，α 为折现率，r 为利率，为了简化分析，假设 $a = r = 0$。

基于上述模型设定，可以得出最优化的消费：

$$c_t^*(\lambda) = \frac{v_0 T + w\lambda T - \frac{w}{2}\lambda^2}{T} \tag{10.5}$$

将式（10.5）带入到式（10.3）中，可以得出最大化的生命周期效用为：

$$V(v_0, w, \lambda, T, \gamma) = T\ln(v_0 T + w\lambda T - \frac{w}{2}\lambda^2) - \gamma\lambda - T\ln T \tag{10.6}$$

基于式（10.6），可以得出关于 λ 的一阶条件：

$$F \equiv \frac{1}{2} w\gamma\lambda^{*2} - w(\gamma + 1)T\lambda^* + wT^2 - v_0 T\gamma = 0 \tag{10.7}$$

基于式（10.7），得出最优的回流时间：

$$\lambda^* = \frac{w\gamma T + wT - \sqrt{(\gamma^2 + 1) w^2 T^2 + 2w\gamma}}{w\gamma} < \frac{w\gamma T + wT - \sqrt{\gamma^2 w^2 T^2}}{w\gamma} = \frac{T}{\gamma}$$

$$(10.8)$$

由式（10.7），可得：

$$\frac{\partial F}{\partial \lambda^*} = w\gamma\lambda^* - w\gamma T - wT < 0 \qquad (10.9)$$

$$\frac{\partial F}{\partial w} = \frac{\gamma}{2}\lambda^{*2} - (\gamma + 1)T\lambda^* + T^2 > 0 \qquad (10.10)$$

$$\frac{\partial F}{\partial \gamma} = w\lambda^*(\frac{1}{2}\lambda^* - T) - v_0 T < 0 \qquad (10.11)$$

通过式（10.7）至式（10.11），可以得出以下结论：

结论 1：$\frac{\partial \lambda^*}{\partial w} = -\frac{\partial F/\partial w}{\partial F/\partial \lambda^*} > 0$，即非农劳动工资水平越高，农业转移人口选择回流的时间越晚。与城镇户籍劳动力相比，农业转移人口的实际工资水平较低，这会促使农业转移人口更早地离开城市非农劳动力市场。

结论 2：$\frac{\partial(\partial \lambda^*/\partial w)}{\partial T} = \frac{(\gamma + 1)wT^2 - 2w\gamma\lambda^* T + 1/2 * (\gamma + 1)g\gamma\lambda^{*2}}{(g\gamma T + gT - g\gamma\lambda^*)^2}$

≥ 0，即劳动力的就业周期越长，工资增长对回流时间的影响效应越强。劳动力越年轻，就业周期越长，非农劳动工资水平的提高将越明显地提高农业转移人口的非农劳动供给时间，即农业转移人口越难以退出城镇劳动力市场；而对年龄较大的劳动力而言，由于就业周期较短，工资上涨对非农劳动退出时间的影响较小。

结论 3：$\frac{\partial \lambda^*}{\partial \gamma} = -\frac{\partial F/\partial \gamma}{\partial F/\partial \lambda^*} > 0$，即农业转移人口需要承担的负效用越高，回流的时间越早。由于随着年龄的增长，结婚、生孩子、关心孩子教育、照顾老人等逐渐成为农业转移人口主要的人生经历和家庭责任，家庭生活和照料负担逐渐增大，农业转移人口回流返乡的概率也逐渐提高。

基于上述结论，本章提出以下研究假设：

假设 10.1：相较于年纪较小的农业转移人口，年长的农业转移人口更容易回流返乡。

一方面，相较于年轻劳动力，年长劳动力结婚比例更高，家庭照料责任更大，在追求家庭效用最大而非收入最高的前提下，非农劳动工资水平对其就业的激励较小；另一方面，年轻的农业转移人口就业周期更长，更易受到工资上涨的激励而增加非农就业的时间。

假设 10.2：年龄对农业转移人口回流时间的影响是非线性的。

如果不同年龄段农业转移人口的非农劳动工资水平是非线性的，即存在先上升后下降的倒 U 形趋势，在其他条件不变的情况下，工资趋势的非线性特征会影响农业转移人口回流的时间，使其回流时间呈现非线性变化特征。

假设 10.3：婚姻状况会影响农业转移人口的回流决策，已婚的农业转移人口更容易回流返乡。

从生命历程的角度来看，结婚是农业转移人口人生的一个重要事件，对于身在外地的劳动力而言，这势必会影响其务工计划（曾迪洋，2014），进而做出回流决策。结婚对农业转移人口的影响主要以暂时回流为主，结婚之后的农业转移人口往往会再次外出从事非农就业（蔡昉和王美艳，2004）。另外，相较于已婚农业转移人口，未婚群体外出务工并不会降低家庭效用，而已婚农业转移人口需要考虑夫妻团聚的家庭效用，即其非农就业的负效用更大，因而更容易回流返乡。

假设 10.4：家庭孩子数量影响农业转移人口的回流决策，孩子数量越多，农业转移人口越容易回流返乡。

与结婚相似，生孩子同样是大多已婚外出务工人口需要面临的重要事件，家庭孩子数量越多，意味着农业转移人口需要花费越多的时间和精力照料孩子。长期受户籍制度的影响，农业转移人口在城市定居的比例很低，有生育需求的农业转移人口更容易回流。另外，家庭孩子数量越多，农业转移人口关心孩子教育、与孩子团聚的需求就越高，这同样会增加农业转移人口回流的概率。

假设 10.5：家庭有 60 岁以上老人的农业转移人口更容易回流返乡。

农村 60 岁以上老人往往已丧失劳动能力，且患病的比例较高，这增加了成年子女的照料责任，进而驱使农业转移人口回流；对于少部分身体健康且能够照料孙辈的 60 岁以上老人，尽管隔代照料减轻了农业转移人口照料子女的压力，但研究发现子女和老人留守农村的家庭，生活质量和子女教育质量普遍较低，对农业转移人口外出务工的积极作用是有限的（Zhao，2002；石智雷和杨云彦，2012），整体上来说，农业转移人口将承担更多的老人照料责任，进而更容易回流。

第三节 数据和实证策略

一、数据

本章数据来自上海财经大学 2013 年度和 2018 年度"千村调查"项目，该数据分别以"农村劳动力城乡转移状况""农村生态文明建状况调查"为主题进行了全国范围的随机抽样定点调查，采用了多阶段系统规模成比例的不等概率抽样方法，赋予每个初级抽样单元与单元农村人口规模成比例的入样概率，在全国随机抽取了分布在 22 个省级行政区的 30 个县级行政区，每个行政县随迁抽取 2 个乡镇，每个乡镇随机抽取 10 个行政村，最后从每个村随机抽取 15 户家庭进行调查。根据中国对劳动年龄和退休年龄的规定并考虑到农民工的具体情况，本章选取的研究对象为：16~60 岁的劳动适龄人口，家庭孩子为年龄在 16 岁以下的人口。

二、实证策略

由于农业转移人口向城市流动是一种自选行为，即农业转移人口样本与农业人口样本是非随机的，直接采用非随机样本进行回归分析容易产生样本选择问题（Lee & Marsh，2000；王子成、赵忠，2013）。Blundell 和 Smith（1994）提出了采用预测工资估计劳动参与方程的思想，国内一些学者采用该方法对我国农村劳动力的供给问题进行了研究（封进和张涛，2012）。本章也借鉴这一方法，采取 Heckman 两阶段估计方法对农业转移人口的回流决策进行实证分析。具体的研究思路是，第一，对农村劳动力是否进城务工这一自选决策进行估计；第二，在回流方程中引入样本自选可能带来影响的偏差项，以纠正估计偏误。

第一阶段，根据农业转移人口是否在城市流动，进行自选决策估计：

$$I_i^* = Z'_i\alpha + \varepsilon \tag{10.12}$$

$$P(I_i \mid x) = \begin{cases} 1, & \text{if } I_i^* > 0 \\ 0, & \text{if } I_i^* \leqslant 0 \end{cases} \tag{10.13}$$

第二阶段，引入选择性偏差项，估计回流方程：

$$reflow_{ij} = \beta_0 + \beta_1 married_{ij} + \beta_2 child_{ij} + \beta_3 old_{ij} + C_{ij} \sum_{b=1}^{t} \theta_b X_{ib} + \lambda_j + \varepsilon_{ij}$$

$$(10.14)$$

$$\lambda_i = \begin{cases} \dfrac{\varphi(z'_i \alpha)}{\Phi(z'_i \alpha)}, & \text{if } I = 1 \\[3mm] \dfrac{\varphi(z'_i \alpha)}{1 - \Phi(z'_i \alpha)}, & \text{if } I = 0 \end{cases}$$

$$(10.15)$$

其中，reflow 为回流虚拟变量，代表留城继续务工或回流两种模式，married、child 和 old 分别代表是否已婚、家庭未成年子女数量和家庭是否有 60 岁以上老人，是模型的三个核心解释变量；X 代表其他控制变量，包含其他个体特征、家庭特征、地域特征以及外出务工特征等；λ_j 代表选择性偏差项。第一阶段模型采用 Probit 模型进行估计；第二阶段模型采用线性概率模型（LPM）进行估计。

第四节　实证结果

一、描述性统计结果

本章将回流定义为在调研之前农村劳动力有过外出务工的经历，且在调研期内回家务农至少两个月以上；家庭留守指在调研之前从未有外出务工经历；留城从事非农就业指在调研期内在外从事非农劳动。表 10.1 列出了不同年龄段农村居民家庭留守、回流、留城从事非农就业以及外出务工农业转移人口中回流的比例。数据显示，随着年龄的增加，家庭留守比例呈现先下降后上升的 U 形趋势（见图 10.3）；对应的，回流比例和留城比例均呈现先上升后下降的倒 U 形趋势；在有外出经历的群体中，随着年龄的增加，回流群体所占比重是逐渐增加的，从 22% 增长到 47.2%。

表 10.1　分年龄农村居民迁移模式统计表

年龄	16~20	21~25	26~30	31~35	36~40	41~45	46~50	51~55	56~60
家庭留守	0.678	0.378	0.351	0.427	0.502	0.619	0.731	0.829	0.895
回流	0.073 5	0.151	0.158	0.141	0.141	0.126	0.095 6	0.074 9	0.051 1

表10.1(续)

年龄	16~20	21~25	26~30	31~35	36~40	41~45	46~50	51~55	56~60
留城	0.261	0.527	0.552	0.482	0.402	0.285	0.19	0.104	0.057 2
回流/(回流+留城)	0.220	0.223	0.223	0.226	0.260	0.307	0.335	0.419	0.472

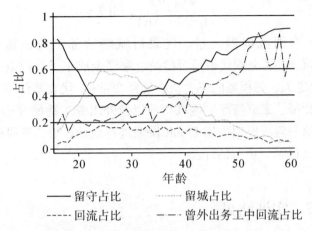

图10.3 分年龄农村居民迁移模式占比图

　　表10.2列出了家庭留守、留城和回流三类群体的特征统计。第一，从个体特征来看，家庭留守劳动力的已婚比例最高、男性比例最低、年龄最大、受教育水平最低且健康状况最差；相反，留城劳动力的已婚比例最低、年龄最低、受教育水平最高且健康状况最好。如果以受教育年限和健康状况作为衡量人力资本水平的指标，则留城劳动力的人力资本水平最高，家庭留守劳动力的人力资本水平最低。第二，从推动劳动力流出的家庭特征来看，家庭留守劳动力对应的孩子照料和老人照料的压力均较高，且土地被征用的概率最低，而留城劳动力对应的孩子照料和老人照料的压力最小，且土地被征用的概率最高。第三，关于务工特征，从吸引劳动力流动的拉力角度来看，留城劳动力的月工资高于回流劳动力非农劳动收入630元，且获得城市医疗保障的比例较高，而在随迁子女本地就读的比例上，二者均没有超过3%。第四，从地域特征来看，三类劳动力群体中，来自中西部的比例在回流群体中最高，在家庭留守群体中最低。

表 10.2　农村劳动力样本特征统计

变量		家庭留守	留城	回流
个体特征	已婚	0.836	0.718	0.813
	男性	0.471	0.639	0.661
	年龄	42.65	33.99	37.52
	受教育年限	8.132	9.359	8.343
	健康状况	1.943	1.734	1.901
家庭特征	家庭孩子数量	0.797	0.652	0.828
	土地被征用	0.114	0.136	0.127
	家中有 60 岁以上老人	0.414	0.347	0.395
务工特征	务工期间月工资	—	3 730	3 100
	城市医疗保障	—	0.059 9	0.027 9
	随迁子女本地就读	—	0.027 9	0.011 2
地域特征	中西部	0.608	0.707	0.735

注：健康状况变量为被调查者的主观评价，用 1、2、3、4 分别代表健康状况非常好、好、一般和不好。

表 10.3 统计了农业转移人口外出务工期间遇到的主要困难。第一，工作不好、工资低、工作时间长等困难是留城劳动力和回流劳动力面临的主要困难，占比均超过五成；第二，生活费用高是农业转移人口面临的第二大困难，两类劳动力遇到这一困难占比均超过 10%，其中，留城劳动力的这一比例较高；第三，子女教育问题、老人需要照料、生活不习惯、没有医疗养老等社会保障等均是农业转移人口外出务工的困难，从数值来看，这些困难占比较低。表 10.3 数据表明，收入低、就业条件差是农业转移人口外出就业的最大困难，而生活成本以及其他困难的比例相对较低。

表 10.3　外出务工期间遇到的主要困难统计　　　单位:%

主要困难	留城	回流
工作不好、工资低、工作时间长、拖欠工资、不安全等	57.31	60.09
子女教育问题	8.41	9.97
户口问题	2.35	1.54
老人需要照料	9.04	8.67
不想失去土地	0.63	1.47

表10.3(续)

主要困难	留城	回流
没有医疗养老等社会保障	3.21	2.81
生活费用高	15.56	10.17
生活不习惯	3.49	5.28

针对农业转移人口回流，表10.4列出了不同年龄组劳动力的回流原因及占比。数据显示，对于16~25岁、26~35岁两类较年轻群体而言，结婚、生孩子或照顾孩子、方便照料老人是其回流的主要原因，三个原因在这两个群体中占比之和均超过六成；对于36~45岁、46~60岁两类较年长的农业转移人口，生孩子或照顾孩子、方便照料老人仍然是其回流的重要原因，两个原因在这两个群体中占比之和均超过30%；尤其是对于最年长的46~60岁农业转移人口，由于配偶团聚、疾病或残疾、生活费用低三个原因而回流的比例均达到最高，体现了该年龄段人口在家庭、健康和经济方面需求的异质性特征。

表10.4　农业转移人口回流原因统计　　　　　　　单位:%

回流原因	全部样本	16~25	26~35	36~45	46~60
结婚	10.96	23.72	12.08	6.82	4.53
生孩子或照顾孩子	23.66	20.62	30.32	23.23	14.86
盖房子	5.99	7.29	5.52	7.62	6.32
配偶团聚	7.02	2.95	5.92	6.37	11.28
方便子女教育	7.49	2.02	7.12	11.93	6.22
方便照料老人	21.17	22.48	21.12	22.24	17.81
疾病或残疾	4.87	2.02	3.36	4.48	8.75
务农的收入也提高了	3.71	1.09	2.56	4.39	5.90
回乡工作的机会多了	7.59	7.75	6.48	7.09	8.75
家乡有医疗养老等社会保障	1.30	1.71	0.56	0.81	2.42
生活费用低	6.25	8.37	4.96	5.02	13.17

表10.5列出了本章所关心的主要变量的描述性统计结果。第一，从回流占比来看，样本中回流劳动力比例为31.6%，农村劳动力仍主要以家庭留守为主；第二，从家庭特征来看，家中有60岁以上老人的比例接近四

成；第三，从外出务工的收益特征来看，农业转移人口获得城市医疗保障的比例仅为 27.5%，且随迁子女就读本地公立小学的概率不到 2%，表明农村劳动力在城市很难获得与城市居民平等的公共福利。

表 10.5　主要变量的描述性统计

变量	样本量	均值	标准差	最小值	最大值
家庭留守	34 783	0.573	0.490	0	1
居留城市	28 903	0.111	0.314	0	1
回流返乡	33 852	0.316	0.465	0	1
已婚	43 369	0.765	0.424	0	1
男性	43 374	0.525	0.499	0	1
年龄	43 382	38.85	12.65	16	60
受教育年限	42 845	8.685	4.092	0	23
健康状况	42 994	1.868	0.864	1	4
家庭孩子数量	43 382	0.684	0.888	0	6
土地被征用	40 417	0.130	0.337	0	1
家中有 60 岁以上老人	43 382	0.399	0.490	0	1
务工期间月工资	12 422	3 627	7 180	100	80 000
城市医疗保障	41 080	0.275	0.446	0	1
随迁子女本地就读	25 283	0.015 0	0.122	0	1
中西部	43 382	0.642	0.479	0	1

二、事件史分析

考虑到不同年龄组农业转移人口在外出工作时间上的异质性，表 10.6 基于上海财经大学 2013 年"千村调查"数据统计了不同年龄组劳动力外出务工的时间。整体来看，回流劳动力和留城劳动力群体在工作时间上均呈现出先上升后下降的倒 U 形特征，但不同年龄组的回流劳动力和留城劳动力表现出了如下差异：在 35 岁之前，回流劳动力外出务工的时间要高于留城劳动力；而在 36~55 岁，回流劳动力的外出务工时间却低于留城劳动力；尤其是在 51~55 岁阶段，两类劳动力群体的工作时间差异为 3 年。表 10.6 的数据表明，处于比较年轻阶段的农业转移人口，回流劳动力积累了更多的务工经验，表现为更长的工作时间，而随着进入青壮年，回流劳动力更难以在城市长期务工，表现为更短的工作时间，这一特征表明农业转移人口回流是劳动力在不断积累工作经验中发生的非农劳动退出行为，这是一种人力资本的浪费。

表 10.6　分年龄农业转移人口工作时间统计表　　　　单位：年

年龄	16~20	21~25	26~30	31~35	36~40	41~45	46~50	51~55	56~60
回流	2.469	2.671	4.14	4.725	4.039	3.606	4.395	1.683	2.397
留城	1.394	2.379	3.534	3.47	5.703	3.768	4.766	4.698	2.383
差异	1.075	0.292	0.606	1.255	-1.664	-0.162	-0.371	-3.015	0.014

从农业转移人口回流 K-M 生存曲线估计图（见图 10.4）可以看出，务工时间在 13~17 年，回流比例在 63% 左右，务工时间超过 18 年，农业转移人口回流的比例在 75% 上下保持平稳。从农业转移人口回流的平滑曲线估计图（见图 10.4）来看，随务工时间的增加，劳动力回流的风险呈现先下降后上升的倒 U 形特征，当务工时间低于 12 年，农业转移人口回流风险缓慢下降，超过 12 年后，其回流风险迅速提高。

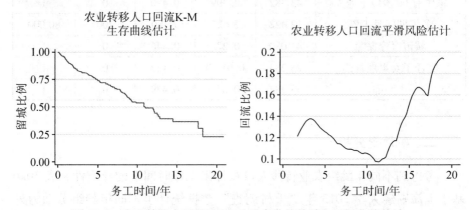

图 10.4　农业转移人口回流 K-M 生存曲线估计和平滑曲线估计

图 10.5 为不同年龄组农业转移人口的 K-M 生存曲线估计和平滑曲线估计图，可以看出，务工时间小于 3 年，不同年龄组的农业转移人口回流风险差异并不明显；超过 3 年，随着务工时间的变化，不同年龄组劳动力的回流风险开始呈现差异性：16~25 岁劳动力的回流风险是最高的，而 36~45 岁的回流风险最低；26~35 岁和 45~60 岁两类农业转移人口回流的风险比较相似。由于表 10.6 中统计数据表明，务工时间超过 3 年的主要是

26~50 岁群体，因此回流高风险主要体现在 26~50 岁这一群体。上述特征表明农业转移人口在退出非农劳动市场上存在明显的年龄差异。

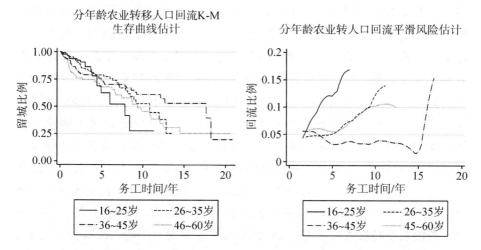

图 10.5　分年龄农业转移人口回流 K-M 生存曲线估计和平滑曲线估计

三、非农劳动退出模型估计结果

基于 Bodvarsson 等（2016）关于年龄设置的方法，本章分别设置了 16~25 岁、26~35 岁、36~45 岁、46~60 岁四个年龄分组变量，具体如下：

$$age_{i1} = \begin{cases} age_i & \text{if } 16 \leqslant age_i \leqslant 25 \\ 25 & \text{other wise} \end{cases} \quad (10.16)$$

$$age_{i2} = \begin{cases} 0 & \text{if } age_i \leqslant 25 \\ age_i - 25 & \text{if } 25 < age_i \leqslant 35 \\ 10 & \text{if } age_i > 35 \end{cases} \quad (10.17)$$

$$age_{i3} = \begin{cases} 0 & \text{if } age_i \leqslant 35 \\ age_i - 35 & \text{if } 35 < age_i \leqslant 45 \\ 10 & \text{if } age_i > 45 \end{cases} \quad (10.18)$$

$$age_{i4} = \begin{cases} 0 & \text{if } age_i \leqslant 45 \\ age_i - 45 & \text{if } age_i > 45 \end{cases} \quad (10.19)$$

为了检验实证模型估计的稳健性，表 10.7 分别列出了采用 Logit 模型、线性概率模型（LPM）和 Heckman 模型估计的非农劳动退出情况，即回流的估计结果，以此来对比三种估计结果的差异。其中，模型 10.1、模型 10.2 和模型 10.3 是采用年龄和年龄平方作为解释变量的估计结果，模型 10.4、模型 10.5 和模型 10.6 是采用四个年龄分组变量解释变量的估计结果。结果显示，三类估计方法在核心变量的估计上具有较强的稳健性，具体来看：第一，模型 10.1 至模型 10.3 的结果显示，随着年龄的变化，农业转移人口回流呈现非线性特征，即先下降后上升的 U 形趋势，假设 10.2 得到验证；第二，模型 10.4 至模型 10.6 的结果显示，相较于其他年龄组，16~25 岁群体更难以回流，26~35 岁和 46~60 岁群体更倾向于回流，而 36~45 岁群体回流特征不显著，这与图 10.5 所示不同年龄段农业转移人口回流风险的结果是一致的，这更具体地描述了农业转移人口非农劳动退出年龄的非线性特征。从生命周期的角度来看，结合表 10.4 农业转移人口回流原因的统计，我们可以勾勒出农业转移人口退出城市劳动力市场的图景：假设农业转移人口在 16~25 岁进入城市劳动力市场，没有务工经验，起初主要以获得稳定的非农劳动收入为主要目标，不会轻易退出城市；到了 26~35 岁，由于结婚、生孩子、照顾孩子或老人等原因，会出现首次回流高潮；到了青壮年，即 36~45 岁，农业转移人口在城市积累了技能和人力资本，工资收入不断提高，回流成本不断提高，且结婚、生孩子、照顾孩子等回流原因占比逐渐下降，农业转移人口回流比例将不断降低；到了中老年，即 46~60 岁，人力资本水平和工资待遇的下降，家人团聚的需求不断高涨，以及疾病和社会保障的制约，农业转移人口将出现第二次回流的高潮。第三，从个体特征的影响来看，已婚、女性以及健康状况较差的农业转移人口更容易回流，而受教育年限对回流的影响并不显著，假设 10.3 得到验证。从家庭因素的影响来看，家庭孩子数量多以及家庭有 60 岁以上老人的农业转移人口更容易回流，即假设 10.4 和假设 10.5 得到验证。从外出务工的拉力因素来看，月工资、拥有城市医疗保障的农业转移人口更难以回流。在中西部务工的劳动力更倾向于回流，且相较于 2013 年样本，2018 年群体回流的概率更高，这体现了农业转移人口回流比例的时间趋势特征。

表 10.7　农业转移人口非农劳动退出模型估计结果

变量	模型 10.1	模型 10.2	模型 10.3	模型 10.4	模型 10.5	模型 10.6
	Logit	LPM	Heckman	Logit	LPM	Heckman
已婚	0.271 ***	0.053 5 ***	0.065 0 ***	0.362 ***	0.071 9 ***	0.071 4 ***
	(0.086 6)	(0.018 1)	(0.024 1)	(0.089 9)	(0.018 5)	(0.019 1)

表10.7(续)

变量	模型 10.1	模型 10.2	模型 10.3	模型 10.4	模型 10.5	模型 10.6
	Logit	LPM	Heckman	Logit	LPM	Heckman
男性	-0.146**	-0.028 1**	-0.298***	-0.150**	-0.027 5**	-0.121**
	(0.060 8)	(0.013 0)	(0.085 5)	(0.060 8)	(0.012 9)	(0.047 4)
年龄	-0.077 1***	-0.016 8***	-0.069 2***	—	—	—
	(0.015 9)	(0.003 42)	(0.020 5)			
年龄平方/100	0.072 6***	0.015 6***	0.126***	—	—	—
	(0.019 6)	(0.004 25)	(0.034 3)			
年龄 I (16~25)	—	—	—	-0.048 3***	-0.011 6***	-0.016 2***
				(0.011 8)	(0.002 57)	(0.003 79)
年龄 II (26~35)	—	—	—	0.030 8**	0.006 27**	0.006 85***
				(0.012 1)	(0.002 56)	(0.002 56)
年龄 III (36~45)	—	—	—	-0.025 1	-0.004 36	-0.004 13
				(0.022 3)	(0.004 61)	(0.005 19)
年龄 IV (46~60)	—	—	—	0.018 5**	0.004 25**	0.031 6***
				(0.008 80)	(0.001 97)	(0.009 61)
受教育年限	-0.015 9*	-0.003 43*	-0.007 20**	-0.010 7	-0.002 18	0.001 35
	(0.008 78)	(0.001 88)	(0.003 66)	(0.008 88)	(0.001 89)	(0.002 38)
健康状况	0.089 5**	0.020 7***	0.043 9***	0.088 0**	0.020 3***	0.031 6***
	(0.035 8)	(0.007 81)	(0.011 1)	(0.035 9)	(0.007 80)	(0.008 53)
家庭孩子数量	0.098 3***	0.021 3***	0.077 2***	0.074 8**	0.015 7***	0.043 4***
	(0.029 7)	(0.006 28)	(0.017 8)	(0.031 1)	(0.006 55)	(0.011 3)
土地被征用	-0.214**	-0.047 0**	-0.149***	-0.213**	-0.046 5**	-0.086 9***
	(0.086 9)	(0.019 0)	(0.038 0)	(0.087 0)	(0.019 0)	(0.025 3)
家里有 60 岁以上老人	0.429***	0.092 9***	0.219***	0.426***	0.091 6***	0.133***
	(0.056 6)	(0.012 1)	(0.042 2)	(0.058 3)	(0.012 4)	(0.023 9)
务工期间月工资	-0.483***	-0.101***	-0.086 2***	-0.472***	-0.098 2***	-0.085 4***
	(0.050 2)	(0.009 82)	(0.009 71)	(0.050 2)	(0.009 85)	(0.009 83)
城市医疗保障	-0.374***	-0.073 9***	-0.084 9***	-0.354**	-0.068 6**	-0.084 7***
	(0.140)	(0.027 8)	(0.027 2)	(0.140)	(0.027 8)	(0.027 8)
随迁子女本地就读	-0.420	-0.099 1	0.001 79	-0.386	-0.090 1	0.020 8
	(0.299)	(0.067 1)	(0.079 5)	(0.300)	(0.067 1)	(0.089 5)
中西部	0.135**	0.128***	0.132***	0.338***	0.052 9***	0.061 5**
	(0.065 0)	(0.013 7)	(0.050 1)	(0.065 1)	(0.013 7)	(0.028 7)
2018 年	0.854***	0.197***	0.558***	0.863***	0.199***	0.554***
	(0.118)	(0.025 8)	(0.027 1)	(0.118)	(0.025 5)	(0.029 4)
λ	—	—	-0.732***	—	—	-0.279**
			(0.211)			(0.115)
常数项	1.379***	0.757***	2.879***	3.169***	1.121***	1.570***
	(0.461)	(0.093 5)	(0.581)	(0.605)	(0.123)	(0.249)

表10.7(续)

变量	模型 10.1	模型 10.2	模型 10.3	模型 10.4	模型 10.5	模型 10.6
	Logit	LPM	Heckman	Logit	LPM	Heckman
样本量	6 156	6 156	31 026	6 156	6 156	31 026
R^2	—	0.174	—	—	0.177	—

注: ***、**、* 分别表示估计值在 1%、5%、10% 的水平下显著。

四、长期回流和暂时回流的异质性

从生命周期的角度来看，农业转移人口回流可能并非是永久的，"循环式""候鸟式"迁移在城乡间流动是中国农村劳动力转移的典型特征（蔡禾和王进，2007；王子成和赵忠，2013；彭璐 等，2017）。为了明确农业转移人口回流是否是持久的，结合调研问卷的设计，本章以一年为限，将回流划分为长期回流和暂时回流两种模式，长期回流指一年以内没有外出务工计划，暂时性回流指一年内有再次外出务工的计划。表 10.8 统计了两类回流模式的比例。数据显示，16～50 岁，农业转移人口的回流主要以暂时性回流为主，即暂时性回流的比例高于 50%，而 51～60 岁则主要以长期回流为主。整体来看，在较年轻阶段，农业转移人口以暂时性回流为主；而到了中老年阶段，农业转移人口长期回流的比例显著提高。

表 10.8　回流群体中长期回流占比

年龄	16～20	21～25	26～30	31～35	36～40	41～45	46～50	51～55	56～60
长期回流	0.317	0.246	0.304	0.385	0.377	0.406	0.433	0.571	0.697
暂时性回流	0.683	0.754	0.696	0.615	0.623	0.594	0.567	0.429	0.303

为了观察两类回流模式的差异，表 10.9 列出了暂时性回流和长期回流的估计结果。估计结果显示，16～25 岁群体两类回流的估计系数均为负，但不再显著；26～35 岁群体更倾向于暂时性回流，且从系数大小来看，长期回流的估计系数更大；36～45 岁群体更倾向于暂时性回流，长期回流年龄效应不显著；46～50 岁群体显著倾向于长期回流，暂时性回流的影响效应不显著。费舍尔组合检验（Fisher's permutation test）对应的 P 值也表明暂时性回流和长期回流两个组间年龄Ⅱ、年龄Ⅲ、年龄Ⅳ三个变量的系数差异统计显著。结合表 10.7 的估计，整体农业转移人口回流的第一个高峰

期，即 26~35 岁，主要以暂时性回流为主，难以长期回流；人口回流的第二个高峰期，即 46~50 岁，主要以长期回流为主；36~45 岁阶段主要表现为暂时性回流。此外，已婚、家庭孩子数量对暂时性回流和长期回流的影响存在显著差异：已婚群体偏向暂时性回流，难以长期回流；家庭孩子数量较多、家庭有老人需要照料的群体暂时性回流和长期回流都很容易发生。从时间趋势看，相较于 2013 年，2018 年的农业转移人口暂时性回流和长期回流的概率均较高。

表 10.9　农业转移人口暂时回流和长期回流估计结果

变量	暂时回流			长期回流		
	Logit	LPM	Heckman	Logit	LPM	Heckman
已婚	0.687***	0.023 9***	0.022 8***	−0.493***	−0.021 7***	−0.021 6**
	(0.214)	(0.007 57)	(0.008 14)	(0.184)	(0.008 31)	(0.009 26)
男性	0.127	0.004 63	−0.007 05	−0.098 9***	−0.051 5***	−0.051 3**
	(0.136)	(0.005 23)	(0.019 9)	(0.012 2)	(0.005 74)	(0.020 7)
年龄 I	−0.030 3	−0.000 799	−0.001 56	−0.016 9	−0.000 972	−0.003 25
(16~25)	(0.052 1)	(0.001 94)	(0.002 34)	(0.049 5)	(0.002 13)	(0.002 47)
年龄 II	0.063 4**	0.002 12**	0.002 51**	−0.065 6***	−0.003 15***	−0.002 97**
(26~35)	(0.028 7)	(0.001 04)	(0.001 08)	(0.024 7)	(0.001 14)	(0.001 17)
年龄 III	0.100***	0.003 84***	0.004 76***	−0.010 4	−0.003 48	−0.001 79
(36~45)	(0.027 5)	(0.001 00)	(0.001 56)	(0.023 0)	(0.003 10)	(0.001 63)
年龄 IV	−0.044 7**	−0.001 45*	0.001 10	0.058 0***	0.004 26***	0.008 01***
(46~60)	(0.022 6)	(0.000 759)	(0.004 09)	(0.013 0)	(0.000 833)	(0.000 423)
受教育年限	−0.010 7	−0.000 411	−0.000 152	0.028 6	0.001 29	−0.000 200
	(0.019 7)	(0.000 763)	(0.000 910)	(0.017 6)	(0.000 837)	(0.000 996)
健康状况	0.075 1	0.003 63	0.004 36	0.056 6**	0.006 98**	0.008 14**
	(0.074 4)	(0.003 17)	(0.003 46)	(0.025 2)	(0.003 47)	(0.003 86)
家庭孩子数量	0.164**	0.006 27**	0.008 46**	0.042 4	0.001 64	0.010 4**
	(0.074 6)	(0.002 68)	(0.003 94)	(0.065 5)	(0.002 94)	(0.004 28)
土地被征用	0.399**	0.018 9**	0.024 1**	−0.277*	−0.013 8*	−0.036 1***
	(0.167)	(0.007 62)	(0.010 3)	(0.165)	(0.008 36)	(0.011 2)
家里有 60 岁以上老人	0.683***	0.025 8***	0.032 3***	0.224*	0.011 9**	0.042 5***
	(0.136)	(0.004 99)	(0.009 97)	(0.117)	(0.005 48)	(0.010 5)
务工期间月工资	−0.095 1	−0.004 17	−0.003 70	−0.040 5**	−0.007 95**	0.009 74**
	(0.096 6)	(0.004 04)	(0.004 25)	(0.019 1)	(0.003 93)	(0.004 53)
城市医疗保障	−0.716*	−0.015 5	−0.017 5	−0.005 63	0.002 04	−0.002 51
	(0.398)	(0.010 5)	(0.011 1)	(0.234)	(0.011 5)	(0.011 8)
随迁子女本地就读	−0.618	−0.009 19	−0.007 82	−0.616	−0.036 8*	−0.038 4*
	(0.734)	(0.017 5)	(0.019 8)	(0.394)	(0.019 2)	(0.021 1)

表10.9(续)

变量	暂时回流			长期回流		
	Logit	LPM	Heckman	Logit	LPM	Heckman
中西部	0.470***	0.015 3***	0.011 1**	0.352***	0.015 5**	0.019 3**
	(0.162)	(0.005 54)	(0.004 88)	(0.136)	(0.006 07)	(0.009 52)
2018年	0.557***	0.021 2***	0.016 2**	5.687***	0.880***	0.880***
	(0.198)	(0.007 22)	(0.007 73)	(0.155)	(0.007 92)	(0.008 23)
λ	—	—	−0.027 9	—	—	0.152***
			(0.048 6)			(0.050 0)
常数项	−2.157	0.080 8	0.134	3.706***	0.980***	0.662***
	(1.338)	(0.051 5)	(0.109)	(1.289)	(0.056 5)	(0.113)
样本量	6 943	6 943	31 807	6 943	6 943	31 807
R²	—	0.116	—	—	0.713	—
经验p值（Ⅰ）	0.334					
经验p值（Ⅱ）	0.034 3					
经验p值（Ⅲ）	0.031 9					
经验p值（Ⅳ）	0.022 0					

注：***、**、*分别表示估计值在1%、5%、10%的水平下显著；经验p值（Ⅰ）、经验p值（Ⅱ）、经验p值（Ⅲ）、经验p值（Ⅳ）采用费舍尔组合检验（Fisher's permutation test）得到的暂时性回流组和长期回流组间Heckman估计结果中年龄Ⅰ、年龄Ⅱ、年龄Ⅲ、年龄Ⅳ系数差异的显著性结果。

表10.7和表10.9所列的回归结果表明，不同年龄段的农业转移人口回流倾向存在着显著差异：年龄较大的农业转移人口更容易回流，即假设10.1得到验证。年龄对农业转移人口回流的影响呈现非线性特征，结婚、生孩子、照料孩子或老人、疾病、亲人团聚等因素影响着农业转移人口退出城市劳动力市场的年龄和持续时间，进而影响着中国城镇劳动力市场的非农劳动供给和城镇化进程，并深远影响着我国的经济增长和社会发展。

第五节　本章小结

回流是农业转移人口在经济和政策条件下做出的最优化行为决策，对我国非农劳动供给、城镇化、乡村振兴、经济和社会发展等都产生了重要影响。本章通过构建一个连续时间的劳动力非农劳动退出模型，讨论了农业转移人口回流的影响因素，继而提出了农业转移人口回流的五个假设。

本章通过采用 2013 年和 2018 年"千村调查"数据，从生命历程的角度验证了农业转移人口回流的特征。本章主要结论有：①年龄对农业转移人口回流的影响是非线性的，随着年龄的增长，在有外出经历的群体中，回流群体所占比重是逐渐增加的；②如果将农业转移人口的年龄划分为 16~25岁、26~35 岁、36~45 岁、46~60 岁四段，整体来看，26~35 岁、46~60岁的农业转移人口具有较高的回流风险；③将回流划分为暂时性回流和长期回流两种模式后发现，46~60 岁主要以长期回流为主；暂时性回流主要集中在 26~35 岁和 36~45 岁阶段；④已婚、家庭孩子数量对暂时性回流和长期回流的影响存在显著差异，已婚群体更容易暂时性回流，家庭孩子数量多、家庭有老人需要照料的群体，暂时性回流和长期回流都很容易发生。

农业转移人口的非农劳动退出决策是在生命历程中基于家庭效用最优作出的理性选择，尽管这一选择从人力资本积累的角度来看并非是最优的，这体现了当前户籍等制度约束对农业转移人口的影响仍然是深远的。在新型城镇化的背景下，基于农业转移人口回流的年龄特征，相关部门应该注意：①重视青年农业转移人口的结婚、生孩子、照顾孩子等家庭需求，强化家庭公共福利的有效供给，减少城乡间暂时性回流的频次，促进农业转移人口尽快融入城市生活。②进一步完善和落实就业促进和补贴政策，一方面为刚进入城市的农业转移人口提供就业援助和就业培训，提高匹配效率，实现人力资本的有效积累，改善其就业质量；另一方面，有针对性地为中年群体提供更多就业保障，减轻农村劳动者的家庭照料负担，为劳动者提供有竞争力的工资待遇，鼓励农业转移人口实现举家迁移，提高农业转移人口在城市务工的积极性，降低永久性回流的比例。③关注即将步入退休阶段的劳动力的家庭团聚、健康照料等方面的需要，为其提供普惠的养老、医疗等城市公共服务。④积极为各年龄段劳动者的家人随迁、子女入学、托幼、住房等需求提供配套支持，降低农业转移人口迁移至城市的经济成本和制度成本，有步骤、有计划落实户籍制度改革政策，从根本上提升我国人力资本的水平，逐步推进城镇化和农业转移人口市民化的进程。

第十一章　研究结论与政策建议

长期以来，一方面，超大和特大城市人口空间集聚已经出现了一系列问题，超大城市人口持续膨胀，城市范围快速扩大，导致了诸如交通日益拥堵、人居环境质量恶化等问题；另一方面，有些后发中小城市和区域难以快速吸引农业转移人口集聚，城市化进程迟滞，进而影响到经济发展的潜力。近年来，受超大城市人口管理政策以及经济发展因素的影响，农业转移人口在城市空间的流动趋势出现了逆转现象，很多在北京、上海、广州打工的农业转移人口已开始回流至家乡省份和中西部较发达城市，超大城市人口增长态势逐步减缓。本书的研究表明这一人口流动态势是在经济社会发展中出现的合理现象，家庭随迁、公共服务获取、追求生活质量均是影响农业转移人口在城市空间分布的重要因素，也是经济和社会发展与人口分布优化匹配的结果。

第一节　研究结论

理论模型的结果表明，相较于长期稳定就业，循环迁移模式降低了农业转移人口在大城市就业的成本，相较于中小型城市，超大城市的高工资更易吸引农业转移人口流入，相较于中小型城市，大型城市就业机会更多，也更易吸引农业转移人口流入。从人力资本角度看，人力资本素质越高的农村劳动力流入城市的概率越大。从城市收入差异的角度看，相较于中小型城市，大型城市的收入差距较大，对于绝大多数具有一定技能水平的农业转移人口而言，可以获得更高的迁移收益，因而大型城市更容易吸引农业转移人口流入。

从农村劳动力外出务工决策的实证结果来看，未婚、男性、人力资本素质越高的农村劳动力更容易流入城市从事非农劳动；而家庭负担越重，农业转移人口越难以外出务工；相较于东部省份，中西部地区的农业转移人口更容易外出务工。

从农业转移人口城市偏好的实证结果来看，未婚、女性、受教育水平越低的农业转移人口更倾向于向大城市迁移；此外，年龄对农业转移人口大城市选择的影响效应呈倒U形特征，且家庭负担较重的农业转移人口更难以迁移至大型城市；良好的社会关系网络以及外出务工期间与家人一起随迁有利于提高农业转移人口向大型城市迁移的概率。从整体来看，农业转移人口向超大城市迁移的收入超过迁移的成本，这是农业转移人口在超大城市集聚的原因。从人力资本差异的视角来看，少数具备较高人力资本的农业转移人口更偏好于离家较近的中小型城市，这是农业转移人口人力资本空间错配的一种表现。

从农业转移人口跨城市二次流动的特征来看，将近六成农业转移人口有跨城市二次流动经历，相较于一次流动，二次流动的农业转移人口收入水平较低，且职业层次和就业单位条件较差；从流动因素上看，为了获得更高的收入和更好的就业机会、提高家庭效用是农业转移人口二次流动的重要原因。

跨城市二次流动和城市偏好的实证检验结果表明，更高的收入和更好的就业机会是农业转移人口向特大、超大城市集聚的最重要原因；相对而言，其他中小型城市在配偶团聚、结婚生育和家庭照料等方面更具吸引力；但由于农业转移人口目前以获得较高的收入和较好的工作机会为首要目的，因而从整体上表现出向特大、超大城市集聚的特征，表现出特大、超大城市偏好。此外，关于人力资本差异对城市选择的影响，和西方经典的人力资本理论不一样，人力资本水平较高的农业转移人口更偏好于离家较近的中小型城市，且更倾向于一次流动，这一特征是在劳动力市场分割、市场竞争不充分和农业转移人口流动成本较高的经济条件下形成的。由于不同人力资本水平的农业转移人口不能在更大范围的市场中实现自由流动，因而难以实现高水平的人职匹配。

从农业转移人口职业流动的公共服务获取效应来看，整体跨城市职业流动并未使农业转移人口享有更优质的养老、医疗和子女教育等公共服务，这是因为绝大多数的职业流动是被动的离职，而非获得了更好的就业机会。此外，向上的职业流动能够显著提高农业转移人口获取城市公共服务的概率，而向下的职业流动的影响效应显著为负。相较于其他规模城市，在超大城市务工的农业转移人口享有更多的城市公共服务，并且在超大城市进行职业流动能够获得更多的养老和医疗服务，但在随迁子女入学机会上，超大城市与其他城市的差异较小。男性农业转移人口在通过职业流动获取公共服务方面更具优势；并且随着年龄的增加和受教育水平的提高，农业转移人口群体越来越重视通过职业流动来获取更优质的城市公共服务，这代表着农业转移人口就业选择时不仅重视获得更高的收入，也关注能否享有更好的养老、医疗和子女教育等公共服务。

从农业转移人口夫妻联合迁移的特征看，夫妻双方同时外出务工已成为农业转移人口城乡迁移的主要形式，并且主要以同时迁移至超大城市以外的其他城市为主，占迁移家庭样本的 48.33%；此外，随着家庭孩子数量增多，丈夫迁移至超大城市、丈夫迁移至其他城市以及妻子迁移至其他城市的概率呈现 U 形特征，即迁移概率先下降后上升，这是在家庭分工视角背景下，时间投入效应和经济负担效应相互作用的结果。

夫妻联合迁移和超大城市偏好的实证检验结果表明，超大城市虽然具备较高的经济回报和较好的社会保障，但迁移成本较高且更难以兼顾家庭照料，在家庭分工模式下，丈夫更容易外出务工缓解家庭经济负担，且家庭照料的经济压力越大，丈夫越倾向于流动到超大城市。另外，相较于老一代农业转移人口，在家庭孩子数量不变的情况下，新生代丈夫和妻子迁移的概率更大，且丈夫迁移至超大城市的比例更大。

从农业转移人口三类家庭随迁模式特征来看，相较于无家人随迁，配偶随迁提高了农业转移人口在城市务工的积极性，农业转移人口家庭以获得最大化收入和更好的就业机会为目的，因而更倾向于选择向特大、超大城市流动。此外，相较于无家人随迁，子女随迁使得农业转移人口更多地关注未成年子女的教育机会和教育质量，因而需要更多的子女教育资源，相较于户籍制度较紧的特大或超大城市，其他类型城市在社会公民资格公共服务方面具有明显的优势，农业转移转移人口更倾向于选择其他类型城市；相较于无家人随迁，家庭随迁的农业转移人口会在寻求较高的工作收入和较好的子女教育资源之间寻求平衡，由于农业转移人口仍以关注子女教育为主，而且配偶随迁为子女教育提供了更好的家庭支持，因而相较于仅子女随迁模式，农业转移人口会在更大空间范围内选择城市，但仍倾向于选择流入其他类型城市。

从农业转移人口获取城市公共服务特征来看，虽然很多城市公共服务的供给水平较高，但大多数农业转移人口获取城市公共服务的水平较低，提高农业转移人口公共服务的水平仍有很大的空间。此外，超大城市在工业公民资格公共服务供给上存在优势，而在以健康教育和居民健康档案为代表的社会公民资格公共服务的供给上存在着不足。女性、年龄越大、受教育水平越高、已婚的农业转移人口在获取城市公共服务方面更有优势；而家庭负担越重的农业转移人口越难获得城市公共服务。

从公共服务的获取对农业转移人口长期居留意愿的影响来看，获得城市公共服务能够显著增强其留城意愿，而且在超大城市务工的农业转移人口更加关心获得以居民健康档案为代表的社会公民资格公共服务。另外，对于同样获得社会保障和医疗保障的农业转移人口，在超大城市务工难以具有长期居留意愿，原因在于超大城市在社会公民资格公共服务的供给上存在不足。

从影响农业转移人口回流的因素看，户籍制度给部分农村户籍劳动力增加了额外的流动成本，并使得他们当中相当比例的群体退出了非农劳动供给队伍，这使得农民工工资上涨与用工短缺现象可以同时存在，但这并不意味着农村剩余劳动力资源的枯竭。由于占农村劳动力大多数的已婚或家庭有孩子的农村居民的保留工资大于未婚或家庭没有孩子的群体，因此，依靠提高工资解决劳动力供给不足的效果是有限的。那些回流的农村劳动力，并非是完全由于经济原因不愿意参与非农劳动供给，而是由于需要照顾家庭而退出非农劳动供给市场，这是人力资本的巨大浪费。具体来看，婚姻对农村居民非农劳动供给有显著影响，已婚的劳动力比未婚的劳动力具有更低的非农劳动参与率；而对于已经外出务工的农民工而言，已婚的农民工比未婚的农民工回流概率更大。对于已婚的家庭来说，孩子数量影响非农劳动参与决策；孩子越多，父母非农劳动参与决策意愿越弱；而对于已经外出务工的农民工而言，孩子数量较多的农民工比孩子数量较少的农民工回流概率更大。对已婚并有孩子的家庭来说，由于家庭团聚、子女教育与照料、老人赡养均具有较高的家庭生产率和家庭效用，因此，相对于未婚劳动力，已婚劳动力的保留工资更高，需要更高的工资才能吸引他们参与非农劳动供给。回流的农民工并非城镇劳动力市场的失败者，他们选择再次返回城镇劳动力市场的可能性不大。

从生命历程视角看，随着年龄的变化，农业转移人口的回流概率呈现非线性变化趋势，16~25 岁群体回流风险较低，而 26~35 岁、46~60 岁群体回流风险较高；将回流划分为暂时性回流和长期回流两种模式，46~60 岁主要以长期回流为主，暂时性回流主要集中在 26~35 岁和 36~45 岁这两个阶段；已婚群体更容易暂时性回流，家庭孩子数量越多、家庭有老人需要照料的劳动力暂时性回流和长期回流的比例均较高。

第二节　政策建议

越来越多农业转移人口在城市从事非农劳动是经济和社会发展的一般规律，是我国实现经济发展和社会变革的重要力量。在我国新型城镇化发展的大背景下，农业转移人口在城市空间的流动偏好呈现出很多与西方发达国家不一样的特征，空间人力资本要素的配置并未实现最优化，农业转移人口的市民化和社会融入等仍然存在很多问题。本书研究的一些结论可以为当前城市人口管理和经济发展相关的政策制定提供参考。

（一）逐步取消大型城市行政限制和流动壁垒

当前很多中小型城市已经放开户籍管制，吸引农业转移人口落户和定居，本书研究表明，由于中小型城市的产业单一、就业岗位有限，只有少数人力资本较高的农业转移人口能在距离家乡较近的城市找到工作，大多数农业转移人口会被迫远离家乡，选择大型城市。而大城市在教育、就业、医疗、养老、保障性住房等方面具备较高的含金量，不愿意轻易赋予农业转移人口对等的公共服务，其往往成为户籍限制最多的区域，这给农业转移人口和大城市均带来了不利的影响。一方面，较高的户籍门槛使较高人力资本水平的农业转移人口望而却步，减少了其进行更高水平人职匹配的机会，影响其人力资本积累效率的同时，造成大型城市找不到所需要的人才，影响城市的长期发展；另一方面，较低人力资本水平的农业转移人口被迫选择收入较高的超大城市，更容易被迫进行二次流动，造成就业不稳定、失业频发。由于匹配效率不高，也难以进行高质量的人力资本积累，使其难以获得社会认同感和归属感，影响我国的市民化进程。因此在制度上逐步建立人口落户政策，增强城市包容性，给予农业转移人口更多养老、医疗和子女教育等方面的机会，才能从根本上促进农村劳动力的合理流动和城市人口优化。

（二）促进农业转移人口和城市产业空间布局相协调

当前，农业转移人口向超大、特大城市集聚仍然在持续，这是经济集聚规模效应的一种呈现，但在户籍制度约束之下，农业转移人口的居住、就业和消费呈现典型的"潮汐往返"现象。以上海为例，虽然政府加强了对城区人口的向外疏导，但工作岗位并未同步转移，农业转移人口不得不居住在相对偏远的城郊区域，这增加了农业转移人口和当地居民的出行压力，增加了城市交通的负荷，限制了城市人口消费潜力的释放，这对农业转移人口的稳定就业和城市的健康发展是不利的。因此，政府需要在城市空间合理布局产业，强化中心城区对其他区域的产业辐射带动作用，吸引不同人力资本水平的农业转移人口在不同城市空间居住、生活和工作，逐步给予其公共服务和相关福利保障，提高就业稳定性，对促进其社会融入和市民化是非常重要的。

（三）依托城市圈和城市群的协调功能，大力促进中小型城市的发展

本书研究表明，就业是农业转移人口城市流动选择的首要因素。当前农业转移人口表现出的较强的职业流动性是难以实现更高水平人职匹配的结果。如果中小型城市有成熟的产业项目、充足的就业机会，就会成为当地农业转移人口迁移的首选，这不仅会减少超大、特大城市人口集聚和管理的压力，而且会吸引更多的农业转移人口流入离家较近的城市，为城市发展保有稳定的劳动力，也有助于农业转移人口的稳定就业和市民化。因此，各级政府制定科学的都市圈和城市群的发展规划，依托在产业、交通、经济等方面的协调机制给予中小型城市更多的辅助和支持，打破城市和区域的行政壁垒，在就业、住房、健康卫生、社会保障、落户等方面实施多元化管理，从区域协调统一的角度实施相关政策，以实现对人口的有序引导和合理配置，逐步实现大中小城市协调发展和人口空间优化的战略格局。

（四）强化对农业转移人口的家庭帮扶，减轻农业转移人口的家庭照料负担

本书研究表明，农业转移人口家庭照料压力是影响农业转移人口在城市稳定就业、循环迁移的重要原因，尤其是当前随着收入的提高，农业转移人口越来越重视家庭团聚、子女教育和照料等效用，公共服务意识已经转变，追求更多更好的公共服务已经成为其城市选择的重要影响因素。当

前，家庭化迁移已经成为农业转移人口城市流动的典型特征，如何解决农业转移人口家庭在城市生活面临的问题，给予随迁子女、随迁老人等更多养老、医疗、入学、托幼等服务，将直接影响农业转移人口在城市就业、居住和社会融入的积极性，相关政策应该从可持续发展的角度为农业转移人口提供有针对性的福利待遇，而不能从短期财政的角度将农业转移人口排斥在城市公共服务体系之外，对农业转移人口的家庭帮扶既是社会公平的要求，也是经济社会可持续发展的需要。

（五）依托教育投入和职业培训，提高农业转移人口的人力资本水平

本书研究表明，当前农业转移人口的人力资本水平较低，在教育水平和职业能力上与城市居民存在较大差异，这是导致二元劳动力市场的重要原因之一。在制度约束下，较低的人力资本水平难以获得较高水平的人职匹配，农业转移人口在城市不得不面临工资低、工作环境差、缺少社会保障、职业不稳定等诸多问题。因此，从根本上提高农村劳动力的人力资本素质，是解决当前城镇化、社会融合和市民化等很多问题的关键。提高农业转移人口的人力资本水平，需要加大农村的教育投入，提高义务教育的质量，扩大中高等学历教育的覆盖范围，强化农村劳动力的职业教育和技能培训，激发农业转移人口在城市空间职业流动的主动性，提升农村劳动力的人职匹配效率。

（六）建立城乡一体化的就业信息服务体系，为农业转移人口提供职业介绍和就业引导

本书研究表明，农业转移人口的职业流动效率很低，难以在城市找到稳定、适合自己的工作。因此，提高农业转移人口的就业质量，需要完善城乡统一的劳动力市场，通过提供及时准确的就业信息、培育各类劳动力市场中介机构，提高市场供需信息的透明度，降低职业流动的成本，减少无效率和被动式的职业转换，积极引导农业转移人口在城市空间合理流动。另外，政府相关部门可以积极开展就业促进项目、制定产业扶持政策，提高农业转移人口就业层次和待遇，保障其就业的合法权益，消除农业转移人口就业的后顾之忧，确保劳动力市场的公平和规范。

（七）建立和完善农业转移人口的公共福利支持体系，推进家庭化迁移进程

本书研究表明，回流是农业转移人口在经济和政策条件下做出的最优化行为决策，对我国非农劳动供给、城镇化、乡村振兴、经济和社会发展

等都产生了重要影响。因此，政府制定相关政策时应该重视青年农业转移人口的结婚、生孩子、照顾孩子等家庭需求，强化城市公共福利的有效供给，降低城乡间暂时性回流的频次，促进农业转移人口尽快融入城市生活。进一步完善和落实就业促进和补贴政策，一方面，为刚进入城市的农业转移人口提供就业援助和就业培训，提高人职匹配效率，实现人力资本的有效积累，改善就业质量；另一方面，有针对性地为中年群体提供更多就业保障，减轻农村劳动者的家庭照料负担，为劳动者提供有竞争力的工资待遇，鼓励农业转移人口实现举家迁移，提高农业转移人口在城市务工的积极性，降低永久性回流的比例。另外，政府需要关注即将步入退休阶段的劳动力的家庭团聚、健康照料等方面的需要，为其提供普惠的养老、医疗等城市公共服务；积极为各年龄段劳动者的家人随迁、子女入学、托幼、住房等需求提供配套支持，降低农业转移人口迁入城市的经济成本和制度成本，有步骤、有计划落实大型城市的户籍制度改革政策，从根本上提升我国人力资本积累的水平，逐步推进城镇化和农业转移人口市民化的进程。

（八）提升对农业转移人口的包容性，大力推进市民化发展

本书研究表明，相较于城镇户籍的流动人口，农业转移人口的公共服务获取、社会融入、居留意愿水平均较低，这无疑影响了当前我国新型城镇化建设的进程。这需要政府相关部门切身考虑农业转移人口的需求，转变长期以来对外来务工人员的歧视性态度，提高公共服务的供给水平，扩大基础教育和医疗资源的覆盖面，有针对性地为农业转移人口提供配套的公共服务设施和福利待遇。另外，按照分类指导、差异化推进的原则，强化监督责任，禁止对农业转移人口在就业、教育、医疗、养老、住房等方面的歧视和排斥现象，保障社会环境公平，有效推动人口在城市空间的合理流动和社会融入。

参考文献

[1] 白南生, 李靖. 农民工就业流动性研究 [J]. 管理世界, 2008 (7): 70-76.

[2] 白南生, 何宇鹏. 回乡, 还是外出: 安徽四川二省农村外出劳动力回流研究 [J]. 社会学研究, 2002 (3): 64-78.

[3] 白南生, 李靖. 农业转移人口就业流动性研究 [J]. 管理世界, 2008 (7): 70-76.

[4] 蔡昉. 行业间工资差异的成因与变化趋势 [J]. 财贸经济, 1996 (11): 3-5.

[5] 蔡昉, 王美艳. 中国城镇劳动参与率的变化及其政策含义 [J]. 中国社会科学, 2004 (4): 68-79.

[6] 蔡昉. 劳动力短缺: 我们是否应该未雨绸缪 [J]. 中国人口科学, 2005 (6): 11-16.

[7] 蔡昉. 中国劳动力市场发育与就业变化 [J]. 经济研究, 2007 (7): 4-14.

[8] 蔡昉. 未来的人口红利: 中国经济增长源泉的开拓 [J]. 中国人口科学, 2009 (1): 2-10.

[9] 蔡昉. 刘易斯转折点与公共政策方向的转变: 关于中国社会保护的若干特征性事实 [J]. 中国社会科学, 2010 (6): 125-137.

[10] 蔡秀云, 李雪, 汤寅昊. 公共服务与人口城市化发展关系研究 [J]. 中国人口科学, 2012 (6): 58-65.

[11] 蔡禾, 王进. "农民工" 永久迁移意愿研究 [J]. 社会学研究, 2007 (6): 86-113.

[12] 常进雄, 赵海涛. 农民工二次跨区流动的特征分析 [J]. 中国人

口科学，2015（2）：84-92.

［13］陈云松，张翼.城镇化的不平等效应与社会融合［J］.中国社会科学，2015（6）：78-95.

［14］邓曲恒.农村居民举家迁移的影响因素：基于混合Logit模型的经验分析［J］.中国农村经济，2013（10）：17-29.

［15］邓睿，冉光和.子女随迁与农民工父母的就业质量：来自流动人口动态监测的经验证据［J］.浙江社会科学，2018（1）：66-75.

［16］丁守海.劳动剩余条件下的供给不足与工资上涨：基于家庭分工的视角［J］.中国社会科学，2011（5）：4-21.

［17］丁霄泉.农村剩余劳动力转移对我国经济增长的贡献［J］.中国农村观察，2001（2）：18-24.

［18］段成荣，杨舸.我国流动人口的流入地分布变动趋势研究［J］.人口研究，2009（6）：1-12.

［19］封进，张涛.农村转移劳动力的供给弹性：基于微观数据的估计［J］.数量经济技术经济研究，2012（10）：69-82.

［20］符平，唐有财，江立华.农业转移人口的职业分割与向上流动［J］.中国人口科学，2012（6）：75-82.

［21］付文林.人口流动的结构性障碍：基于公共支出竞争的经验分析［J］.世界经济，2007（12）：32-40.

［22］盖庆恩，朱喜，史清华.财富对创业的异质性影响：基于三省农户的实证分析［J］.财经研究，2013（5）：134-144.

［23］郭继强.中国城市次级劳动力市场中民工劳动供给分析：兼论向右下方倾斜的劳动供给曲线［J］.中国社会科学，2005（5）：16-26.

［24］郭瑜.农民工养老保险的选择：基于替代率的研究［J］.保险研究，2013（4）：110-117.

［25］韩福国.人力资本和城市融入对公共资源使用的影响差异分析：基于2012年对广州市流动人口的调查［J］.浙江社会科学，2016（6）：44-55.

［26］韩俊，崔传义，金三林.现阶段我国农民工流动和就业的主要特点［J］.发展研究，2009（4）：45-48.

［27］韩秀华，陈雪松.论我国劳动力市场分割［J］.当代经济科学，2008（4）：118-123.

[28] 何炜. 公共服务提供对劳动力流入地选择的影响：基于异质性劳动力视角 [J]. 财政研究，2020 (3)：101-118.

[29] 何英华. 户籍制度松紧程度的一个衡量 [J]. 经济学（季刊），2004 (13)：26.

[30] 和丕禅，郭金丰. 制度约束下的农民工移民倾向探析 [J]. 中国农村经济，2004 (10)：64-68.

[31] 洪小良. 城市农民工的家庭迁移行为及影响因素研究：以北京市为例 [J]. 中国人口科学，2007 (6)：42-50.

[32] 侯慧丽. 城市公共服务的供给差异及其对人口流动的影响 [J]. 中国人口科学，2016 (1)：118-125.

[33] 侯佳伟. 人口流动家庭化过程和个体影响因素研究 [J]. 人口研究，2019 (1)：55-61.

[34] 胡霞，丁浩. 子女随迁政策对农民工家庭消费的影响机制研究 [J]. 经济学动态，2016 (10)：25-38.

[35] 黄斌，徐彩群. 农村劳动力非农就业与人力资本投资收益 [J]. 中国农村经济，2013 (1)：67-75.

[36] 贾伟，辛贤. 农村劳动力转移对国民经济增长的贡献 [J]. 中国农村经济，2010 (3)：4-11.

[37] 劳昕，沈体雁. 中国地级以上城市人口流动空间模式变化：基于2000和2010年人口普查数据的分析 [J]. 中国人口科学，2015 (1)：15-28.

[38] 李代，张春泥. 外出还是留守：农村夫妻外出安排的经验研究 [J]. 社会学研究，2016 (5)：39-163.

[39] 李芳华，姬晨阳. 乡村振兴视角下的农村劳动力回流弹性估计：基于空间断点回归的研究 [J]. 中国农村经济，2022 (2)：36-55.

[40] 李建民. 中国劳动力市场多重分隔及其对劳动力供求的影响 [J]. 中国人口科学，2002 (2)：1-7.

[41] 李建伟. 劳动力过剩条件下的经济增长 [J]. 经济研究，1998 (9)：65-72.

[42] 李旻，赵连阁，谭洪波. 农村女性劳动力非农就业影响因素：基于辽宁省的实证分析 [J]. 中国农村经济，2007 (12)：10-19.

[43] 李培林. 流动民工的社会网络和社会地位 [J]. 社会学研究，

1996（4）：42-52.

［44］李强. 中国大陆城市农业转移人口的职业流动［J］. 社会学研究，1999（3）：95-103.

［45］李强."双重迁移"女性的就业决策和工资收入的影响因素分析：基于北京市农民工的调查［J］. 中国人口科学，2012（5）：104-110.

［46］李强. 农民工举家迁移决策的理论分析及检验［J］. 中国人口·资源与环境，2014（6）：65-70.

［47］李实. 农村妇女的就业与收入：基于山西若干样本村的实证分析［J］. 中国社会科学，2001（3）：56-69.

［48］李实，丁赛. 中国城镇教育收益率的长期变动趋势［J］. 中国社会科学，2003（6）：58-72.

［49］李实，赵人伟，张平. 中国经济转型与收入分配变动［J］. 经济研究，1998（4）：43-52.

［50］李勇辉，李小琴，陈华帅. 流而不工、迁而再守：子女随迁对女性就业的影响研究［J］. 经济科学，2018（3）：116-128.

［51］李芝倩. 劳动力市场分割下的中国农村劳动力流动模型［J］. 南开经济研究，2007（1）：93-106.

［52］梁雄军，林云，邵丹萍. 农村农业转移人口二次流动的特点、问题与对策：对浙、闽、津三地外来务工者的调查［J］. 中国社会科学，2007（3）：13-28.

［53］刘建波，王桂新，魏星. 基于嵌套 Logit 模型的中国省际人口二次迁移影响因素分析［J］. 人口研究，2004（4）：48-56.

［54］刘金凤，魏后凯. 城市公共服务对流动人口永久迁移意愿的影响［J］. 经济管理，2019（11）：20-37.

［55］刘靖. 非农就业、母亲照料与儿童健康：来自中国乡村的证据［J］. 经济研究，2008（9）：136-149.

［56］刘乃全，宇畅，赵海涛. 流动人口城市公共服务获取与居留意愿：基于长三角地区的实证分析［J］. 经济与管理评论，2017（6）：112-121.

［57］刘涛，齐元静，曹广忠. 中国流动人口空间格局演变机制及城镇化效应：基于 2000 和 2010 年人口普查分县数据的分析［J］. 地理学报，2015（4）：567-581.

［58］刘晓昀，TERRY S，辛贤. 中国农村劳动力非农就业的性别差异

[J]. 经济学（季刊），2003（3）：10.

[59] 刘秀梅，田维明. 我国农村劳动力转移对经济增长的贡献分析 [J]. 管理世界，2005（1）：91-95.

[60] 刘瑶. 我国居民工资的所有制差异研究 [J]. 数量经济技术经济研究，2012（11）：85-101.

[61] 鲁永刚，张凯. 地理距离、方言文化与劳动力空间流动 [J]. 统计研究，2019（3）：88-99.

[62] 陆铭. 大国大城：当代中国的统一、发展与平衡 [M]. 上海：上海人民出版社，2016.

[63] 陆正飞，王雄元，张鹏. 国有企业支付了更高的职工工资吗？ [J]. 经济研究，2012（3）：28-39.

[64] 罗楚亮. 就业稳定性与工资收入差距研究 [J]. 中国人口科学，2008（4）：11-21.

[65] 毛丹. 赋权、互动与认同：角色视角中的城郊农民市民化问题 [J]. 社会学研究，2009（4）：28-60.

[66] 吕晓兰，姚先国. 农业转移人口职业流动类型与收入效应的性别差异分析 [J]. 经济学家，2013（6）：57-68.

[67] 马瑞，仇焕广，吴伟光，等. 农村进城就业人员的职业流动与收入变化 [J]. 经济社会体制比较，2012（6）：36-46.

[68] 明娟，曾湘泉. 工作转换与受雇农民工就业质量：影响效应及传导机制 [J]. 经济学动态，2015（12）：22-33.

[69] 亓寿伟，刘智强. "天花板效应"还是"地板效应"：探讨国有与非国有部门性别工资差异的分布与成因 [J]. 数量经济技术经济研究，2009（11）：63-77.

[70] 彭璐，朱宇，林李月. 流动人口在流动过程中的暂时性回流及其影响因素：基于生命历程的视角 [J]. 南方人口，2017（6）：1-13.

[71] 乔明睿，钱雪亚，姚先国. 劳动力市场分割、户口与城乡就业差异 [J]. 中国人口科学，2009（1）：32-41.

[72] 任远，邬民乐. 城市流动人口的社会融合：文献述评 [J]. 人口研究，2006（3）：87-94.

[73] 盛亦男. 中国流动人口家庭化迁居 [J]. 人口研究，2013，37（4）：66-79.

[74] 盛来运. 流动还是迁移：中国农村劳动力转移过程的经济学分析 [M]. 上海：上海远东出版社，2008.

[75] 石智雷，吕琼琼，易成栋. 职业水平流动和垂直流动对农业转移人口城市融入的影响 [J]. 中南财经政法大学学报，2016 (6)：22–29.

[76] 石智雷，杨云彦. 家庭禀赋、家庭决策与农村迁移劳动力回流 [J]. 社会学研究，2012，27 (3)：157–181.

[77] 宋锦，李实. 农民工子女随迁决策的影响因素分析 [J]. 中国农村经济，2014 (10)：48–61.

[78] 宋月萍，谢卓树. 城市公共资源对农村儿童随迁的影响 [J]. 人口研究，2017 (5)：52–62.

[79] 孙三百. 住房产权、公共服务与公众参与：基于制度化与非制度化视角的比较研究 [J]. 经济研究，2018 (7)：75–88.

[80] 孙文杰. 承接国际外包扩大了中国行业间工资差距吗：基于回归方程的 Shapley 值分解 [J]. 国际经贸探索，2014 (4)：14–28.

[81] 孙文凯，白重恩，谢沛初. 户籍制度改革对中国农村劳动力流动的影响 [J]. 经济研究，2011 (1)：28–41.

[82] 孙中伟. 农民工大城市定居偏好与新型城镇化的推进路径研究 [J]. 人口研究，2015 (5)：72–86.

[83] 康姣姣，闫周府，吴方卫. 农村劳动力回流、就业选择与农地转出：基于千村调查的经验研究 [J]. 南方经济，2021 (7)：72–86.

[84] 童玉芬，王莹莹. 中国流动人口的选择：为何北上广如此受青睐：基于个体成本收益分析 [J]. 人口研究，2015 (4)：49–56.

[85] 汪建华. 城市规模、公共服务与农民工的家庭同住趋势 [J]. 青年研究，2017 (3)：31–41.

[86] 王春超，张呈磊. 子女随迁与农民工的城市融入感 [J]. 社会学研究，2017 (2)：199–224.

[87] 王德文，吴要武，蔡昉. 迁移、失业与城市劳动力市场分割：为什么农村迁移者的失业率很低？[J]. 世界经济文汇，2004 (1)：37–52.

[88] 王立军，马文秀. 人口老龄化与中国劳动力供给变迁 [J]. 中国人口科学，2012 (6)：23–33.

[89] 王美艳. 城市劳动力市场上的就业机会与工资差异：外来劳动力就业与报酬研究 [J]. 中国社会科学，2005 (5)：36–46.

[90] 王秋实. 人力资本积累的劳动供给效应: 结构视角的研究 [D]. 杭州: 浙江大学, 2013.

[91] 王文刚. 京津冀地区流动人口家庭化迁移的特征与影响机理 [J]. 中国人口·资源与环境, 2017 (1): 137-145.

[92] 王一兵. 健康的不确定性与预防性劳动力供给: 来自中国农村地区的经验证据 [J]. 财经研究, 2009 (4): 96-106.

[93] 王子成, 赵忠. 农民工迁移模式的动态选择: 外出、回流还是再迁移 [J]. 管理世界, 2013 (1): 78-88.

[94] 魏众. 健康对非农就业及其工资决定的影响 [J]. 经济研究, 2004 (2): 64-74.

[95] 文军. 农民市民化: 从农民到市民的角色转型 [J]. 华东师范大学学报 (哲学社会科学版), 2004 (3): 55-61.

[96] 吴方卫, 康姣姣. 中国农村外出劳动力回流与再外出研究 [J]. 中国人口科学, 2020 (3): 47-60.

[97] 吴贾, 张俊森. 随迁子女入学限制、儿童留守与城市劳动力供给 [J]. 经济研究, 2020, 55 (11): 138-155.

[98] 邬志辉, 李静美. 农民工随迁子女在城市接受义务教育的现实困境与政策选择 [J]. 教育研究, 2016 (9): 19-31.

[99] 吴伟平, 刘乃全. 属地化管理下的流动人口公共服务供需匹配优化研究 [J]. 上海经济研究, 2016 (8): 49-54.

[100] 夏怡然, 苏锦红, 黄伟. 流动人口向哪里集聚: 流入地城市特征及其变动趋势 [J]. 人口与经济, 2015 (3): 13-22.

[101] 夏怡然, 陆铭. 城市间的"孟母三迁": 公共服务影响劳动力流向的经验研究 [J]. 管理世界, 2015 (10): 78-90.

[102] 谢建社, 牛喜霞, 谢宇. 流动农民工随迁子女教育问题研究: 以珠三角城镇地区为例 [J]. 中国人口科学, 2011 (1): 92-100.

[103] 邢春冰, 罗楚亮. 农民工与城镇职工的收入差距: 基于半参数方法的分析 [J]. 数量经济技术经济研究, 2009 (10): 74-86.

[104] 熊景维, 钟涨宝. 农民工家庭化迁移中的社会理性 [J]. 中国农村观察, 2016 (4): 40-55.

[105] 薛欣欣. 转型时期国有部门与非国有部门工资差异研究 [J]. 制度经济学研究, 2009 (4): 158-175.

[106] 严善平. 城市劳动力市场中的人员流动及其决定机制：兼析大城市的新二元结构 [J]. 管理世界, 2006 (8)：8-17.

[107] 杨菊华. 中国流动人口的社会融入研究 [J]. 中国社会科学, 2015 (2)：61-79.

[108] 杨菊华, 陈传波. 流动人口家庭化的现状与特点：流动过程特征分析 [J]. 人口与发展, 2013 (3)：2-13.

[109] 杨晓军. 城市公共服务质量对人口流动的影响 [J]. 中国人口科学, 2017 (2)：104-114.

[110] 杨昕. 影响农业转移人口享有公共服务的若干非制度因素分析：以上海为例 [J]. 社会科学, 2008 (10)：88-94.

[111] 杨义武, 林万龙, 张莉琴. 地方公共品供给与人口迁移：来自地级及以上城市的经验证据 [J]. 中国人口科学, 2017 (2)：93-103.

[112] 杨云彦, 褚清华. 外出务工人员的职业流动、能力形成和社会融合 [J]. 中国人口·资源与环境, 2013 (1)：75-80.

[113] 姚俊. 流动就业类型与农业转移人口工资收入：来自长三角制造业的经验数据 [J]. 中国农村经济, 2010 (11)：53-62.

[114] 姚先国, 赖普清. 中国劳资关系的城乡户籍差异 [J]. 经济研究, 2004 (7)：82-90.

[115] 姚先国, 谭岚. 家庭收入与中国城镇已婚妇女劳动参与决策分析 [J]. 经济研究, 2005 (7)：18-27.

[116] 叶鹏飞. 农民工的城市定居意愿研究基于七省（区）调查数据的实证分析 [J]. 社会, 2011 (2)：153-169.

[117] 余运江, 高向东, 郭庆. 新生代乡-城流动人口社会融合研究：基于上海的调查分析 [J]. 人口与经济, 2012 (1)：57-64.

[118] 袁志刚, 解栋栋. 中国劳动力错配对 TFP 的影响分析 [J]. 经济研究, 2011 (7)：4-17.

[119] 约翰·奈特, 邓曲恒, 李实. 中国的民工荒与农村剩余劳动力 [J]. 管理世界, 2011 (11)：12-27.

[120] 曾迪洋, 2014. 生命历程理论视角下劳动力迁移对初婚年龄的影响 [J]. 社会, 2011 (5)：105-126.

[121] 张车伟, 薛欣欣. 国有部门与非国有部门工资差异及人力资本贡献 [J]. 经济研究, 2008 (4)：15-25.

［122］张世伟，周闯. 中国城镇居民不同收入群体的劳动参与行为：基于参数模型和半参数模型的经验分析［J］. 管理世界，2010（5）：56-64.

［123］张吉鹏，黄金，王军辉，等. 城市落户门槛与劳动力回流［J］. 经济研究，2020，55（7）：175-190.

［124］张兴华. 对外来工的政策歧视：效果评价与根源探讨［J］. 中国农村经济，2000（11）：41-45.

［125］张耀军，岑俏. 中国人口空间流动格局与省际流动影响因素研究［J］. 人口研究，2014（5）：54-71.

［126］张永丽，黄祖辉. 中国农村劳动力流动研究述评［J］. 中国农村观察，2008（1）：69-79.

［127］章元，王昊. 城市劳动力市场上的户籍歧视与地域歧视：基于人口普查数据的研究［J］. 管理世界，2011（7）：42-51.

［128］赵海涛，朱帆. 农业转移人口的超大城市偏好与家庭联合迁移决策［J］. 人口与经济，2019（3）：77-90.

［129］赵海涛，刘乃全. 农民工跨城市二次流动与回流模式：基于最大似然估计方法的分析［J］. 财经论丛，2018（6）：3-11.

［130］赵延东，王奋宇. 城乡流动人口的经济地位获得及决定因素［J］. 中国人口科学，2002（4）：8-15.

［131］赵耀辉. 中国农村劳动力流动及教育在其中的作用：以四川省为基础的研究［J］. 经济研究，1997（2）：37-42.

［132］赵忠. 中国的城乡移民：我们知道什么，我们还应该知道什么？［J］. 经济学（季刊），2004（2）：517-536.

［133］周皓. 中国人口迁移的家庭化趋势及影响因素分析［J］. 人口研究，2004（6）：60-69.

［134］朱明芬. 农民工家庭人口迁移模式及影响因素分析［J］. 中国农村经济，2009（2）：67-76.

［135］BAO S. The regulation of migration in a transition economy：China's hukou system［J］. Contemporary Economic Policy，2011，29（4）：564-579.

［136］BAYOH I，IRWIN E G，HAAB T. Determinants of residential location choice：how important are local public goods in attracting homeowners to central city locations？［J］. Journal of Regional Science，2006，46（1）：

97-120.

[137] BECKER G S. The economics of discrimination [M]. Chicago: U-niversity of Chicago Press, 1957.

[138] BECKER G S. Investment in human capital: a theoretical analysis [J]. Journal of Political Economy, 1962, 70 (5): 9-49.

[139] BECKER G S. A theory of the allocation of time [J]. Economic Journal, 1965, 75 (299): 493-517.

[140] BENJAMIN D, L BRANDT, P GLEWWE, et al. Markets, human capital and inequality: evidence from rural China [J]. William Davidson Institute Working Papers Series, 2000 (2): 47-49.

[141] BERG, ELLIOT J. Backward-sloping labor supply functions in dual economies: the Africa case [J]. Quarterly Journal of Economics, 1961, 75: 468-492.

[142] BORJAS G J. Self-selection and the earnings of immigrants [J]. American Economic Review, 1987, 77 (4): 531-553.

[143] BRAND J E. The effects of job displacement on job quality: findings from the wisconsin longitudinal study [J]. Research in Social Stratification & Mobility, 2006, 24 (3): 275-298.

[144] BRAUW A D, HUANG J, ROZELLE S, et al. The Evolution of China's rural labor markets during the reforms [J]. Journal of Comparative Economics, 2002, 30 (2): 329-353.

[145] BRUECKNER J K, Y ZENOU. Harris-Todaro models with a land market [J]. Regional Science and Urban Economics, 1999, 29 (3): 317 -339.

[146] CANOY M, R RUMBERGER. Segmentation in the U. S. labor market: its effects on the mobility and earnings of whites and blacks [J]. Cambridge Journal of Economics, 1980 (7): 23-68.

[147] CHISWICK B R. Are immigrants favorably self-selected? [J]. American Economic Review, 1999, 89 (2): 181-185.

[148] CHEN YU, WANG J F. Social integration of new-generation migrants in Shanghai China [J]. Habitat International. 2015, 49: 419-425.

[149] C KERR. Labor markets age determination: the balkanization of labor market sand other essays [M]. Berkeley: University of California

Press, 1997.

[150] CLARK X, HATTON T J, WILLIAMSON J G. Explaining US immigration, 1971-1998 [J]. The Review of Economics and Statistics, 2007, 89 (2): 359-373.

[151] COMBES P P, DURANTON G, GOBILLON L. Spatial wage disparities: sorting matters! [J]. Journal of Urban Economics, 2008, 63 (2): 723-742.

[152] COMBES P P, DURANTON G, GOBILLON L, et al. The productivity advantages of large cities: distinguishing agglomeration from firm selection [J]. Econometrica, 2012, 80 (6): 2543-2594.

[153] Constant A, MASSEY D S. Return migration by German guest workers: neoclassical versus new economic theories [J]. International Migration, 2002, 40 (4): 5-38.

[154] DAHLBERG M, M EKLÖF, P FREDRIKSSON. Estimating preferences for local public services using migration data [J]. Urban Studies, 2012, 49 (2): 319-336.

[155] DAVIS D R, DINGEL J I. The comparative advantage of cities [J]. Social Science Electronic Publishing, 2014 (7): 29-35.

[156] DAVANZO J. Why families move: a model of the geographic mobility of married couples [J]. Population and Development Review, 1976, 3 (3): 123.

[157] DOERINGER P B, PIORE M J. Internal labor markets and manpower analysis [M]. Lexington: Lexington Books, 1971.

[158] DURANTON G. Human capital externalities in cities: identification and policy issues [J]. A Companion to Urban Economics, 2006 (5): 24-39.

[159] DUSTMAN C. Return migration, uncertainty and precautionary savings [J]. Journal of Development Economics, 1997, 52 (2): 295-316.

[160] DURANTON G, PUGA D. Nursery cities: urban diversity, process innovation, and the life cycle of products [J]. American Economic Review, 2001, 91 (5): 1454-1477.

[161] DURANTON G, PUGA D. Micro-foundations of urban agglomeration economies [J]. Social Science Electronic Publishing, 2006, 4(4):2063-2117.

[162] FAN C C. Settlement intention and split households: findings from a survey of migrants in Beijing's urban villages [J]. China Review, 2011, 11 (2): 11-41.

[163] FAN C C, SUN M, ZHENG S. Migration and split households: a comparison of sole, couple, and family migrants in Beijing, China [J]. Environment and Planning A, 2011, 43 (9): 2164-2185.

[164] FUJITA M, THISSE J F. Economics of agglomeration [M]. University Avenue Undergraduate Journal of Economics, 2002.

[165] GLAESER E L. Learning in cities [J]. Journal of Urban Economics, 2000, 46 (46): 254-277.

[166] GLAESER E L. Mare D C. Cities and skills [J]. Journal of Labor Economics, 2001, 19 (2): 316-342.

[167] GROGGER J, HANSON G H. Income maximization and the selection and sorting of international migrants [J]. Journal of Development Economics, 2011, 95 (1): 42-57.

[168] GUSTMAN A L, T L STEINMEIER. Pension portability and labor mobility: evidence from the survey of income and program participation [J]. Journal of Public Economics, 1993, 50 (3): 299-323.

[169] HARE, DENISE. The determinants of job location and it's effect on migrants wages: evidences from rural China [J]. Economic Development and Cultural Change, 2002, 50 (3): 557-579.

[170] HARRIS J R, TODARO M P. Migration, unemployment and development: a two-sector analysis [J]. American Economic Review, 1970, 60 (1): 126-142.

[171] JOVANOVIC B. Job matching and the theory of turnover [J]. Journal of Political Economy, 1979, 87 (5): 972-990.

[172] KEITH K, A MCWILLIAMS. Job mobility and gender-based wage growth differentials [J]. Economic Inquiry, 1997, 35 (2): 320-333.

[173] KNIGHT J, L YUEH. Job mobility of residents and migrants in urban China [J]. Journal of Comparative Economics, 2004, 32 (4): 637-660.

[174] LEE B J, MARSH L C. Sample selection bias correction for missing response observations [J]. Oxford Bulletin of Economics and Statistics, 2000,

62（2）：305-322.

[175] LEE E S. A theory of migration [J]. Demography, 1966, 3（1）：47-57.

[176] LEE B J, MARSH L C. Sample selection bias correction for missing response observations [J]. Oxford Bulletin of Economics and Statistics, 2000, 62（2）：305-322.

[177] LEI M, MIN Q Z, LIWU D S. Joint migration decisions of married couples in rural China [J]. China Economic Review, 2016, 38：285-305.

[178] LEWIS W A. Economic development with unlimited supplies of labour [J]. Manchester School of Economics and Social Studies, 1954, 22（2）：139-191.

[179] LIGHT A. Job mobility and wage growth: evidence from the NLSY79 [J]. Monthly labor review, 2005, 128（2）：33-39.

[180] LIU P W, ZHANG J, CHONG S C. Occupational segregation and wage differentials between natives and immigrants: evidence from Hong Kong [J]. Journal of Development Economics, 2004, 73（1）：395-413.

[181] LUCAS R E. Internal migration in developing countries [J]. Handbook of Population & Family Economics, 1994, 11（2）：248.

[182] LUNDBORG P. An interpretation of the effects of age on migration: nordic migrants' choice of settlement in Sweden [J]. Southern Economic Journal, 1991, 58（2）：392-405.

[183] MARJORIE B, MCELROY. The joint determination of household membership and market work: the case of young men [J]. Journal of Labor Economics, 1985, 3（3）：293-316.

[184] MASSEY D S. Understanding mexican migration to the United States [J]. American Journal of Sociology, 1987, 102：939-999.

[185] MAURER - FAZIO, MARGARET, NGAN DINH. Differential rewards to, and contributions of education in urban China's segmented labor markets [J]. Pacific Economic Review, 2004, 9（3）：173-189.

[186] MENG L, ZHAO M Q, LIWU D S. Joint migration decisions of married couples in rural China [J]. China Economic Review, 38：285-305.

[187] MENG X. Labor market outcomes and reforms in China [J].

Journal of Economic Perspectives, 2012, 26 (4): 75-101.

[188] MENG XIN, ZHANG J S. The two - tier labor market in urban China: occupational segregation and wage differentials between urban residents and rural migrants in Shanghai [J]. Journal of Comparative Economics, 2001, 29: 485-504.

[189] MINCER J. Family migration decisions [J]. Journal of Political Economy, 1978, 86 (5): 749-773.

[190] MUNSHI K. Networks in the modern economy: mexican migrants in the U. S. labor market [J]. Quarterly Journal of Economics, 2003, 118 (2): 549-599.

[191] MURPHY R. Return migrants and economics diversification in two countries in south Jiangxi, China [J]. Journal of International Development, 1999, 11 (4): 661-672.

[192] NASKOTEEN R A, ZIMMER M. Migration and income: the question of self - selection [J]. Southern Economic Journal, 1980, 46 (3): 840-851.

[193] OATES W E. The effects of property taxes and local public spending on property values: an empirical study of tax capitalization and the tiebout hypothesis [J]. Journal of Political Economy, 1969, 77 (6): 957-971.

[194] ÖRN B BODVARSSON, JACK W HOU, KAILING SHEN. Aging and migration: micro and macro evidence from China [J]. Frontiers of Economics in China, 2016, 11 (4): 548-580.

[195] PAK W L, Z JUNSEN, C C SHU. Occupational segregation and wage differentials between natives and immigrants: evidence from Hong Kong [J]. Journal of Development Economics, 2004, 73 (1): 395-413.

[196] PARSONS D O. Specific human capital: an application to quit rates and layoff rates [J]. Journal of Political Economy, 1972, 80 (6): 1120-1143.

[197] PEROTTI R. Political equilibrium, income distribution, and growth [J]. The Review of Economic Studies, 1993, 60 (4): 755-776.

[198] QUIGLEY J M. Consumer choice of dwelling, neighborhood and public services [J]. Regional Science and Urban Economics, 1985, 15 (1): 41-63.

[199] RAINS G, J FEI. A theory of economic development [J]. American Economic Review, 1961, 51: 533-565.

[200] REICH M, DAVID M G, RICHARD C E. A theory of labor market segmentation [J]. American Economic Review, 1973, 63: 359-65.

[201] REID, RUBIN. Integrating economic dualism and labor market segmentation: the effects of race, gender, and structural location on earnings: 1974-2000 [J]. Sociological Quarterly, 2003, 44 (3): 405-432.

[202] SANBORN H. Pay differences between men and women [J]. Industrial and Labor Relations Review, 1964, 17 (4): 534-550.

[203] SANDELL S H. Women and the economics of family migration [J]. Review of Economics & Statistics, 1977, 59 (4): 406-414.

[204] SCHULTZ T W. Investment in human capital [J]. American Economic Review, 1961, 51 (1): 1-17.

[205] SCHWARZ A. Migration, age, and education [J]. Journal of Political Economy, 1976, 84 (4): 701-19.

[206] SICHERMAN N, O GALOR. A theory of career mobility [J]. Journal of Political Economy, 1990, 98 (1): 169-192.

[207] SJAASTAD L A. The costs and returns of human migration [J]. Journal of Political Economy, 1962, 70 (5): 80-93.

[208] STARK O, BLOOM D E. The new economics of labour migration [J]. American Economic Review, 1985, 75 (2): 173-178.

[209] STEVENSON M. Relative wages and sex segregation by occupation, Sex, Discrimination, and the Division of Labor [M]. New York: Columbia University Press, 1975.

[210] SUZUKI M. Success story? Japanese immigrant economic achievement and return migration, 1920-1930 [J]. Journal of Economics History, 1995, 55 (4): 889-901.

[211] TAYLOR J E, MARTIN P L. Human capital: migration and rural population change [J]. Handbook of Agricultural Economics, 2001, 1 (1): 457-511.

[212] TIEBOUT C M. A pure theory of local expenditures [J]. Journal of

Political Economy, 1956, 64 (5): 416-424.

[213] VENABLES A J. Productivity in cities: self-selection and sorting [J]. Economics, 2010, 11 (2): 241-251.

[214] WALDINGER F, PAREY M, RUHOSE J, et al. The selection of high-skilled emigrants [J]. Social Science Electronic, 2017.

[215] WANG W W, FAN C C. Success or failure: selectivity and reasons of return migration in Sichuan and Anhui, China [J]. Environment and Planning, 2006, 38 (5): 939-958.

[216] WHITE H. A heteroskedasticity-consistent covariance matrix estimator and a direct test for heteroskedasticity [J]. Econometrica, 1980, 48 (4): 817-838.

[217] WONG K, FU D, LI C Y. Rural migrant workers in urban China: living a marginalized life [J]. International Journal of Social Welfare, 2007, 16 (1): 32-40.

[218] WU X, ZHANG Z. Population migration and children's school enrollments in China, 1990-2005 [J]. Social Science Research, 2015 (53): 177-190.

[219] XIN M, ZHANG J S. The two-tier labor market in urban China: occupational segregation and wage differentials between urban residents and rural migrants in Shanghai [J]. Journal of Comparative Economics, 2001 (29): 485-504.

[220] YANKOW J J. Migration, job change, and wage growth: a new perspective on the pecuniary return to geographic mobility [J]. Journal of Regional Science, 2003, 43 (3): 483-516.

[221] YANKOW J J. Why do cities pay more? An empirical examination of some competing theories of the urban wage premium [J]. Journal of Urban Economics, 2006, 60 (2): 139-161.

[222] YU Z. China's floating population and their settlement intention in the cities: beyond the hukou reform [J]. Habitat International, 2007, 31 (1): 65-76.

[223] ZHAO Y. Leaving the countryside: rural-to-urban migration deci-

sions in China [J]. American Economic Review, 1999, 89 (89): 281-286.

[224] ZHAO Y H. Causes and consequences of return migration: recent evidence from China [J]. Journal of Comparative Economics 2002, 30 (2): 376-394.

[225] ZHU N. The impact of income gaps on migration decisions in China [J]. China Economic Review, 2002 (13): 213-230.